课程育人新坐标丛书　　高峰　杨四耕　丛书主编

美学取向的课程探究

刘喜红◎主编

华东师范大学出版社
·上海·

图书在版编目(CIP)数据

美学取向的课程探究/刘喜红主编. —上海:华
东师范大学出版社,2023
(课程育人新坐标丛书)
ISBN 978 - 7 - 5760 - 3919 - 1

Ⅰ.①美… Ⅱ.①刘… Ⅲ.①美育-教学研究-中小学
Ⅳ.①G633.950.2

中国国家版本馆 CIP 数据核字(2023)第 139659 号

课程育人新坐标丛书

美学取向的课程探究

丛书主编　高　峰　杨匹耕
主　　编　刘喜红
责任编辑　刘　佳
项目编辑　林青荻
特约审读　刘　瑶
责任校对　陈梦雅　时东明
装帧设计　卢晓红

出版发行　华东师范大学出版社
社　　址　上海市中山北路 3663 号　邮编 200062
网　　址　www.ecnupress.com.cn
电　　话　021 - 60821666　行政传真 021 - 62572105
客服电话　021 - 62865537　门市(邮购)电话 021 - 62869887
地　　址　上海市中山北路 3663 号华东师范大学校内先锋路口
网　　店　http://hdsdcbs.tmall.com

印 刷 者　浙江临安曙光印务有限公司
开　　本　787 毫米×1092 毫米　1/16
印　　张　19.5
字　　数　203 千字
版　　次　2023 年 9 月第 1 版
印　　次　2023 年 9 月第 1 次
书　　号　ISBN 978 - 7 - 5760 - 3919 - 1
定　　价　62.00 元

出版人　王　焰

丛书总序

课程是生成性过程,课程变革需要激活包括教师和学生在内的课程实践过程,回归课程的生成性品格。课程的生成性品格客观上要求我们关注课程管理的生成性过程,彰显课程管理的过程性、境遇性、关系性和创造性。课程育人是不断生成的过程,它聚于目标、起于问题、成于制度、归于文化。

美国管理学大师彼得·德鲁克在《管理的实践》一书中指出:我们并不是有了工作才有目标,而是相反,有了目标才能确定每个人的工作。[①]他提醒我们:组织一定要当心"活动陷阱",不能只顾拉车不抬头看路,最终忘了自己的目标。泰勒指出:课程研制必须关注确定基本目标、选择学习经验、组织学习经验和评价学习结果等连续循环的过程。[②] 按照怀特海的观点:过程是终极范畴,现实存在的"存在"是由其"生成"所构成的。[③] 因此,目标是生成的,具有过程属性。我们必须用生成性过程观看待泰勒的课程研制原理,深刻理解"目标——内容——经验——评价"这个"合生"过程,而不是原子化地将它们作机械割裂的理解。事实也应该如此,过程是有目标的过程,课程开发不是漫无目的的"撒野",育人目标是内生于课程之中的,课程是基于育人目标导引的连续生成过程。

在课程变革过程中,学校课程管理要按照全面发展的要求,确立育人目标,基于此目标建构课程,推进立德树人根本任务的实现。可现实情况是,我们很多学

---

① 邱国栋,王涛. 重新审视德鲁克的目标管理——一个后现代视角[J]. 学术月刊,2013,45(10):20—28.
② (美)拉尔夫·泰勒. 课程与教学的基本原理[M]. 施良方,译. 北京:人民教育出版社,1994:2.
③ (英)怀特海. 过程与实在:宇宙论研究(修订版)[M]. 杨富斌,译. 北京:中国人民大学出版社,2013:29.

校"有课程内容,无育人目标;有育人目标,无课程目标;有课程目标,无目标管理",由此造成了"课程离心化"倾向。在这些学校,课程不是为了育人,而是为了育分;不是为了育完整的人,而是为了育单向度的人。当然,这在本质上也取消了目标——人因此悄悄地消失了。

课程的价值实现要以人的发展为旨归,基于过程哲学的目标管理是在学校内部建立"过程——目标"合生体系,进而把所有人有机联系起来,使集体力量得以最佳发挥。学校课程变革应基于理性精神之诉求,按照过程哲学指引下的目标管理要求,围绕育人目标的实现来推进课程育人过程。首先,确定学校育人目标。育人目标的确立必须依据全面发展的要求,结合学校课程理念,清晰地刻画育人图像。清晰刻画育人图像应符合全面发展的意涵与要求,五育融合,切合实际,与学生的心理年龄和发展阶段相适应,表述应通俗易懂、生动形象。其次,厘定学校课程目标。学校课程目标是育人目标的年段要求和具体表现,它可以对照国家课程方案的总体要求,并与学校的特定实际有机结合。最后,建构学校课程体系。基于课程目标,建构学校课程体系:横向上,要求对学校课程进行逻辑梳理与分类,搭建学校课程框架;纵向上,要求按照年级与学期时间序列匹配课程,形成支持目标实现的课程设置。可以说,学校课程体系的建构是目标导引的理性精神照耀学校课程变革的过程,体现了育人目标同课程目标的完美结合,展现了把课程作为"跑道"和作为"奔跑"过程的有机结合。因为,"从关系和时间视域看,过程标志着现实存在之间的本质联系,标志着现实发生从过去经过现在流向未来"①。

由此观之,课程育人是充满人文情怀的目标驱动过程。学校应倡导团队成员通过他们自己的语言以及社会互动来形成并宣传有关育人目标和课程目标的独特界定,用这样的独特界定来驱动学校课程管理,进而确证育人目标在课程内容的丰富和课程实施的活性上得到落实。如此,在课程建设过程中,目标管理可以使组织成员对自己的"育人身份"产生特殊的认同感,而这种认同感可以由他的专业眼光来定位,并在课程开发中形成育人的敏感性、共识性和自觉性。

不同的时代,有不同的育人主题;不同的学校,有不同的育人取向。此时代的

---

① 杨富斌,等. 怀特海过程哲学研究[M]. 北京:中国人民大学出版社,2018:253.

课程育人表现出有别于其他时代的鲜明特征,具有人本化育人、系统化育人和特色化育人等特点。学校课程深度变革必须回归教育初心,落实立德树人根本任务。对中小学来说,课程改革必须全面理解课程改革的国家意志、提升课程自觉,创造性地提出课程育人的新理念、新思路和新方法,为学校课程治理现代化贡献力量。

"课程育人新坐标丛书"是郑州市管城回族区推进"品质课程"项目的成果。全区20所学校围绕课程品质提升,在学校课程变革方面积极探索,取得了可喜的成效。他们的实践证明:课程育人是一种理念,必须推进学校教育哲学的同步变革;课程育人是一种机制,必须重构学校课程系统的结构和功能;课程育人是一种行动,必须在文化建设、课程设计、路径激活和管理更新上下功夫。课程育人是回归教育初心的行动路径和实践方略,是课程的工具属性与价值属性的统一,是内容增值和路径创新的统一。

杨四耕

2023 年 2 月 11 日于上海市教育科学研究院

目录

教育中蕴含着丰富的美。教育哲学就是从多样的学校价值观中抽取追求真善美的价值目标。它支配着学校的规章制度、组织结构、战略决策等,学校运行的每一环节、每一层次无不渗透着学校的教育哲学。学校课程是学校教育哲学的一个重要载体。以美的视角审视课程,课程就不仅限于一本书、一门学科,学校生活中的一切文化、人际交往、校园环境都会成为课程的一部分,都应该向着唤起儿童对真善美的追求而努力。

美学取向的课程是一次生命的发现之旅,儿童以旅游者的心态,一路悠然自得,积极与世界对话,发现新知,充实意义。美学取向的课程是生命体验的律动,课程的价值在于成人之美,真正尊重儿童的经验,善待每一个儿童具有差异的个性及经历,让儿童在学习过程中感受美和体验美,从而体验到生命的意义与价值。

美学取向的课程是诗意的存在,课程把美作为衡量准则,把"求真、向善、尚美"的理念贯穿整个过程,使课程体现审美和立美的统一。

第三章 ┃ 保持积极、诗意、惊奇与探究的态度 / 81

美学取向下的课堂目标具有多维性,以实现人的整体发展为本,促进人全面而自由的发展。学校把以美启真、以美扬善、美美与共作为目标追求。在这里,教师根据儿童的表现来适时调整策略,采取像"艺术家"一样的方式,与儿童一道保持积极、诗意、惊奇与探究的态度,让美的气息弥漫校园,让每一个孩子都能拥有一个纯真童年:书海拾贝、遨游诗海、挥毫泼墨、轻歌曼舞、赛场拼搏……在美学光辉的照耀下,呼唤教师与儿童伴随着期望、惊奇走入一个变化的、浪漫的、诗意的教育世界。

第四章 ┃ 把一切事物教给一切人的普遍的艺术 / 141

课程是"把一切事物教给一切人的普遍的艺术",因此美学取向的课程体系是广博全面而融合的。课程为儿童打开了一扇又一扇观察世界、体现生活、理解他人的窗户,让儿童最大限度地感受社会科技的文明成果,通过拓展儿童知识的广度来提升其内在涵养,为后续的学习奠定坚实的基础。同时集成的课程内容也赋予了儿童文化选择的权利,让儿童根据自己的兴趣来选择课程内容,拥有对自己未来的发展做出规划的机会,发展自我的独创性,做到通才达识。

第五章 ｜ 课程是一个未知而充满探索的路途　/ 171

美学取向的课程不是静态沉寂的,而是生动鲜活的,是蕴含创造的学习旅程。课程实施中,教师勇于打破一切常规,"悬置"自身已有的"经验",将课程视为一个未知而充满探索的路途,欣然接受一条非预期的、模糊、复杂、难以理解的未知之路。教师努力寻找课程实施的"道",不断质疑和反思,对自我进行文化改造,随儿童的情况及情境变化而随机应变。让每个儿童都充分发挥自身的潜能,自主去感知世界、生发意义,努力寻求更完整、更精彩的自己。

第六章 ｜ 用美学鉴赏的方法看待生命成长　/ 213

美学取向的课程评价就是用美学鉴赏的态度和方法看待评价问题,给儿童带来美的享受和愉悦。教师以审美的眼光突破课程的评价边界，以开放的姿态创设多种评价鉴赏环境，以更多的宽容态度去评价儿童，提高儿童鉴赏能力。教师关注儿童、欣赏儿童，精准地记住儿童发展的点滴。在教师关注的目光中，儿童将绽放属于他们的最精彩华章。

第七章　│　**激活学校课程深度变革的整体系统**　/ 247

　　课程从理想与计划到实施，从课程的决策、编制到教师与儿童的体验，经历了好几个层次的转换，如何促进教师更有效地感知与领会理想的课程，如何更好地使儿童体验课程，就成为课程管理的使命所在。因此，课程管理必须激活包括教师和儿童在内的课程实践过程，回归课程的实践旨趣，激活学校课程深度变革的整体系统，使得学校课程变革扎根过程，真正触及每一个儿童真实的自我，帮助他们获得独特个体的成长经历与体验。

课程与美学

美是艺术具体化的过程,它来源于生活又高于生活。它是一种理念,也是一种精神,更是人类追求的最高境界。美学取向从美学的视角来认识世界、审视活动的内涵,并注重活动中个体的感性认识与理性认识的和谐发展。美学取向的课程即借助美的价值意蕴与方法论,从美学科学的视角,运用充满人文关怀的精神,来审视和构筑的课程。

杜威认为,教育本质应该联系个体参与的过程,同个体精神的体验与收获密切结合。[①] 因此,美学取向的课程在教学实践中,在师生互相理解与对话中,致力于唤醒师生对自我的发现,致力于发展生命个体的独创性,致力于帮助学生建构丰富的学习经验,致力于帮助学生理解生命的意义。美学取向的课程是诗性智慧、知性智慧和道德智慧三者的有机统一。

根据泰勒课程要素理论和美学取向课程的价值理念[②],郑州市管城回族区相关学校经过孜孜不倦的实践与探索,逐步摸索并构建了具有美学取向的学校课程,并提炼出了本区域美学取向课程的七个特性,分别是课程哲学的灵魂性、课程理念的人文性、课程目标的多维性、课程内容的集成性、课程实施的创生性、课程评价的鉴赏性、课程管理的扎根性。下面,我们将结合七所学校的课程规划具体阐述本区域美学取向课程的七个特性。

---

① 游柱然,Anthony G. Rud. 杜威实用主义美学视野下的课程观[J]. 比较教育研究,2014,36(03):69—74.
② 何茜. 美学取向课程探究[D]. 重庆:西南大学,2014.

课程哲学的灵魂性

学校的教育哲学就是学校的灵魂。它体现着学校的办学特色,对学校的课程建设有着至关重要的作用。美学取向课程哲学的提出要基于对学校的办学理念、学习氛围、学校历史等因素的考量,使课程哲学蕴含在学校文化墙、课程表等显性文化中,也弥漫在教师职责规范、师生关系、学生行为习惯等隐形文化中。美学取向的课程哲学致力于培养学生学会"求真、向善、尚美",追求和落实学生性情、习惯、品质的全方位发展,追求课程与学生有最美好的相遇,追求唤醒每一个孩子的纯美童年。"真善美课程"基于"追求大气,崇尚美好,遵循规律,办出符合时代要求和特色的教育"这一理念,让每个孩子拥有融美于心的人生姿态,让每个孩子拥有修己达人的艺术追求,让每个孩子拥有以美启智的思维品质,让每个孩子拥有化美于行的品格情操。

课程理念的人文性

美学取向的课程是充满人性光辉的幸福旅程。它改变了人与课程相分离的状态,致力于实现课程为人服务,课程与人相互依赖、相互发展的理想状态。于儿童来讲,美学取向的课程指向对儿童生命的强烈关怀,让儿童站在课程中央。因此,通过创设生活中的真实情景增添课堂的真实性,激发学生的自我意识,唤醒每一个学生的已有经验,让已有知识经验与新授知识经验相互碰撞,在碰撞中发现与创造新知,追求个体自我意识的解放,在互动、思考中感受到自我理智的力量和情感的满足,为每一个儿童搭建属于自己的广阔舞台。于教师而言,须运用自身经验学习、领悟、感受教材,以自己的理解去诠释教材内容;与学生在丰富的课堂问题和现象中充分感知世界;在真实的情境中,发展学生的经验、学生和教师的个性;在探索的过程中,把知识与人紧密联系起来,让儿童站在课堂最中央。"紫荆园课程"致力于让每一个孩子如紫荆花一般绚丽绽放,让学校成为能承载儿童记忆的花园、学园。在这里,课程是成长的沃土,是丰沛的养料,是生命的绽放,是个性的张扬,是美学的相遇,是多元的组合。

课程目标的多维性

课程目标是学校上空的一盏明灯，在课程的开展中指引着前进的方向。美学取向的课堂目标丰富而全面，兼具理性与感性，学生的认知、情感、意志、价值等能力得以整体和谐发展。在这里，获取知识不是唯一的目的，学生不是容纳知识的容器，也不再只是知识的接收者，更是知识的生成者，他们在学习中体验知识生成的愉悦，享受知识探索过程带来的成就感。美学取向的课程目标还蕴含着和谐意义，即促进学生真善美的协同发展。在这里，学生是课堂的主人，课堂以实现学生的思维碰撞、激起学生的情感体验、推动学生进行有创意的想象为目的。在这里，有满满的人文关怀，教师根据学生之间的个体差异来设置课堂目标。在这里，教师会全面观察学生，把学生作为自己教学的指路灯，根据学生的表现来适时调整目标。在这里，人的变化是极具复杂性的，生命的进步与成长具有不可预测性，孩子们的成长是有无限潜力的。"牧歌式课程"以爱家国、善辨识、健身心、会探索、乐生活为课程目标，目标中有民族情怀、淳行厚德，有广博学识、启思增智，有坚韧品质、悦纳自我，也有科学素养、探索精神，还有劳动本领、美其所美。

课程内容的集成性

美学取向的课程是魅力无限的，当课程内容像海一样纳百川，学生就会像鱼儿一样来往自如，欣赏到不同的景色。课程内容的集成性表现为课程内容不仅广博而且融会贯通。一方面，美学取向的课程内容为学生综合发展创造广阔空间。古希腊有使人善言辞明思辨的"三科四学"，中国古代有使人修身养性的"四书五经"。学生就像一条条鱼儿，他们能够在哪些大河大江畅游，与课堂内容的广博程度有一定的关系。为了给不同的鱼儿提供适宜的饲料与练习天地，课堂内容要广博一些、全面一些，学生在知识的海洋中与人类文明对话，了解和感受生命的广阔与无限，从而达到精神的自由。另一方面，美学取向的课程内容把各科的学科知识紧密结合，使人文与科学相互联系，融技能与文化于一体。首先，把零散的各学科知识统一，以统整课程替代学科课程，设置与学生生活相关的问题，在解决问题串中引导学生学习与运用多种学科的知识。其次,让学生在技能练习中学习文化知识,从而在生活中发现美、欣赏美、创造美。最后,对于诸如数学、科学这些偏重理性的学科,在设计课程内容时,不仅考虑到规范传授知识,也努力挖掘理性知识背后的育人价值。"向日葵课程"构建了"品格之光、智慧之光、活力之光、音乐之光、美术之光、表达之光、探索之光"等七个课程板块,分别指向自我与社会、逻辑与思维、运动与健康、音乐与旋律、空间与美术、语言与交流、科学与探索等七项学生发展核心素养,形成了丰富多彩的课程体系。

课程实施的创生性

美学取向的课程是充满灵性的创造之旅。问渠那得清如许,为有源头活水来。在课堂上,学生就是活水之源。美学取向的课程在实施过程中呈现主体性、体验性,更多关注的是学生与教师在课堂中生成的内容。课程以人和体验为核心,搭建起一座自我与世界沟通的桥梁,为学生体验自我生命价值创造机会。当教师与学生共同站上课堂这个大舞台时,学生能够在丰富的体验中习得知识与能力,并获得自我成就感。而教师要明确创生性的课堂是让孩子们真正受益的课堂,这意味着教师要密切关注学生的表现,要善于在课程计划之外培育新的教学生长点,用课程内容或问题为发散点去引发学生探索相关的未知领域。在美学取向的课程中,教师和学生常以开放的态度自由感受和思考,探讨问题的不同解决方案,这就是课程创生的过程。"鼎立树课程"内涵来自师生在课堂上互启智慧、教学互生的精彩演绎。课程的实施推进立足"教"与"学",以学生学习为中心,以教科研为驱动,以校本教研为保障,尝试多样方式培育学生素养,落实课堂的生成性。

课程评价的鉴赏性

美学取向的鉴赏是师生之间交相辉映的生命眷注。生活中不缺少美,而缺少一双善于发现美的眼睛。在美学取向的课程中,评价是充满惊喜的艺术鉴赏,即教师投入真情,以敏锐的洞察力发现孩子们的高光时刻。在这种课程评价中,教师以人文关怀的视角,在推动学生"知、情、意"和谐发展的指向下,关注学生的细微变化,用心感受孩子们的成长,用爱守护他们的心灵,鼓励孩子们每一次都大胆地前进,深度挖掘每个儿童的优点与特长,理解学生一举一动中的美,及时表扬进步之处与提出待改进之处。当教师用教育鉴赏的视角来观察学生某一阶段的变化,就会发现学生于细节处的成长。孩子们在学期更迭中慢慢成长,在不同阶段收获累累果实,有的是养成了一个好习惯,有的是学会了一门技能,有的是表达能力有了提高。在这种课堂评价下,教育会更加人性化、个性化,教师也会在课程评价中发现课程设计的不足,反思自身的教学行为。"最童年课程"的评价以儿童为中心,无论是课程内容的设置还是课程的实施,都从满足儿童日益发展的学习需求、激发儿童的学习兴趣、充实儿童的学习生活、丰富儿童的学习体验出发,采用以交流、激励为目的的个性化评价形式,尽可能丰富儿童课程体验,发现和展示儿童的长处。

课程管理的扎根性

美学取向课程的管理是教师、学生、课程三者的融合与感动。美学取向课程管理具有扎根性,具体来说,就是学校需要调动教师和学生共同参加课程设置、课程评价等一系列的课程管理活动。学生和教师参与其中,个人的兴趣与主体性会被调动起来。长期来看,扎根于师生的课程管理促使教师更有效地感知与领会理想的课程,更有效地使学生体验课程,最终实现课程管理的使命。在"卓越课程"中,教师通过学习学校教育哲学、确定课程内容、研讨课程专题、反思教育教学实践、进行课例研修多元对话等五个步骤进行课程建构。学生、家长与社会通过积极的课程参与,成为课程开发与实施的有力补充。学校的课程管理始终让学生作为主体参与课程开发与实施,把学生的主动学习和主动发展置于课程建构的中心地位。引导家长从学生的兴趣和需要出发考虑课程内容,通过教师、学生和家长的互动,丰富课程内容,拓宽课程实施渠道,实现知识的延伸和发散。

管城区课程建设在探寻中成长,在漫漫路途中搜寻儿童之美、教师之美、课程之美。对美的信仰和追求令课程建设神采奕奕,孩子们在课程中唤醒自我,获得情感的满足,在知识的海洋中感受到自我的丰盈与成长。教师为课程建设增添了一份别样的美。教师在与教材的碰撞中,在与学生的互动中,在课程的实践中,不断反思和探索,教师智慧在进一步发展中创造了一片广阔的天地。教师与学生将在美学取向的课程中继续携手同行,共赴在课堂上发现美、感悟美、品味美的体验旅程。

（撰稿人：刘静怡）

第一章
唤起儿童对真善美的追求

　　教育中蕴含着丰富的美。教育哲学就是从多样的学校价值观中抽取追求真善美的价值目标。它支配着学校的规章制度、组织结构、战略决策等，学校运行的每一环节、每一层次无不渗透着学校的教育哲学。学校课程是学校教育哲学的一个重要载体。以美的视角审视课程，课程就不仅限于一本书、一门学科，学校生活中的一切文化、人际交往、校园环境都会成为课程的一部分，都应该向着唤起儿童对真善美的追求而努力。

真善美课程：
让真善美伴随孩子的一生

　　郑州市管城回族区回民第一小学的前身是 1908 年由北大街清真寺创办的私立圣达小学，历经多次整合，2003 年由营门街小学、回民第三小学和维新街小学三所学校合并更名为回民第一小学，学校现在位于管城回族区营门街 23 号。学校占地面积 5522 平方米，建筑面积 6656 平方米，运动场 3250 平方米，实验室座位 50 个，馆藏书刊 4.9 万册。现有 83 名专任教师，其中省级名师 1 人，骨干教师 1 人，市级骨干教师 2 人，区级名师 1 人，骨干教师 7 人。现有 25 个教学班，1328 名学生。回民第一小学是"国家短式网球训练基地"，是河南省卫生先进单位、河南省防震减灾科普示范校、河南省示范家长学校、郑州市文明学校、郑州市中小学德育先进单位、郑州市民族团结示范单位、郑州市校园安全先进单位、郑州市社会实践先进单位、郑州市教育系统"双关爱"示范学校。2020 年被郑州市教育局推荐为"河南省铸牢中华民族共同体意识教育试点学校"。我们依据教育部《关于全面深化课程改革落实立德树人根本任务的意见》和中共中央、国务院《关于深化教育教学改革全面提高义务教育质量的意见》，研制了我校课程规划，取得了显著成效。

第一节　追求臻善臻美的至高境界

回民第一小学沿袭中华传统文化教育，构建独特的教育哲学体系。在教育教学过程中，教师通过对课程哲学的理解，增长教育智慧，培养学生高尚的道德情操，优化学生的人文素养。

一、学校教育哲学

"大美"出自《庄子·知北游》："天地有大美而不言，四时有明法而不议，万物有成理而不说。""大美无言"的境界是教育所追求的至高境界。"大美"的教育旨在使师生享受幸福人生，达到人生的美好之境。

基于以上思考，我校凝练出名为"大美教育"的教育哲学。"大美教育"象征一切美好的教育，它使美像空气一样，弥漫于孩子们的生活中，使学生对美产生强烈的内在向往，并自觉主动地追求美。每一个回一学子从内心深处向往美、追求美、实践美、创造美，努力成长为求真、向善、尚美的人。

"大美教育"是尚美的教育，让每个孩子拥有融美于心的人生姿态；"大美教育"是求美的教育，让每个孩子拥有修己达人的艺术追求；"大美教育"是创美的教育，让每个孩子拥有以美启智的思维品质；"大美教育"是智美的教育，让每个孩子拥有化美于行的品格情操。"大美教育"是追求大气、崇尚美好、遵循规律、符合时代要求的教育哲学。我们的办学理念是：让每一个孩子都走进美的世界。

我们的教育信条——

我们坚信，

美学是未来的教育学；

我们坚信，

学校是与美相遇的地方；

我们坚信，

每一个孩子都是美的使者；

我们坚信，

教师是美的发现者和代言人；

我们坚信，

向着美的方向奔跑是教育大美的姿态；

我们坚信，

让每一个孩子都走进美的世界是教育的神圣使命。

二、学校课程理念

我校课程理念是：让真善美伴随孩子的一生。

课程即个性生长。人的一生就是不断生长、发展的过程，课程为这种生长持续提供土壤和空气，它立足于学生的真实生活，给予学生成长充足的时间和空间，让学生在不同时空、多重领域体验生活的美好与幸福，激发自我关怀的热忱。课程不游离于学生生活之外，也不凌驾于学生权益之上，而是让学生通过体验，将丰富多元的学习经历内化为自身经验，实现生命的永续生长。

课程即美的情愫。享受学校课程的过程正是每一个孩子不断寻美直至成就自身之美的成长历程。学校以美的课堂为基础，以美的环境为依托，以美的管理为保障，以美的行为为外显，给予学生科学、人文、艺术等多方面的生命体验，用美温润学生的心灵。追求科学的"真"，给学生以理性和理智；追求人文的"善"，给学生以德行和信仰；追求艺术的"美"，给学生以感性和激情。学校综合一切教育的美，以大美感染孩子、熏陶孩子、激励孩子去发现美、习得美、成就美，让孩子们在美感启蒙中不断成长。

课程即生命旅程。课程是师生之间、生生之间的灵魂碰撞，也是独特的精彩绽放。每个人的生命都是通向自我的征途，课程唤醒学生意识，让孩子们去寻找生命的方向。我们基于学生的成长规律设置课程，学生在丰富多彩的课程中聆听生命拔节的声音。

总之，我校通过各种形式，以情感为核心，以实现人的全面发展为宗旨，培养学生树立美的理想、锤炼美的情操、塑造美的品格、提高美的素养，发展认识美、欣赏美和创造美的能力。基于此，学校将课程命名为"真善美"课程。

第二节　温润至真至纯的美好心灵

　　课程是学校育人的主要载体,是实现培养目标的主要方法与途径。我校积极践行"大美教育"哲学,引领学生学习美德,建设社会主义精神文明,培育和践行社会主义核心价值观,优化学生的文明素养,培养能够担当民族复兴大任的时代新人。

一、育人目标

　　学校培养"立美德、善学习、勤锻炼、多才艺、会劳动"的少年儿童。具体来说,我校育人目标如下。

　　立美德:引领学生学习美德,建设社会主义精神文明,培育和践行社会主义核心价值观,优化学生的文明素养。

　　善学习:引导学生学会独立学习,养成爱思考、爱想象、爱阅读、多阅读的好习惯。

　　勤锻炼:引导学生勤于锻炼,促进身体正常发育,优化学生的运动素养,培养学生的体育兴趣,形成良好的意志品质。

　　多才艺:引导学生具备多种才艺,成为具有心灵美、行为美、才艺美、情操美的人才。

　　会劳动:引导学生通过动手实践,获得有意义的价值体验,从而建设世界、美化家园、成就自我。

二、课程目标

　　为了实现育人目标,我校将"立美德、善学习、勤锻炼、多才艺、会劳动"这五个培养目标进行细化,形成一至六年级六个阶段的课程目标(见表1-1)。

表 1-1　课程目标表

	立美德	善学习	勤锻炼	多才艺	会劳动
一年级	能认识国旗、国徽,奏国歌时立正、行礼。知道少先队的基本常识,感受少先队员的光荣性。	上课认真听讲,不做小动作,不做与学习无关的事。能大胆发言,声音洪亮。能认真倾听其他同学发言并补充。有主动识字、写字的愿望,能按笔顺书写,书写规范、端正、整洁,养成良好的写字习惯。学习用普通话正确、流利、有感情地朗读课文,喜欢阅读,养成爱护图书的习惯。	初步培养一定的兴趣爱好,积极参与体育运动,感受运动带来的乐趣。初步了解锻炼身体的好处,知道一些维护身体健康的简单方法。在体育活动中爱护和帮助同学。	初步陶冶高尚的情操,初步培养感知能力,激发学习美术和音乐的兴趣,积极参与艺术活动,乐于参加集体活动,学习音乐基本知识,会唱2—3首儿童歌曲,在活动中体验、感受集体活动的美好。	懂得自己的事情自己做,学习整理生活用品和学习用具。
二年级	培养积极、负责任、有爱心的生活态度,养成良好的行为习惯。	上课专心听讲,认真思考,积极发言。能简要讲述自己感兴趣的故事和见闻,敢于发表自己的意见。学会课前预习,对不明白的问题做好标记。学习独立识字,乐于积累自己喜欢的成语和格言警句。乐于参加校园、社区活动。	初步培养一定的兴趣爱好,积极参与体育运动和艺术活动,乐于参加集体活动,感受运动带来的乐趣。会玩1—2种体育游戏,在活动中体验美好,增加信心,提升运动能力。	提升感受美、表现美、鉴赏美、创造美的能力,启迪智慧,培养学习音乐和美术的兴趣,能打节拍把握音乐节奏,会唱3—4首儿童歌曲,培养积极乐观的生活态度。	明确劳动的责任,懂得平凡劳动需从一点一滴做起,懂得有关劳动者和劳动成果的道理。
三年级	懂得做人要自尊自爱,理解做人要诚实守信,学习做有诚信的人,知道自己的成长离不开家庭,感受父母长辈的养育之恩。	养成主动识字的习惯。勤于思考,敢于质疑。与人交流,不怕说错。乐于读书,养成良好的阅读习惯。	培养兴趣爱好,发展个性特长,陶冶审美情趣。养成锻炼身体的良好习惯,形成健康的生活方式,基本掌握1—2种体育技能。在运动中学会感受美、欣赏美,培养坚强的意志品质。改善体型和身体姿态。	培养健康生活的理念,优化整体的身体素质。培养艺术素养,以民乐为依托,在中华传统文化中接受熏陶,感受美、品味美。	寻找家务劳动小岗位,学做家务。锻炼劳动技能,培养主动做家务的意识。

	立美德	善学习	勤锻炼	多才艺	会劳动
四年级	有荣誉感和知耻心，愿意反思自己的生活和行为。懂得感恩和基本的礼仪，学会欣赏、宽容和尊重他人。	主动和同学、老师合作学习，学会表达自己的观点和见解，共同解决问题。与同学交流时，尊重别人的意见和观点。掌握一定的读书方法，学会积累优美的词、句、段。	培养兴趣爱好，发展个性特长，陶冶审美情趣。进一步学习一些基本运动、游戏、韵律活动和舞蹈。提高身体素质和基本活动能力，保持积极稳定的情绪。体验参加体育活动的乐趣，遵守纪律，与同学团结合作。	学习多样的、可变的课间操，在动起来的同时，感知身体律动的美。将音乐与古诗文相结合，接受古诗文吟诵、吟唱的熏陶，多角度地感知美、品味美，从而培养正确的审美情趣。	明确家务劳动小岗位，展示家务劳动小技能，在班级值日劳动、集体劳动中体会劳动的光荣与快乐。
五年级	知道我国是一个统一的多民族国家，了解不同民族的生活习惯和风土人情，理解和尊重不同民族的文化。	养成边读边想、圈点勾画、写读书笔记的良好习惯，注重知识的积累。扩展阅读面，体会作者思想感情，领悟文章的表达方法，敢于提出自己的见解。	热爱生活，爱好广泛，积极参加各类活动，发展个性特长，提升审美情趣。主动参加体育锻炼，具有良好的身体素质和心理素质，掌握2—3种运动技能。享受运动，在运动中激发潜能、磨炼意志。初步掌握运动损伤和常见意外伤害的预防与简易处理方法。增强安全意识和防范能力。	培养和提升感受、发现、鉴赏美的能力，培养敏锐的感受能力。发现语文中的文字美、数学中的图形与数字美、科学中的自然美、音乐中的节奏美等。能够通过对汉字以及文章的理解来感受其中的美，同时培养审美的想象和联想能力，以掌握艺术形象。发展高尚的审美情感。	感受劳动的快乐，学习劳动技能，激发参加劳动的积极主动性。
六年级	了解中华民族对世界文明的重大贡献。知道新中国成立和改革开放以来取得的成就，知道自己是中华人	能利用查阅图书、上网浏览、实地考察、走访调查等渠道主动搜集与学习相关的材料，拓宽自己的知识面。对搜集的各种资料能进行分析、归类、整合。	全面发展体能与健身能力，积极参加多种体育活动和比赛，获得成功的体验。增加对奥林匹克运动知识和多种运动项目的了解。具有自主学习、合作学	培养创造和表现美的能力，掌握各种创造美的方法，增进创造美的意识、兴趣和能力。培养活泼、积极向上、思想自由的性格，有大胆表现美的	学习和践行"勤以立志，俭可养德"美德，爱惜劳动成果，培养勤俭节约的好习惯。

	立美德	善学习	勤锻炼	多才艺	会劳动
	民共和国的公民，初步了解自己拥有的基本权利和义务。		习和探究学习的能力。巩固体育卫生保健的安全知识，培养坚持锻炼身体的习惯，形成良好的体育道德意识和行为。	意识。培养和提升追求人生趣味和理想境界的能力。	

第三节　熏陶淑质英才的华彩气韵

依据"大美教育"的课程哲学,我校建构了"真善美"课程体系。用"德行之美"塑造健全人格,用"文化之美"熏陶华彩气韵,用"艺术之美"彰显生命活力,达到"各美其美,美人之美,美美与共,天下大同"的至高境界,让师生享受幸福人生,让学校持续健康发展。

一、学校课程逻辑

学校课程是一个完整的体系。根据学校课程理念和育人目标,遵循多元智能理论,我校将"真善美"课程分为德美(社会与交往)、语美(语言与表达)、智美(数学与逻辑)、创美(科学与劳动)、健美(运动与健康)、艺美(艺术与审美)六个领域。通过"真善美"课程的实施,培养学生成为"立美德、善学习、勤锻炼、多才艺、会劳动"的大美少年,形成学校"真善美"课程逻辑体系(见图1-1)。

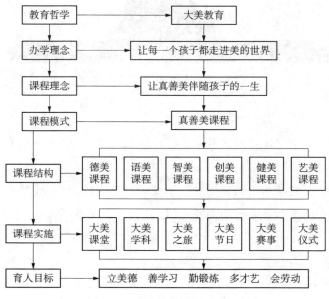

图1-1　"真善美"课程逻辑图

二、学校课程结构

遵循教育的规律,让"真善美"成为伴随孩子一生的课程理念,学校课程融合德、智、体、美、劳等学科进行设置(见图1-2)。

图1-2 "真善美"课程结构图

"真善美"课程分为六个课程群。

德美课程:培养学生良好的道德品质、高尚的情操,使其成为拥有家国情怀和使命担当的社会主义接班人。

语美课程:关注学生语言能力的发展与表达能力的提升,让学生通过课程的学习学会运用语言文字进行沟通交流,吸收古今中外优秀文化,优化思想文化素养。

智美课程:注重培养学生的逻辑思维能力与美学造诣,使学生具有初步的科学态度和创新意识。

创美课程:培养学生设计美、创造美的能力,使学生通过课程的学习体会科学的魅力,提升劳动能力和创造能力。

健美课程:培养学生的运动技能,培养学生的健康体魄,形成健康的生活方式和积极进取、乐观开朗的健康心态。

艺美课程:培养学生的艺术素养,提升学生欣赏美的能力,陶冶高尚的审美情操。

第四节　聚集探索求真的能量之场

依据"让真善美伴随孩子的一生"的课程理念,从"大美课堂""大美学科""大美社团""大美之旅""大美节日""大美赛事""大美仪式""大美校园"等方面推进"真善美"课程,致力于培养"求真、向善、尚美"的少年,让每一个生命都在"大美教育"的沃土上生根发芽、茁壮成长。

一、建构"大美课堂",提升课程实施品质

课堂是学校推进课程实施的主要渠道,是师生共同学习成长的主阵地,是学生成长的沃土,落实"真善美"课程的关键在课堂。教师课前认真备课,精心设计教学环节,准备丰富的教学资源。学生课前预习,自己查找资料,在课堂中充分发挥学习主体性。教师在课堂中关注学生的学习状态,进行有效的评价,课后及时反思,让学生在"大美课堂"中乐学、爱学。

(一)"大美课堂"的实践操作

在教学实践中,我们总结出先预习后教学的"大美课堂"实施基本流程,具体如下。

发现美——关注课前预习。教师针对本节课教学目标提前设计预习单,指导学生进行课前预习,激发学生主动学习的热情,鼓励学生对学习内容提出疑问,并通过预习单整理归纳问题,培养学生发现问题的能力。

激发美——关注课堂。课堂上学生分组讨论问题,小组合作学习,探究交流,能自己解决的就在小组内解决,教师指导小组解决难题,或提炼共性问题,全班交流解决,以激发学生智慧潜能。

碰撞美——关注学习过程。分小组展示学习成果和学习疑惑,在补充、质疑、争论中,碰撞出思维的火花,教师相机引导点拨、即时评价,师生共享学习的收获和快乐。

探索美——关注课后拓展。联系生活实际拓展课堂学习内容,丰富学生知识

储备,引导学生总结学习方法,进行知识迁移并能灵活运用。在获得知识与发展能力的同时,促进师生共同成长。

熏陶美——关注学生发展。大美课堂要求教师睿智自信,通过一言一行给学生美的熏陶,引导学生悟美、赏美、向美、创美,将美的种子播撒在学生心田。

"大美课堂"的实施坚持精预设、深教研、多平台、小课题等路径,具体推进策略如下。

精预设为"大美课堂"聚能。只有精心地预设,才会有精彩的课堂生成。为此,学校要求教师做到"课前三思":思目标、思学情、思路径。教师要钻研教材,明确目标,走进文本,把握重难点,了解学生的原有知识基础和本节课要达到的教学目标,精心预设问题,引领学生思维的方向,激发学生创新的火花,预设自己的教学路径,结合学情完成教学目标。

深教研为"大美课堂"寻道。实践证明,教研是提升课堂教学的有效途径。学校构建三级教研网络,分别是年级组教研、学科组教研、学校集中教研,这三个层次的教研同步进行。每周一次的年级组教研,注重常态实效;每周一次的学科组教研,探索学科规律;每月一次的学校集中教研,关注共性问题,实现整体提升。教研活动聚焦课堂、点面结合、循序渐进,逐步形成研究的能量场,为每位教师教学的能力提升提供支持。

多平台为"大美课堂"助力。学校"青蓝工程"以"辐射带动、引领成长"为宗旨,为教师搭建课堂教学展示平台。校级"青年教师杯"、区级"优质课"、"一师一优课"等活动,让怀揣着相同目标的教师研究交流、相互砥砺,在合作互助中实现自身成长。

小课题为"大美课堂"护航。围绕学校课程目标和课堂文化,学校鼓励教师做课题,引导教师从课堂中、教研中寻找问题,找到专业成长的着力点,即研究的课题,将课题与日常教学相结合,与课程建设相结合,通过一个个小课题的研究,带动教师主动发展,提升研究能力,保障"大美课堂"的高效实施。

(二)"大美课堂"的评价标准

对每学期的推门课和校内公开课,都制定了人性化的评价标准。课堂教学评价围绕教师的教、课程资源、课堂文化、学习过程、学生发展等方面展开(见表1-2)。

表1-2 "大美课堂"评价表

授课教师		课题			
班级		授课时间			
评价项目	评分标准			分值	得分
教师的教熏陶美	引导性:教师充分发挥在课堂教学中的引领作用,学生在教师的有效引领下自主学习。 支持性:教师能够发现学生的学习困难,给予不同学生不同的支持和帮助。			20分	
课程资源激发美	生活性:教师能够创造性地运用课程资源,使学生的学习和生活相联系。 体验性:学生通过听、说、做、实验等方式,经历知识形成的过程。			20分	
课堂文化发现美	自然性:在民主、和谐的学习氛围中,学生呈现生命本真的状态,能够充分表达自己的思考和见解。 真实性:学生的学习、思考、问题回答、相互交流、情感表达都是发自内心的,是真实的。			10分	
学习过程碰撞美	对话性:学生能够通过与教材、同伴、教师、自我的对话,形成自己的认知。 合作性:能够科学、合理地进行小组合作学习,学生参与度高。			30分	
学生发展探索美	创造性:学生有自己的主见,敢于并善于质疑、批判、超越书本和教师,勇于发表新见解、新方法、新思路、新思想、新成果,乐于创造。 生成性:能够完成预设的教学目标。			20分	
评价意见				得分	

二、建设"大美学科",推进学科课程校本化实施

"大美学科"是结合我校实际特点,对道德与法治、语文、数学、英语、科学、体育、音乐、美术等学科进行补充完善后形成的学科课程群,学科课程的实施直接指向育人目标的达成。学校以"真善美"教育理念来推进"大美学科"特色课程建设,教师结合学科特点和学生实际,设计开发多样的特色课程,使学生在体验、探索、感悟中成长,提升课程品质。

（一）"大美学科"的建设路径

学校着眼于国家课程的校本化实施，结合教师自身特长，以其所教学科为基础，拓展、延伸出丰富的多维度学科特色课程。教师可进行学科内整合，实现课程内容的优化，也可以通过项目式学习进行跨学科课程统整，实现学科综合性学习。

构建"语美语文"课程群。语文之美，美在语言、美在意境、美在文字。依据《义务教育语文课程标准（2022年版）》及学校的国家课程校本化实施方案，课程组基于学情，借助活动，开设了"语美语文"系列课程。以"识字写字、我爱阅读、口语交际、写话、综合性学习"为主要内容，引导学生在生活中学习语文，理解语言文字，感受语文之美，学会语言表达，培养学生健康高尚的审美情趣。

建设"智美数学"课程群。依据《义务教育数学课程标准（2022年版）》和学校大美课程目标，课程组开设实施"数与代数""空间与图形"统计与概率""综合实践"四类课程，引导学生在生活中学习数学，在玩中学习数学，在游戏中学习数学，在阅读中学习数学，获得数学活动经验，感受数学在日常生活中的应用，体会学习数学的快乐。

构建"和美英语"课程群。依据《义务教育英语课程标准（2022年版）》和英语学科核心素养，英语组构建了"和美英语"课程群。"和美英语"课程分年级设置不同主题，结合各年级主题设计丰富多彩的内容。该课程群旨在培养学生的语言运用能力，发展跨文化交流的意识与能力，在多元思维的碰撞下创造美。

研制"健美体育"课程群。依据《义务教育体育与健康课程标准（2022年版）》和学校课程目标，体育组构建了"健美体育"课程群。结合学校特色开设"健美体育"课程，一至六年级利用体育课和每天阳光大课间时间开设网球课，利用体育课和体育社团开设篮球课程，以上课程均由体育老师指导、班主任老师协调实施。除此之外，学校还组织体育节活动和"活力校园"活动，鼓励学生展示自己的风采，使学生掌握运动技能，感受运动的乐趣，培养团队意识和不怕吃苦的精神。

建设"艺美音乐"课程群。音乐是美育的重要手段之一，音乐使人充实、愉快、轻松。为全面优化学生的音乐素养，我校音乐组构建了"艺美音乐"课程。依托学校民乐品牌特色和"回之韵"合唱团，研发"艺美音乐"课程。根据学生的年级设置不同的活动，逐步提升学生的吹拉弹唱技巧，培养学生的想象、联想及创造性思维，让学生真正喜爱音乐。

构建"绘美美术"课程群。美术学科依据《义务教育艺术课程标准(2022 年版)》,以学校神奇科幻画、手绘特色课程为主线,开设两大系列课程,即"神奇科幻画"和"创意装饰画",这两类课程利用常规美术课时和特色美术社团进行教学。课程将科幻融于美术教育中,引导孩子们关注未来生活,关注能力培养。孩子们用独特的视角洞悉未来世界,通过想象,设计、创造出一幅幅科幻画、装饰画作品。

建构"创美科学"课程群。依据《义务教育科学课程标准(2022 年版)》和学校大美课程目标,结合我校科普特色,学校科学组构建"创美科学"课程群。除基础课程外,学校开设"创美生物园""创美物探园""创美探宇宙""创美梦工坊"系列课程,引导孩子们在生活中学习科学,感受科学的神奇,体会学习的快乐,培养学生动手操作能力、小组合作能力和创新能力。

（二）"大美学科"的评价要求

学科建设能力是一所学校的核心竞争力,判断一门学科的教学质量,主要从学科课程、学科团队、学科教学、学生学习等方面进行评价,具体评价要求如下。

对学科课程进行评价。首先规范课程审核制度,对课程群建设提出详细的要求。主要围绕学科理念是否符合时代和社会发展要求,是否契合学校基础学科知识体系,是否符合教师教学专长,是否有完整的学科课程体系,是否以学科为核心,是否与其他密切相关的学科领域相互渗透、相互交叉、相互支持,对不达标的课程加以修改或淘汰(见表 1-3)。

表 1-3　学科课程评价表

评价维度	内容	得分	改进建议
学科理念	是否符合时代和社会发展要求,符合教师教学专长		
学科体系	是否以学科为核心,做到相互渗透、交叉、支持		
学科审核制度	是否详细、合理、完善		
学科特色方案	是否完整、特色鲜明		

对学科团队进行评价。学校主要通过检查教学常规、参与课程群建设、倾听教研及成果汇报等方式,对教研文化氛围、教学主张及课程群建设团队进行评价,对课程教学中成绩突出的教师进行奖励(见表 1-4)。

表1-4　学科团队评价表

评价维度	内容	得分	改进建议
文化氛围	对课程文化深入全面地解读		
教学主张	有自主创新的教学理念		
团队合作	分工明确、资源共享、合作探究		
教研成果	应用性、可行性、科学性,是否有推广价值		

对学生学习的评价。学校采用过程性评价和阶段性评价相结合的方式,及时关注学生学习过程和能力发展,关注学生的学业成绩和情感态度,通过形成性评价等评价学生学习习惯、学习态度、学习方法、学科能力及学习成果(见表1-5)。

表1-5　学生学习评价表

评价维度	内容	得分	改进建议
自评	准备、参与、态度、成果等方面		
互评	学习过程中的整体表现		
家长评	参与学习活动的态度和积极性		
老师评	学习任务完成的情况,完成度和学习效果		

学校紧密结合过程性评价与终结性评价,立足于学生的学业发展维度,即知识与能力,过程与方法,情感、态度与价值观,把学习基础知识、努力提升学科技能放在首位,将发展学生思维、陶冶学生情操有机融入教与学之中,关注个体差异,注重学科素养的全面提升。

三、创设"大美社团",发展儿童兴趣爱好

为了学校"真善美"课程的延伸,学校以兴趣为导向,自主成立"大美社团"。通过开展丰富多彩的社团活动,开阔学生视野,陶冶学生情操,启迪学生思维,发展学生特长。引导学生参加一个社团,培养一种兴趣,学会一门知识,练就一项技能,体会一次成功,享受一份快乐,提高学生综合素质。

（一）"大美社团"的主要类型

"大美社团"旨在发展学生的特长，向学生提供展示自我的空间和平台，建设健康、活泼、高雅、向上的校园文化。通过自愿报名，师生双向选择，形成社团团队。利用"艺美社团""健美社团""语美社团""创美设团""德美设团""智美设团"，提升学生自我管理与自我组织能力，培养团队精神和协作意识，发展核心素养。

艺美社团——以学习艺术、展示才艺、增强自信、丰富生活为社团宗旨，包括民乐、合唱、舞蹈、书法、国画等社团。

健美社团——以强身健体、丰富生活、情感交流、快乐运动为社团宗旨，包括跳绳、篮球、网球等社团。

语美社团——以抒真性情、做美文章为宗旨。社团鼓励创作，鼓励发表作品，推出一批较有影响的校园小作家。社团活动内容包括写作、演讲、汉语"对对碰"、经典诵读等。

创美社团——以全面发展、特长培养、储备各级各类学科竞赛和科技创新竞赛人才为社团宗旨。社团活动内容包括创客实验、3D打印、科技创新、科学小制作等。

德美社团——以学习礼仪规范知识、培养爱心、养成良好行为习惯为社团宗旨，包括礼仪队、校园志愿者、环保小卫士等社团。

智美社团——以发展智力、培养创新思维、发展数学素养为宗旨。社团活动内容包括能写会算、趣识图形、"我会分类"、动手巧拼等。

每年3月，学校会举行全校性的"大美社团招募会"，为每个社团搭建舞台，社团骨干团员招募新团员，各社团出示主题海报，内容包括社团名称、活动时间、活动地点、活动宗旨、活动内容等。

社团活动前，辅导教师制定社团章程、活动计划和活动方案，设计丰富的社团活动。负责人记录活动时间、活动地点、活动过程，并做好总结。学期末举行"大美社团成果展示"，为优秀社团搭建"炫美舞台"，展示社团风采。

（二）"大美社团"的评价要求

为推动"大美社团"的蓬勃发展，促进师生共同成长，学校制定计划评价社团学生和辅导教师，具体如下。

学校制定整体的评价方案，教师制定每一门学科的评价标准和评价量表，通过评价量表、问卷反馈、成果展示等对学生进行过程性和综合性评价。评价量表主要包括学生日常学习中的表现，如考勤情况、学习态度、创新能力、参与积极性、合作能力等，以学生自评、小组评价及任课教师评价为主。学习成果主要包括作业作品、心得体会、学习报告等，全班进行展示交流。通过展评相互激励，学生体验成功，拥有自信，发展特长。每学年评选一次"最美社团""最美社团干部""最美团员"，各社团每学年结束前向学校领导小组提交相关的书面申请报告和相关活动材料，学校根据社团的申报材料和平时活动情况进行综合评定。获得"最美社团"称号的团体可增加"最美社团干部"和"最美团员"的评选比例。学生评价合格，可以选择另外一门课程或者继续深入学习这门课程。

学校每学年评选一次"最美社团辅导员"。由学校领导小组、社团成员、家长代表对社团活动成果等方面进行综合考评。

四、推行"大美之旅"，落实研学旅行课程

"大美之旅"课程是回民第一小学培养学生综合社会实践能力的课程。开发"大美之旅"研学课程，目的是对学生进行红色革命教育和历史、文化教育。通过深入了解代书胡同的历史，激发学生探寻身边历史文化的兴趣。通过探究寻访千年商代遗址，让学生感受古都文明、感受家乡历史文化的厚重。教师带领学生进行岗位走访、体验，对学生进行爱家乡的教育。通过走进大学校园，让学生树立远大理想。通过一系列的研学实践活动，让孩子们知管城、爱管城，从而爱家乡、爱社会、爱国家，进一步培养学生的主人翁意识。充分调动学生的积极性和学习兴趣，对知识做到学以致用，让学生在做中学、学中做，带给学生一个更好的学习环境，让学生爱上学习。在参与过程中，锻炼学生的观察能力、发现问题的能力以及解决问题的能力。以郑州的实践教育基地、校园周边社区、商代遗址公园等为资源，渗透爱家乡、爱社会、爱祖国的中华美德教育，让学生在"大美之旅"课程中发现美、感受美、创造美。

（一）"大美之旅"的课程建设

研学实践活动在中小学生课程中具有其他课程不可替代的作用。依据《中小学生综合实践活动课程指导纲要》和《教育部等 11 部门关于推进中小学生研学旅行的意见》(教基一〔2016〕8 号)，学校依托管城区厚重的历史文化，通过开发研学

课程,将管城地域性的实践活动融入研学思想,让研学实践活动更具有地域性、科学性、系统性,使学生了解自己生活的这片土地,例如商代遗址、城隍庙、文庙、代书胡同、黄殿坑等。通过研学实践活动,让孩子们知管城、爱管城,从而爱家乡、爱社会、爱国家,进一步培养学生的主人翁意识。根据学生的年龄特点,学校制定了"大美之旅"课程安排,每个课程3—5课时,包括三大部分:准备阶段、实地研学阶段、总结分享阶段。

（二）"大美之旅"的课程结构

依据学科课程目标,结合我校地理环境、人文资源的优势,根据我校教师及学生的特质,我们将"研学合一,大美之旅"课程分为"红色"初心之旅、"橙色"寻古之旅、"金色"寻根之旅、"多彩"体验之旅、"蓝色"寻梦之旅五大板块。

"红色"初心之旅。课程内容为参观二七纪念塔、参观二七纪念堂、参观日本驻郑州领事馆旧址。通过参观展馆,了解二七大罢工历史事件,品味工人阶级的优秀品质、中国共产党的国际声望,学习"二七精神"。探访红色足迹,传承红色精神,对学生进行红色教育。

"橙色"寻古之旅。带领学生走访百年代书胡同、走进博物院、走进科技馆、走进自然博物馆、走进地质博物馆,找寻代书胡同的老历史,一起保护百年老槐树和发现代书胡同的新风貌。使学生增强保护历史文物的意识,增进对家乡的热爱,体验中原文化的博大精深,培养自豪感。

"金色"寻根之旅。组织学生游览千年商代遗址、探访商都城墙、游览商都国家考古遗址公园,使学生在活动中感受古都文明,欣赏古代劳动人民的劳动智慧与生活,感受家乡郑州历史文化的厚重,培养对家乡历史文化的热爱。

"多彩"体验之旅。参观邮局,体验"我是小小邮递员",参观地铁站,参观农科院,参观齿科医院,品尝管城美食的味道,让学生进行不同岗位体验,对学生进行职业生涯教育,促进学生德智体美劳全面发展。通过探访品尝家乡美食,推广家乡美食,做家乡美食小小宣讲员,引导学生更加热爱自己的家乡。

"蓝色"寻梦之旅。通过走访身边的美丽街道,看家乡变化,展望家乡未来,立志长大致力于建设家乡,建设祖国。带领学生走进郑州大学、郑州师范学院、郑州电子信息技术学院、陆军炮兵防空兵学院等高校,让学生从小立志,树立远大理想。

（三）"大美之旅"的课程设置

在"大美之旅"课程理念的指导下,学校积极推进"研学合一,大美之旅"研学课程建设和实施,依据校情、师情和生情,多元开发校外实践课程,形成符合学校实情的"大美之旅"课程设置表(见表1-6)。

表1-6 "大美之旅"课程设置

课程名称	适用年级	课程内容	课程目标
"红色"初心之旅	一至六年级	参观二七纪念塔,参观二七纪念堂,参观日本驻郑州领事馆旧址	探访红色足迹,传承红色精神。了解二七大罢工历史事件,知道其深远的历史意义;二七大罢工彰显出工人阶级的优秀品质,提高了中国共产党的国际声望。学习"二七精神",对学生进行红色教育。
"橙色"寻古之旅	五、六年级	走访百年代书胡同,走进博物院,走进科技馆,走进自然博物馆,走进地质博物馆	找寻代书胡同的老历史,一起保护百年老槐树和发现代书胡同的新风貌。培养学生保护历史文物保护意识,增进对家乡的热爱。走进各大博物院,了解文物的价值,体验中原文化的博大精深,培养学生的自豪感。
"金色"寻根之旅	一至六年级	游览千年商代遗址,探访商都城墙,游览商都国家考古遗址公园	寻访商代遗址,感受古都文明和古代劳动人民的劳动智慧与生活。感受家乡郑州历史文化的厚重。培养学生对家乡历史文化的热爱。
"多彩"体验之旅	一至六年级	参观邮局,参观地铁站,参观农科院,参观齿科医院,品尝管城美食的味道	带领学生进行岗位体验,培养学生德智体美劳全面发展。对学生进行生涯教育。品尝家乡美食,推广家乡美食,做家乡美食小小宣讲员,培养学生更加热爱自己的家乡。
"蓝色"寻梦之旅	三至六年级	欣赏家乡美丽街道,感受家乡变化,走进大学校园,树立远大理想	通过走访身边的美丽街道,看家乡变化,展望家乡未来,立志长大建设家乡,建设祖国。带领学生走进郑州大学、郑州师范学院、郑州电子信息技术学院、陆军炮兵防空兵学院等,让学生从小立志,树立远大理想。

（四）"大美之旅"课程的评价

在"大美之旅"课程中,学生学写研学记录单,学写简单的研学报告,分享"大美之旅"课程收获,开展"大美之旅"主题分享会。通过学生分享、班级推荐、全校展示等,举办"我爱管城,我爱家乡"主题活动,评选出"大美之旅研学少年"并进行表彰(见表1-7)。

表1-7 "大美之旅"课程评价

课时安排	第1课时	第2课时	第3课时
活动阶段	准备阶段	实地研学阶段	总结分享阶段
学生评价	明确研学目标,成立小组,做好分工	积极参与,乐于求知、乐于探索,有所收获	检查学习单完成情况,展示学习成果
教师评价	提供研学记录单,提供活动方案	指导学生参与,带领学生探究	综合评价学生参与情况

通过"大美之旅"课程评价,提升学生参与的积极性,将校内学习延伸到校外,让学生感受实践活动课程的独特学习方式。激发学生求知好奇的天性,用自己的眼睛发现身边的美,探索美的不同表现形式。满足学生的好奇心,让他们在学习过程中,获得成长的体验,促进学校育人目标的达成,实现"让每一个孩子都走进美的世界"的课程目标。

五、创设"大美节日",浓郁课程实施氛围

节日文化是一种历史文化,其中蕴含着丰富的教育内容和巨大的教育价值。学校注重节日体验,让孩子学习节日文化、传承文明、坚定文化自信,让学生走进节日,用节日润养童心。节日课程学习以问题为中心,要求学习者在活动中亲身体验,主动获取知识。节日课程创建力求从课程的角度开发传统节日文化,进行课程创新设计,让节日文化走进校园、走进课堂,充分发挥节日的教育功能,引导学生在活动中传承传统文化,接受中华民族传统文化的熏陶,感受祖国文化的博大精深,增强爱国情感,让宝贵的民族传统和文化精神代代相传。

（一）节日课程的主要类型

传统节日课程。中华传统节日具有丰富的文化内涵和教育价值,是中华民族悠久的历史文化的组成部分,学校围绕"春节""元宵""清明""端午""中秋""重阳"这六大中华传统节日,开展"我们的节日"教育活动。各科教师结合教学实际,整合各类学科,展开班与班、年级与年级的互动交流,走进传统节日,感受中华文化的魅力(见表1-8)。

现代节日课程。现代节日包含着人们对美好生活的寄托和希望,我们开展"现代节日课程"引导学生关注生活,增强生活仪式感(见表1-9)。

表1-8 传统节日课程设置与实施

年级	课程目标	实施方法	春节	元宵	清明	端午	中秋	重阳
一年级	对传统节日有初步的认识	观看视频	了解春节的来历及饮食	了解节日的风俗习惯	了解节日的由来	了解节日由来	了解节日由来	了解节日的由来
二年级	了解节日的风俗	动手操作、小组合作	制作一张节日贺卡	了解节日背后的故事	背诵清明诗歌	了解屈原的故事	讲嫦娥奔月的故事	说说重阳的习俗
三年级	了解传统节日的特殊性	动手操作、查阅资料	学做一样节日小吃	手工制作灯笼	放风筝	玩划龙舟小游戏	诵读有关中秋诗歌	开展以"尊老爱老"为主题的班会
四年级	激发对传统节日的喜爱之情	动手操作、调查报告	收集春联	猜灯谜、做元宵	踏青	开展包粽子大赛	做中秋手抄报	诵读有关重阳的古诗词
五年级	培养动手实践能力	实践操作、小组合作	书写对联	举办元宵诗歌会	祭扫烈士陵园	调查各族人民的端午习俗	了解中秋节的习俗	对爷爷奶奶说说心里话
六年级	培养民族自信心和自豪感	庆祝活动、社会实践	走进社区送春联	灯谜和制作灯笼大赛	"文明祭奠我先行"活动	有关端午的诗歌比赛	品月活动，感受团圆圆的氛围	"尽孝心"实践活动

表 1 - 9 现代节日课程设置与实施

年级	课程目标	实施方法	元旦	妇女节	植树节	劳动节	儿童节	教师节	国庆节	建队节
一年级	对现代节日有初步的认识	观看视频	了解节日的由来	了解节日的由来	了解节日的由来	了解节日的由来	了解节日的由来	了解节日的由来	了解节日的由来	了解节日的由来
二年级	懂得节日背后的故事	动手操作	制作一张贺卡	给妈妈洗一次脚	开展我为小树浇浇水活动	做一件力所能及的事情	为朋友制作节日贺卡	给老师做一张贺卡	了解国旗的意义	少先队礼仪知识
三年级	了解现代节日的特殊性	主题微班会	写新年愿望	为妈妈做一件力所能及的事	开一次主题班会	搜集劳动的好处	才艺比赛	为老师表演才艺	主题班会：向国旗敬礼	主题队会：让红领巾更鲜艳
四年级	激发对节日的喜爱之情	查找资料，动手操作	做一期手抄报	陪妈妈说说心里话	搜集、了解习爷爷的植树故事	争当"劳动小能手"	跳蚤市场活动	做一期手抄报	了解中国的发展历程	主题队会：手拉手活动
五年级	培养动手实践能力	动手操作，才艺比拼	制作联欢会海报	给妈妈做水果拼盘	动手养一棵树绿植	给家里大扫除	才艺展示	手语表演《感恩的心》	做一期爱国手抄报	学习队歌大比拼
六年级	培养自信心和自豪感	动手操作，集体展示	各班联谊活动	"眼中的妈妈"主题队会	调查研究：怎样保护绿植	开展"劳动最光荣"演讲比赛	跳蚤市场活动	教师节主题班会	爱国征文比赛	开展公益活动

校园节日课程。校园节日活动是开阔学生视野、培养学生兴趣、展示学生特长的重要载体。活动依托五大节日,使校园生活更加丰富多彩(见表1-10)。

表1-10　校园节日课程设置与实施

实施年级	校园节日	课程目标	实施方法
一至六	读书节	通过推进学生阅读、古文经典诵读、班级图书漂流等活动,培养学生广泛的阅读兴趣,营造书香校园,优化学生综合素质	读书交流,讲故事比赛、阅读之星评选
一至六	艺术节	激发学生对艺术的兴趣,培养学生健康的审美情趣和良好的艺术修养,展现学生朝气蓬勃的精神面貌	舞蹈、摄影、剪纸、校园剧等比赛
一至六	体育节	培养合作、自信、果敢等良好品质,树立公平竞争意识,培养团队精神,促进学生身体、心理等方面的和谐发展	球类、跳绳等比赛
一至六	学科节	通过举办语文、数学、英语等学科活动,激发学生学习的兴趣,增强学生的学习信心	英语演讲、口算、书写比赛、手抄报
一至六	科技节	开展科技节活动,创作科技作品	小制作、小发明、小创意

(二)"大美节日"的评价策略

节日课程的评价,既关注课程设计和师生发展,又注重课程的时效性,使每一个孩子在不同的节日课程活动中得到体验和成长。

对课程可行性的评价由学校课程研究中心审议,评价内容包括课程主题是否符合教育目标,内容设置的教育性、时代性、参与性、合理性、趣味性,课程实施的科学性、有效性、激励性、导向性。

教师通过观察活动现场学生的表现,对课程实施进行评价,检验活动设计是否生动、有创意,形式是否多样,流程是否规范,学生是否充分参与活动。

评价学生参与节日课程的效果,重点关注准备阶段、参与阶段、收获反思阶段。家长的主动参与指导对于课程的实施起着重要的作用。学校从情感态度、实施过程、收获反思三大方面组织学生自我评价、同学评价、家长评价、教师评价、综合评价(见表1-11)。

表1-11　节日课程评价表

评价内容		传统节日				现代节日				校园节日			
		评价等级				评价等级				评价等级			
		A	B	C	D	A	B	C	D	A	B	C	D
情感态度	认同喜爱												
	提出设想												
	积极准备												
实施过程	乐于合作												
	主动交流												
	亲身参与												
收获反思	整理信息												
	汇报宣传												
	主动记录												
自我评价													
同学评价													
家长评价													
教师评价													
综合评价													

六、推动"大美赛事",提供展示自我的平台

通过"大美赛事"的开展,张扬学生的个性,为学生展示风采提供平台。

(一)"大美赛事"的课程实施

为丰富学生的学校生活,张扬学生个性,学校以赛促学,设置了六大赛事。

合唱课程是学校的校本课程,学校每年组织一至六年级开展班级唱红歌比赛,于5月和10月各举行一次。多年来,合唱教学取得了丰硕的成果。

班级小乐器比赛根据教育部《关于推进学校艺术教育发展若干意见》中有关加强中小学校器乐教学的要求和我校的民乐特色,让乐器进课堂,在三至六年级开展乐器比赛。

经典诵读比赛依据《义务教育语文课程标准(2022 年版)》中"培养学生广泛阅读兴趣"的要求,在学校书香校园建设的基础上,于每年 4 月在全校范围内组织开展。以班级为单位,全员参加,每班选择经典作品进行 5 分钟的诵读,内容按年级区分,形式多样。

书法比赛依据《义务教育语文课程标准(2022 年版)》中对书写的要求,在全校范围内组织开展。于每年 10 月进行,比赛内容如下:一、二年级用铅笔书写五言古诗,三、四年级用钢笔书写七言古诗,五、六年级用钢笔书写经典美文。

全员拔河比赛和跳绳比赛在每年 12 月底举行,这是学生最喜爱的赛事。学校注重赛事的趣味性、科学性、全员参与性,旨在增强学生的集体观念。

大课间评比是基于《国家中长期教育改革和发展规划纲要(2010—2020 年)》中保证学生每天锻炼一小时的理念开展的赛事。该赛事常态开展,每学期组织两次大课间评比。评比内容为日常进行的大课间展示,利用大课间时间分年级进行。

（二）"大美赛事"的课程评价

"大美赛事"以各种比赛为课程内容,需要设置详细的比赛规则,对赛事课程的评价从如下方面展开。

首先,比赛要体现以人为本的理念。教师在活动中要注意角色的转换,成为孩子学习的观察者、指导者、陪伴者。

其次,比赛要秉承"公平公正"的原则。每项赛事都应建立完备的赛事方案,尤其是比赛规则的制定,要有严密的评分系统,避免出现不公平、不公正的现象,影响学生比赛成绩。比赛不能为了成绩而进行,而是要将比赛的内容融入日常的教学行为,使学生的技能不断得到提升,不能搞突击训练,不影响正常教学秩序,避免学生产生负面情绪,使学生乐于接受比赛结果。

最后,比赛全面关注学生,对不同层次的学生需要设定不同层次的标准(见表 1-12)。

表 1－12 "大美赛事"评价表

评价项目	评 估 标 准	分值	得分
赛事理念	比赛体现"以人为本"的理念,教师在活动中注意角色的转换,从过去的主导地位向孩子学习的伙伴、朋友、知己转换。	25	
赛事规则	比赛设有公平公正的规则。每项赛事都建立完备的赛事方案,尤其是比赛规则的制定,有严密的评分系统,避免出现不公正现象,影响学生比赛成绩。	25	
赛事效果	比赛让学生乐于接受。比赛不能为了成绩而进行,而是将比赛的内容融入日常的教学行为,使学生的技能不断得到提升,不搞突击训练,不影响正常教学秩序,避免学生产生负面情绪。	25	
赛事评价	比赛全面关注学生。对不同层次的学生设定不同层次的标准,以激励为原则。	25	

课程实施时,学校让所有教师参与其中进行指导,使学生在竞技中感受比赛的乐趣,得到成长和锻炼。

七、举行"大美仪式",推进仪式教育课程

从古至今,仪式对于一个人的成长具有重要意义,它承载着深厚的文化与历史意蕴,在儿童的教育过程中潜移默化地发挥作用,蕴含着丰富的德育功能。"大美仪式"课程建设通过教育活动,营造隆重、庄严、神圣的氛围,借助仪式的强烈感染力,有效促进学生价值观的形成与行为养成。

(一)"大美仪式"的课程实施

校园生活中有着多姿多彩的仪式,蕴含着丰富多元的教育契机。我校把学生喜闻乐见的仪式整理编订为"大美仪式"课程。通过隆重庄严的仪式课程,为学生养成良好习惯奠定坚实基础(见表 1－13)。

表 1－13 "大美仪式"课程设置

课程名称	课程内容	课程实施
开学典礼	假期生活展示,假期作业展览	全校师生参与,在隆重活泼的仪式中锻炼能力,实现成长。
散学典礼	总结学校活动,表彰优秀,鼓励进步	

课程名称	课程内容	课程实施
入学仪式	培养好习惯,尽快适应学校生活	
入队仪式	学习少先队知识,光荣加入少先队	
9 岁集体生日	三年级学生共同欢度 9 岁生日	
毕业仪式	毕业生感恩活动,为母校留念	
每周升旗仪式	了解国旗的含义、升旗的意义,熟悉升旗流程	

（二）"大美仪式"的课程评价

"大美仪式"课程是全校师生共同参与的课程,依据"学生主体""主旨明确""程序严谨""形式庄严""方法创新""内容完整"的原则进行评价(见表1-14)。

表1-14 "大美仪式"课程评价表

评价内容	评价标准	评分
学生主体(20分)	学生积极参与,以学生为主体的理念贯穿整个仪式	
主旨明确(10分)	有良好的教育意义,仪式主旨明确,思想性强	
程序严谨(10分)	仪式程序严谨,有着鲜明的政治属性	
形式庄严(20分)	用庄严的仪式给学生使命感、责任感、荣誉感	
方法创新(20分)	结合学生喜欢的形式,仪式活动时代感强	
内容完整(20分)	仪式内容完整流畅,学生收获大	
总评得分		
备注	A 等级 90—100 分　 B 等级 75—89 分 C 等级 60—74 分	

八、建设"大美校园",激发空间活力

校园文化设计结合我校的课程理念,让文化走进教室、走进课堂、走进学科,成为课程的一部分。

（一）"大美校园"的环境建设

学校着力对校园文化、班级文化进行统一规划,在体现学校办学思想的基础

上,凸显各自特色。

校园文化建设。在校门处立起红黄蓝三原色组成的"真善美"三个艺术字。红黄蓝可以组合出多种多样的颜色,这象征着让学生在"真善美"的理念下生发出美丽多彩的人生,把"求真、向善、尚美"的课程理念根植师生内心。各个功能室的主题装修突出民族小学的特色;维护走廊展板,使其成为学校独特文化的展示墙;全面完善廊道建设,进行相关的装修与改造,使其具有艺美特色。

班级文化建设。班级文化建设要寻找每个学生精神的发光点,通过宣传和教育,激发每个学生的特长和个性,使班级成为学生精神生活的乐园。注意室内各种设施的颜色搭配,使教室呈现出自然、平静、整洁的气氛,显现一种和谐美;建立"学习园地",对学习进行引导;建立"图书角",对学生进行阅读教育;增设"实话实说"留言角,及时了解学生的心理,促进交流,架起师生心灵沟通的桥梁;开展系列主题班会,让学生通过设计活动充分展示他们的爱好、特长,激发各种潜力,满足学生发展的需求。

楼梯文化建设。内容丰富的楼梯文化更具特色,三副楼梯分别设定了国学、民族、国家政策这三个主题。一号楼梯是国学传统文化介绍,按照中国传统文化的发展顺序,从先秦文化开始,介绍《论语》《道德经》《孟子》等经典,还有唐诗、宋词、明清小说。二号楼梯宣传民族传统文化,展现民族大团结,有历代民族英雄和民族节日板块,还介绍了具有浓郁中国特色的民间艺术品和中国八大剧种。三号楼梯宣传国家政策,展现祖国的美好未来,包括"图说社会主义核心价值观",用生动的图画展现24字社会主义核心价值观的内容。

走廊文化建设。漫步楼宇连廊,文化漫溢芬芳。彩虹一样的教学楼文化格外醒目:一楼是民族团结及少数民族文化介绍,廊檐布置的是《弟子规》内容;二楼是书香袅袅的《千字文》语段;三楼布置的是《中庸》名句;四楼布置的是精选的《道德经》名句;五楼布置的是名人名言。一步一景观,一层一主题。回民一小多维度、立体型的走廊文化体系不但能有效地规范学生的行为,而且能引导学生的健康发展,促进学生的心理健康,形成良好的文化教育氛围。

(二)"大美校园"的评价要求

"大美文化"的评价从两个具体维度展开,分别为校园文化、班级文化。校园文化体现在学校的每一处场景、每一间教室、每一个角落。学校基于已有的校园文化建设实景设计调查问卷,倾听学生的心声、聆听教师的建议、思考家长的反馈,从这三个与学校发展密切相关的评价主体处获取客观、真实、全面的评价意见,继而更好地完善校园文化建设。

　　班级是学校里最为重要的集合单位,孩子们在学校的大部分时间都在教室度过。为孩子们布置优美的教室环境有助于孩子们的心理健康和审美发展;为各个班级制定全校统一的班级公约,有助于孩子们养成良好的行为习惯;各个班级独具特色的成果展示,有助于孩子们增强学习的成就感;丰富多彩的班级活动设计,有助于提升班集体的凝聚力。因此,我们从以上四方面对班级文化进行评价,每学期评选出"最美班级",并在全校范围内交流分享经验。

　　我们的"大美教育"立志实现"让每一个孩子都走进美的世界"的课程理念。我们将秉承"大美教育"的教育哲学,全面贯彻党的教育方针,坚持以学生的发展为本,深入实施素质教育,充分利用学校和社会的课程资源,优化课程结构,建立全面体现办学理念的特色教育体系。"真善美"课程的大幕已拉开,我们坚信在"真善美"教育的影响下,一批批"求真、向善、尚美"的大美少年将会茁壮成长!

　　　　　　　　　(撰稿人:路晓丽　肖瑞华　李红丽　刘静怡　张金钰　曹雪艳)

第二章
课程是一次生命的发现之旅

　　美学取向的课程是一次生命的发现之旅，儿童以旅游者的心态，一路悠然自得，积极与世界对话，发现新知，充实意义。美学取向的课程是生命体验的律动，课程的价值在于成人之美，真正尊重儿童的经验，善待每一个儿童具有差异的个性及经历，让儿童在学习过程中感受美和体验美，从而体验到生命的意义与价值。美学取向的课程是诗意的存在，课程把美作为衡量准则，把"求真、向善、尚美"的理念贯穿整个过程，使课程体现审美和立美的统一。

紫荆园课程：
让每一个孩子都如紫荆花一般绚丽绽放

　　每个孩子都是一朵紫荆花，都会得到阳光和雨露的滋养，绽放属于自己的精彩。"和美教育"思想引领下的"紫荆园课程"，让每一个孩子在学习中体验成长的快乐。在这里，课程即成长沃土，课程即丰沛养料，课程即生命绽放，课程即个性张扬，课程即美学相遇，课程即多元组合。让各种课程化成美的风景，让风景中的人，不管是教师，还是学生，都把学习变成一种对美的向往与喜爱。让我们在紫荆园中共同成长、共同进步、共同享受生命的绚丽多彩！

　　商都管城，厚重古老。紫荆航海，扬帆远航。

　　菁菁校园，书声琅琅。和启心智，美韵飘香。

　　在管城回族区中心城区南部，川流不息的航海路旁，德誉街 98 号，郑州市管城回族区创新街紫荆小学，犹如一颗璀璨的教育新星冉冉升起。

　　这里风景如画，树绿花红，一处一景，如诗如歌。繁华之上，平静之中，紫荆园里，1 900 余名孩子，106 名教师，心手相牵，追寻着共同的教育理想：让每一个孩子都成为那朵最美的紫荆花！学校教师队伍充满活力，其中市、区级骨干教师 6 名，多名教师获得市级优秀班主任、文明教师等荣誉称号。学校基础设施完善，教学环境优雅，教学设备齐全，拥有多功能报告厅、录播教室、创客教室、书法教室、美术教室和舞蹈教室等专用功能教室。学校"经典诵读""书法艺术"特色建设初步形成，学校品牌正逐步确立，具备了快速持续发展的条件。学校先后荣获河南省书法实验学校、郑州市创客示范学校、郑州市博客先进单位、管城区平安建设先进单位等称号。学校正处于起步发展阶段，上升空间大，学校教师团队合作创新意识强。以"和美教育"思想为引领，改革评价体系，努力构建拥有生命活力的灵动课堂，充分开设校本课程，促使学生全面发展。

　　为了让紫荆园的孩子更加阳光、快乐、健康地成长，学校合理整合校内外资源，传承学校的办学优势，积极构建个性化、多样化的"紫荆园课程"体系。我们依据教育部《关于深化课程改革落实立德树人根本任务的意见》，制定了我校课程规划方案。

第一节　蕴含有和有美的人文情怀

学校课程哲学是一所学校的课程价值观,是学校对课程及其发展定位的理解,是学校课程框架的灵魂,引领着课程模式的构建,贯穿于课程体系形成的过程,对学校课程发展有渗透性的指导作用。

一、学校教育哲学

依据当今教育发展的趋势和对未来人才的要求,遵循教育规律,坚持儿童立场,我们提出了"和美教育"。"和美教育"中的"和美"即以"和"为"美",以"和"育"美",追求以"和"为贵、以"美"为真、以"和"聚力、以"美"育人、以"和"促发展、以"美"成人生。

和美是一种理想。追求教育理想,是学校持之以恒、不懈努力的过程;追求教育理想,也是教师孜孜不倦、诲人不倦的过程;追求教育的理想,更是儿童不断学习、终生奋斗的过程。

和美是一种状态。于学校,和美的校园生机勃勃、书声琅琅;于教师,和美的教学润物无声、春风化雨;于学生,和美的学习蓬勃向上、积极健康。

和美是一种学校品格。和生合力,美怡人心,在紫荆绚丽的大舞台,尽情地展示风采。让学校中每一个生命个体都得以生长与发展,实现紫荆园人的自我价值。

和美是一种创造。创新是教育发展的灵魂。培养儿童的创新精神和创造能力,是时代赋予我们的神圣使命。

和美是一个生命场。学校是学校文化的载体,是教师精神栖息和实现生命价值的场所,是儿童个性自由绽放的场所,是师生共同学习、共同成长的场所。

和美教育旨在为师生创设宽松愉悦的生活环境,构建和谐的师生关系,创造"和而不同""各美其美""美美与共"的和美教育境界。"和"与"美"融为一体,相生共长。

基于上述教育哲学,我校提出如下办学理念:让每一个孩子都成为那朵最美的紫荆花。

我们的教育信条是:

我们坚信,学校是涵养心灵的花园;

我们坚信,每一个孩子都是可爱的精灵;

我们坚信,教育是充满灵气与活力的过程;

我们坚信,和美教育是润物无声的心灵滋养;

我们坚信,与美相遇、美怡人心是学校最美的姿态;

我们坚信,各美其美、美美与共是教育呈现的最美图景;

我们坚信,让每一个孩子都成为最美的紫荆花是教育的神圣使命。

二、学校的课程理念

依据"和美教育"这一教育哲学思想,学校课程以"和谐"为本质,以"尚美"为目标,规划和开发适合学校发展的"紫荆园课程"体系。课程理念被确定为:让每一个孩子都如紫荆花一般绚丽绽放,让学校成为能承载儿童记忆的花园、学园。这意味着:

——课程即成长沃土。好的课程一定不拘泥于知识技能的传授,而是像成长的沃土,裹挟着更多有鲜活生命气息的主题和内容,让孩子们有更多的机会去面对深度思考和创新实践的挑战,去选择满足个体生长需要的适宜土壤。

——课程即丰沛养料。小学教育是人生成长的奠基工程,每一个孩子都像一粒种子、一棵幼苗、一朵花苞,教师就像园丁,以课程为核心的学校教育要向孩子提供阳光、雨露等丰沛的养料,让每一个孩子都在学校这个大花园里得到温暖的滋养,在成长的每一个阶段内心都充满自信和力量,自由地生长。

——课程即生命绽放。一个孩子就是一个丰富的世界。课程的意义就在于创设适合不同孩子的学习情境,满足不同孩子的成长需要,在与课程的对话中,萌芽、抽枝、蓄叶、绽放,引悟、选择、发现、撷取。课程的丰富性决定着生命的丰富性,课程的卓越性决定着生命的卓越性。紫荆园课程的丰富性,能开阔孩子的视野,锻炼孩子的体魄,陶冶孩子的心灵,激发孩子的创造,让生命在课程中精彩绽放。

——课程即个性张扬。教育的目的是培养人的个性。我们的教育不应该仅仅传授技能知识,不应该扼杀孩子的天性和优势潜能,教育最成功的标志是让每一个孩子都成为他自己。因此,我们"紫荆园课程"尊重儿童个性发展,为儿童个性成长搭建平台,开发各种能张扬学生个性、弘扬传统特色、民族特色、学校特色的开放课程,满足儿童的不同需求,最终让每一个孩子都成为最好的自己。

——课程即美学相遇。美是能够使人们感到愉悦的一切事物,它包括客观存在和主观存在。美有自然美、社会美和艺术美。审美,既是主体发现、发掘审美对象美的素质的过程,也是主体内心品赏、评价美的对象或对象的美,体验美在自身的反映的过程。不断提升孩子们的审美能力,创设审美情境,培养纯美品质,追求尚美精神,真正促进与实现孩子们的和谐发展,使他们真正开创和拥有幸福和人生。

——课程即多元组合。每个孩子都有成才的权利,都有成才的可能,因此学校课程要为每一个孩子编织梦想、积蓄力量、开辟道路。一切资源皆课程,学校努力开发和利用好教师资源、家长资源、社区资源、环境资源等,向孩子们提供适合其个性发展的多元课程,将国家课程充分优化,丰富地方课程,使得校本课程常态化和精品化,促其多元发展。

在"和美教育"这一思想引领下,学校构建自然、饱满、丰富、灵动、诗意的"紫荆园课程"体系。希望我们的教育能够充满美,让美在学校里、在课堂上,让孩子们在这里与美相遇,最终实现至美发展。让各种课程化成美的风景,让风景中的人,不管是教师,还是儿童,都把学习变成一种对美的向往与喜爱。

第二节　感悟清澈绵长的生命情愫

学校课程只有基于儿童发展的需要，走进儿童心里，才能更好地为实现学校育人目标服务。因此，确定课程目标首先要明确学校的育人目标。

一、我们的育人目标

确立学校的课程目标，必须先明确学校的育人目标。基于学校的教育哲学和办学理念，确立学校的育人目标为：培养向善、健康、尚新、纯美的紫荆少年。

——向善：德行高尚，懂得感恩；

——健康：身心两健，幸福成长；

——尚新：善学广智，坚韧创新；

——纯美：志趣高洁，尚美求美。

二、我们的课程目标

基于学校育人目标，课程目标根据儿童的学龄特点分级设定（见表2-1）。

表2-1　"紫荆园课程"年段课程目标

课程 年级	向善	健康	尚新	纯美
一年级	初步萌发热爱集体、热爱家乡、热爱大自然的情感，懂得学习是小学生的根本任务，保护环境卫生，会使用文明用语。	喜爱体育运动，初步养成良好的卫生习惯，具有初步的自我保护能力。有基本的生活自理能力，参加力所能及的家务劳动，初步掌握一般的生活技能。	具有最基本的文化基础知识，初步具有听、说、读、写、算和表达交流能力，具有一定的动手操作能力和探索精神。初步养成观察事物、思考问题的习惯，有好奇心。	初步培养热爱美、欣赏美的情趣。至少培养1项兴趣爱好，乐于合作，不怕困难。

课程\年级	向善	健康	尚新	纯美
二年级	初步萌发热爱集体、热爱家乡、热爱大自然的情感。知道自己是集体中的一员，热爱集体，乐于帮助他人。遵守纪律，尊敬老人，孝敬父母，爱护同学。	喜爱体育运动，初步养成良好的卫生习惯，具有初步的自我保护能力，培养热爱运动的兴趣。有基本的生活自理能力，参加力所能及的家务劳动，初步掌握一般的生活技能。	有最基本的文化基础知识，初步具有听、说、读、写、算和表达交流的能力，具有初步的动手操作能力和探索精神。初步养成观察事物、思考问题的习惯。留心生活，热爱生活。	初步培养热爱美、欣赏美的情趣。培养1—2项兴趣爱好，乐于合作，不怕困难。
三年级	萌发热爱集体、热爱家乡、热爱祖国的情感，有一定的民族自豪感。养成勤学好问、专心踏实的学习态度，待人热情有礼貌。	喜爱体育运动，懂得有关健康的基本知识和科学锻炼身体的方法。爱劳动，生活能自理，参加家务劳动及公益劳动，掌握一般的生活技能。	有基本的文化基础知识和信息素养，具有听、说、读、写、算和表达交流的能力，具有动手操作能力和探索精神。基本养成观察事物、思考问题的习惯，有好奇心，敢于提问。	培养热爱美、欣赏美的情趣，初步培养感知美、表现美的能力。培养不少于3项兴趣爱好，懂得关心他人，乐于合作。
四年级	萌发热爱集体、热爱家乡、热爱祖国的情感，有民族自豪感。诚实，正直，讲文明，待人有礼貌，学习待人接物的日常礼节。	喜爱体育运动，懂得有关健康的基本知识和科学锻炼身体的方法，经常参加体育锻炼，不断优化身体素质。爱劳动，生活能自理，参加家务劳动及公益劳动，掌握一般的生活技能。	有基本的文化基础知识和信息素养，具有听、说、读、写、算和表达交流的能力，具有动手操作能力和探索精神。基本养成观察事物、思考问题的习惯，有好奇心，敢于提问，敢于质疑。	培养热爱美、欣赏美的情趣，初步培养感知美、表现美的能力。培养3—4项兴趣爱好，懂得关心他人，乐于合作。
五年级	热爱集体，热爱家乡，热爱祖国。懂得尊敬师长，友爱同学。诚实，正直；感恩，孝顺；讲文明，懂礼貌。	喜爱体育运动，懂得有关健康的基本知识和科学锻炼身体的方法，每天定时参加体育锻炼。养成良好的卫生习惯，具有一定的自我	有基本的文化基础知识和信息素养，具有听、说、读、写、算和表达交流的能力，具有动手操作能力和探索精神。养成观察事物、思	培养热爱美、欣赏美的情趣，感知美、表现美的能力。培养不少于5项兴趣爱好，懂得关心他人，乐于合作，不怕苦，不怕困难。

课程\年级	向善	健康	尚新	纯美
		保护能力。爱劳动，生活能自理，参加家务劳动及公益劳动，掌握一般的生活技能。	考问题的习惯，有好奇心，会学习，善学习。	
六年级	热爱集体，热爱家乡，热爱祖国。懂得尊敬师长，友爱同学。诚实，正直；感恩，孝顺；讲文明，懂礼貌。能与他人合作，有良好的团结协作精神。	喜爱体育运动，懂得有关健康的基本知识和科学锻炼身体的方法，每天定时参加体育运动。养成良好的卫生习惯，具有一定的自我保护能力。爱劳动，生活能自理，参加家务劳动及公益劳动，掌握一般的生活技能。	有基本的文化基础知识和信息素养，具有听、说、读、写、算和表达交流的能力，具有动手操作能力和探索精神。养成观察事物、思考问题的习惯，有好奇心，会学习，善学习，敢创新，会创造。	培养热爱美、欣赏美的情趣，感知美、表现美的能力。培养5—6项兴趣爱好，懂得关心他人，乐于合作，不怕苦，不怕困难。

第三节　创造多彩灵动的课程资源

　　为进一步加强课程规划顶层设计的科学性、先导性,厘清课程元素间的内部逻辑关系,使课程成为上承教育哲学、下启育人目标的载体,学校基于"和美教育"的理念,构建了"紫荆园课程"体系。

一、课程逻辑

　　依据学校课程实际、课程发展理念及目标,形成"紫荆园课程"逻辑架构(见图2-1)。

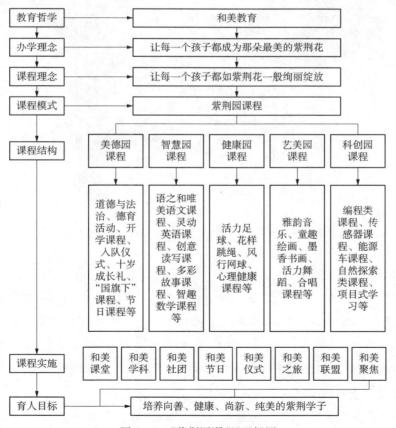

图2-1　"紫荆园课程"逻辑图

二、课程结构

根据多元智能理论,我们把学校课程分为美德园课程、智慧园课程、健康园课程、艺美园课程、科创园课程等五大类型(见图2-2)。

图2-2 "紫荆园课程"结构图

(一) 美德园课程

注重儿童品格和意志品质的培养,是立德树人的根本要求,也是使儿童安身立命、适应社会的核心课程。课程重心指向中国学生发展核心素养中的责任担当。主要有道德与法治、红色革命教育、德育活动、开学课程、入队仪式、十岁成长礼、"国旗下"主题课程、节日课程、仪式课程、德育星级评定课程等。

(二) 智慧园课程

关注儿童发展智力、适应社会生活和未来社会发展所需的素养的课程。课程的重心指向中国学生发展核心素养中的学会学习、科学精神和实践创新。"语之和"课程主要包括唯美语文课程、灵动英语课程、创意读写课程、多彩故事课程等，"思之和"课程包括主要包括乐思数学、神秘科学、神奇创客、信息技术、能工巧匠等课程。

（三）健康园课程

注重传授儿童有关健康的知识，发展儿童身心素养，培养儿童热爱生活的情感。此课程重心指向中国学生发展核心素养中的健康生活，主要包括活力足球、花样跳绳、风行网球、武术课程、心理健康课程等。

（四）艺美园课程

培养儿童优雅气质，提升文明素养的课程，课程重心指向中国学生发展核心素养中的人文底蕴，主要包括音乐、美术、绘画、书法、舞蹈、合唱等课程。

（五）科创园课程

科技创新活动是促进儿童创新能力发展的重要途径，学校不断地创新工作思路，聚合家庭、社区、社会等多种力量，着力培养儿童创新精神、实践能力，主要包括建构类课程、编程类课程、绿色能源车课程、项目式学习等课程。

三、课程设置

根据"紫荆园课程"逻辑图，结合学校的办学特色及现有的课程资源，将学校课程划分为美德园课程、智慧园课程、健康园课程、艺美园课程、科创园课程等五大板块，对课程的内容体系进行系统地构建（见表 2 - 2）。

表 2 - 2　"紫荆园课程"设置总表

年级 \ 类别	美德园课程	智慧园课程	健康园课程	艺美园课程	科创园课程
一上	1. 开学课程 2. 美好节日课程 3. 主题教育课程 4. 星级评定课程	1. 口算小能手课程——生活中的数学 2. 数学写字课程 3. 数学儿歌课程 4. 走进钟表王国创意主题实践课程 5. 晨诵课程 6. 故事课程 7. 快乐拼读课程	1. 乐风足球课程 2. "绳"彩飞扬课程 3. 我爱篮球 4. 快乐游戏	1. "童绘"课程 2. 墨韵书法——硬笔课程 3. 音乐素养课程 4. 陶韵之声	1. 自然探索 2. 机器人课程
一下	1. 入队课程 2. 国旗下课程 3. 美好节日课程 4. 主题教育课程 5. 星级评定课程	1. 快乐七巧课程 2. 创意钟表 DIY 3. 数学手绘课程 4. 晨诵课程 5. 故事课程 6. 快乐写话	1. "绳"彩飞扬课程 2. 乐风足球课程 3. 篮球操课程 4. 快乐游戏	1. 创情"彩墨画"课程 2. 墨韵书法——硬笔课程 3. 音乐素养课程 4. 我爱记歌词 5. 陶韵之声	1. 自然探索 2. 机器人课程
二上	1. 文明礼仪教育课程 2. 美好节日课程 3. 主题教育课程 4. 研学课程 5. 星级评定课程	1. 速算小达人课程 2. 数学合作课程 3. 带着乘法去旅行课程 4. 立体图形玩玩乐 5. 晨诵课程 6. 故事课程 7. 每月写话课程	1. "绳"彩飞扬课程 2. 乐风足球课程 3. 我爱篮球课程	1. "美"在民间课程 2. 墨韵书法——硬笔课程 3. 音乐素养课程	1. 自然探索 2. 机器人课程

类别　年级	美德园课程	智慧园课程	健康园课程	艺美园课程	科创园课程
二下	1. 文明礼仪教育课程 2. 美好节日课程 3. 主题教育课程 4. 研学课程 5. 星级评定课程	1. 生活中的数学主题实践课程（克和千克认识） 2. 我是小小设计师实践课 3. 巧算达人 4. 晨诵课程 5. 故事书话课程 6. 每月写话课程	1. "绳"彩飞扬课程 2. 乐风足球课程 3. 我爱篮球课程	1. "美"在民间课程 2. 墨韵书法——硬笔课程 3. 音乐素养课程 4. 雅乐合唱课程	1. 自然探索 2. 机器人课程
三上	1. 红色教育课程 2. 美好节日课程 3. 主题教育课程 4. 十岁成长礼课程 5. 星级评定课程	1. 巧算小行家 2. 数学写作课，最优方案问题课程 3. "小小测量师"主题实践课（1千米有多长） 4. 磨耳朵课程——听唱儿歌 5. 创意书写课程——快乐ABC 6. 晨诵课程 7. 故事课程	1. "绳"彩飞扬课程 2. 乐风足球课程 3. 我爱篮球课程 4. 心灵成长课程	1. "自然日记"课程 2. 墨韵书法——软笔课程 3. 音乐素养课程 4. 戏曲课——走进京剧名家 5. 乐音飞扬——管乐课程	1. 自然探索 2. 机器人课程
三下	1. 榜样教育课程 2. 美好节日课程 3. 主题教育课程 4. 十岁成长礼课程 5. 星级评定课程	1. 口算达人 2. 我们的学校：认识面积主题课程 3. 磨耳朵课程——听故事 4. 创意书写课程——单词挑战王 5. 我是时间小管家课程 6. 晨诵课程 7. 故事课程	1. "绳"彩飞扬课程 2. 乐风足球课程 3. 我爱篮球课程 4. 心灵成长课程	1. 创想"纸浆画"课程 2. 墨韵书法——软笔课程 3. 音乐素养课程 4. 乐音飞扬——管乐课程	1. 自然探索 2. 机器人课程

年级 类别	美德园课程	智慧园课程	健康园课程	艺美园课程	科创园课程
四上	1. 爱心作业课程 2. 美好节日课程 3. 主题教育课程 4. 讲孝义故事，做孝义少年感恩课程 5. 星级评定课程	1. 巧思妙算课程 2. 数学写作课 3. 制图设计师 4. 口语课程——朗读小诗 5. 创意书写课程——我说你 6. 晨诵课程 7. 故事课程	1. "绳"彩飞扬课程 2. 乐风足球课程 3. 我爱篮球课程 4. 心灵成长课程	1. 环保"趣"课程 2. 墨韵书法——软笔课程 3. 音乐素养课程 4. 乐音飞扬——管乐课程	1. 自然探索 2. 机器人课程
四下	1. 自立自主教育课程 2. 美好节日课程 3. 主题教育课程 4. 环保公益课程 5. 星级评定课程	1. 巧思妙算 2. 全家自驾游——实践课程 3. 数学写作课 4. 口语课程——英语动漫城 5. 创意书写课程——手绘英语故事 6. 晨诵课程 7. 故事课程	1. "绳"彩飞扬课程 2. 乐风足球课程 3. 我爱篮球课程 4. 心灵成长课程	1. 环保"趣"课程 2. 墨韵书法——软笔课程 3. 学跳民族舞课程 4. 乐音飞扬——管乐课程	1. 自然探索 2. 机器人课程
五上	1. 合作学习教育课程 2. 美好节日课程 3. 主题教育课程 4. "我的零钱我做主"成长课程 5. 星级评定课程	1. 头脑风暴——我会算课程 2. 数学写作课程——生活奇遇记 3. 口语课程——配音秀 4. 创意课程——西方礼仪 5. 晨诵课程 6. 故事课程	1. "绳"彩飞扬课程 2. 乐风足球课程 3. 我爱篮球课程 4. 心灵成长课程	1. 神奇"水拓画"课程 2. 墨韵书法——软笔课程 3. 音乐素养课程 4. 乐音飞扬——管乐课程	1. 自然探索 2. 机器人课程

类别\年级	美德园课程	智慧园课程	健康园课程	艺美园课程	科创园课程
五下	1. 美好节日课程 2. 主题教育课程 3. "取长补短"成长课程 4. 星级评定课程	1. 数字写作课 2. 口语课程——配音秀 3. 头脑风暴课程 4. 晨诵课程 5. 故事课程	1. "绳"彩飞扬课程 2. 乐风足球课程 3. 我爱篮球课程 4. 心灵成长课程	1. 创意趣课程 2. 墨韵书法——软笔课程 3. 音乐素养课程 4. 乐音飞扬——管乐课程	1. 自然探索 2. 机器人课程
六上	1. 科学探索教育课程 2. 美好节日课程 3. 主题教育课程 4. 团队合作成长课程 5. 星级评定课程	1. 最强大脑——加减乘除课程 2. 数学写作课程 3. 口语课程 4. 英文影视赏析课程——迪士尼系列 5. 晨诵课程 6. 故事课程	1. "绳"彩飞扬课程 2. 乐风足球课程 3. 我爱篮球课程 4. 心灵成长课程	1. "衍纸"乐园课程 2. 墨韵书法——软笔课程 3. 音乐素养课程 4. 乐音飞扬——管乐课程	1. 自然探索 2. 机器人课程
六下	1. 感恩教育课程 2. 美好节日课程 3. 主题教育课程 4. 扬风远航成长课程 5. 星级评定课程	1. 最强大脑课程 2. 主题实践课程 3. 英文影视赏析课程——迪士尼系列 4. 晨诵课程 5. 故事课程	1. "绳"彩飞扬课程 2. 乐风足球课程 3. 我爱篮球课程 4. 心灵成长课程	1. "衍纸"乐园课程 2. 墨韵书法——软笔课程 3. 音乐素养课程 4. 乐音飞扬——管乐课程	1. 自然探索 2. 机器人课程
年度整合活动	1. 紫荆好少年 2. 紫荆好中队 3. 最美紫荆人	1. 玩转数学节 2. 灵动英语节 3. 快乐读书节	1. 阳光亲子体育节 2. 心理健康月活动 3. 安全教育月	1. 缤纷艺术节	

第四节　抵达诗意生趣的教育圣地

　　课程实施是课程理念落地的过程，也是师生共同成长的过程。学校从"和美课堂""和美学科""和美社团""和美节日""和美仪式""和美之旅""和美联盟""和美聚焦"八个方面实施"紫荆园课程"，践行"让每一个孩子都如紫荆花一般绚丽绽放"的课程理念。

一、打造"和美课堂"，提升学校课程品质

　　"和美课堂"是教师通过整合各项教学资源，创设和谐的课堂环境，提高课堂效率和增强课堂效果。"和美课堂"有助于儿童生成智慧、提升道德修养，教师提升职业幸福感，推动学校品牌的塑造，促进社会精神文明建设。学校从生命成长的角度出发，运用情境感染、网络教学、多元评价、拓展延伸等方式来优化课堂教学，打造"和美课堂"。

（一）"和美课堂"的内涵与实践

　　"和美课堂"的"和"指向课堂氛围。课堂充满人文关怀，儿童的个性、尊严得到充分尊重，潜能得到充分挖掘，师生双方在教学中相互尊重、相互信任、相互促进，课堂气氛愉悦和谐，情趣共生。

　　"和美课堂"的"美"指向教学效能。教师以丰厚的专业素养、恰当的教学策略、巧妙的教学设计，在教给儿童知识的同时，让知识迁移转化为能力，让能力发酵提炼成智慧；儿童在"不愤不启，不悱不发"的课堂情境中与教师产生思维的碰撞，观点的共鸣和情感的融合。

　　具体到课堂教学的每个环节，学校进一步明晰了如下"四促"课堂文化内涵。

　　——目标明确促"探美"。学习目标的制定要依据学科课程标准、学段教学目标以及不同班级儿童的具体学情具体设置，做到紧扣核心素养的达成要求，还要契合不同学习水平儿童的学习需要。

　　——资源丰富促"鉴美"。教师要深度解读课标，分析教材，读懂儿童，立足于

儿童发展需要,将对教材的解读结合儿童生活体验拓展的学习内容巧妙整合,使学习资源丰富多维。

——过程有序促"品美"。教师根据学习需要创设鲜活的情境,提出有针对性、有启发性的问题,并能根据儿童的个体体验巧妙地点拨指导,促进儿童思维的深度发展,整个教学过程组织有序,环节安排流畅自然。

——氛围温暖促"创美"。课堂充满生命活力,儿童和教师作为学习共同体在课堂上都能获得生命成长。儿童能掌握相关基础知识和基本技能,能形成有效的学习策略,发现问题、解决问题、综合运用等各方面的能力得到有效提升,同时收获积极的情感体验。教师在引导儿童的过程中不断丰富自我教学机智,淬炼教学智慧。

(二)"和美课堂"实施策略

在"和美课堂"文化形态的引领下,学校加强教学常规的规范化、精细化管理,深入开展创新教学方式和学习方式的研讨与实践,以教科研为先导,以教学活动为载体,通过课堂诊断、课型研讨、课题研究等活动,逐步形成对"和美课堂"文化的理论与行动共识,具体实施策略如下。

以课堂诊断为手段,把脉"和美课堂"。理想的课堂教学生态的形成基于对课堂教学现状和教学问题的梳理与分析。学校课程中心选取不同学科、不同年龄段、不同教龄教师的常态课,从学习目标、学习资源、学习过程、学习氛围、学习效果等不同的维度进行课堂观察,汇总相关数据,提炼优秀课堂的共性特质,加强对课堂问题的梳理,为基于问题改进的课堂教学实践与研究提供具体参考。

以课题研究为引领,深化"和美课堂"。为保障"和美课堂"落地生根,学校双管齐下,坚持校本教研与课题研究两手同抓。充分发挥同伴互助的力量抓好校本教研,做到常规教研不松懈、主题教研有实效、即时教研重反思。加强专项课题引领,引导教师从教学中的具体问题入手进行小课题研究,通过对一个问题的持续关注与实践反思,形成有效的课堂教学策略,从而促进"和美课堂"的建构向纵深发展。

以教学活动为载体,增效"和美课堂"。"和美课堂"文化要转化为具体的教学行为才能促使课堂改变真实发生。学校以"四美课堂"为抓手,即新教师亮相课、青年教师过关课、骨干教师展示课、各级比赛公开课等,开展以课例为载体的教学实践研究,将磨课研课纳入"青蓝培养工程",纳入教师专业发展规划,常态化开展学科及全校性课例观摩研讨活动,集思广益、互相切磋、共同提高。在"实践—研讨一反思一再实践一再反思"的行动研究中,不断提高"和美课堂"的教学效果。

（三）"和美课堂"的评价标准

在"和美课堂"评价维度上,我们依据以生为本的理念,在课堂评价上特别关注"三个获得"。

第一个"获得"：让儿童获得什么。教学目标和内容符合课程标准、切合儿童实际。

第二个"获得"：让儿童怎样获得。教学过程与方法有利于教师的引导,有利于儿童主体参与,有利于激发儿童的学习兴趣,有利于引导儿童创新和实践,有利于在课堂教学时限内有效达成核心素养。

第三个"获得"：儿童获得了多少。从知识与技能的牢固掌握,过程与方法的正确运用,情感的充分体验、价值的高度认同、个性的充分张扬五个方面考查教学效果。

在"和美课堂"评价的体系上,我们研制了《紫荆小学和美课堂评价标准》,评价的主要维度是"三和"（教学目标和、教学情境和、教学过程和）及"三美"（教学艺术美、学生表现美、教学效益美）。根据"新课改"的课堂教学理念,70％以上的关注度和着力点放在儿童发展上,具体分为即时性评价和终结性评价两个方面。即时评价主要体现在随堂观课及"和美课堂"的展示观摩后,由学科领导组织学科教师进行随机教研,听课教师填写评价量表,并与授课教师进行互动性即时评价。终结性评价主要结合每学期开展的家长、学生评教活动,以问卷和访谈的形式对教师课堂教学情况做出整体性评价,评价结果作为学校年度最美教师评选的重要依据。

在"和美课堂"的建构实践中,学校基于对"和美"的内涵解读,设计了《紫荆小学"和美课堂"评价表》（见表2-3）。

表2-3 "和美课堂"评价表

评价维度	评价要素	权重	等级		
			A	B	C
教学目标	学习目标紧扣课程标准,凸显学段目标,贴合学情,重难点恰当,关键问题把握准确。	10％			
教学情境	情境的创设、任务的提出符合学科特点,简洁明了。	10％			

评价维度		评价要素	权重	等级		
				A	B	C
教学过程	问题激荡智慧	自主学习：能独立思考，探究问题有主见，能总结提炼学习所得。	20％			
		合作（探究）学习：组织有序，讨论热烈，同伴协作，帮扶到位，按时完成小组分配的学习任务。				
		思维状态：善于思考质疑，能提出个人观点，见解独到、有价值，并引发学生思考。				
		参与状态：精神饱满，兴趣浓厚，学习投入，状态良好。				
	点拨发展智慧	展示状态：大胆自信，表达简洁，解疑答惑正确，征求意见谦虚。	25％			
		交流状态：尊重同学和老师，清晰表达自己观点，耐心听取别人意见，质疑研讨诚恳，评价客观公正。				
		教师点拨：及时整理提炼学生生成的问题；适时、适度指导学生的学习活动；矫正纠错、提炼总结，体现智慧型指导。				
	运用提升智慧	练习设计注重层次性、针对性和科学性。练习过程适度增加相关的深化内容进行拓展。	10％			
学生表现		课堂氛围轻松、愉悦，学生的个性、潜能得到充分发展，师生关系和谐融洽，课堂充满人文关怀。	5％			
教学效益		知识掌握：扎实掌握当堂知识，目标达成度高。	10％			
		方法运用：学会解决问题的方法，形成有效的学习策略，养成良好的学习习惯。				
		能力形成：学生发现问题、解决问题、综合运用等各方面的能力得到提高。				
		情感发展：学习过程愉悦，思想情感积极向上。				
教学艺术		课堂充满生命活力，学生全情参与，个性张扬；采用发展性多元评价；教师收获教学机智，淬炼教学智慧。	10％			
总评						
总体建议						

二、建设"和美学科",丰富学校课程内涵

"和美学科"是基于课程目标,根据儿童的兴趣爱好、个性特长,对基础型课程相关内容的有效拓展。通过采用多样化的实施方式,有效延伸其中的相关知识,充实儿童的学科知识,拓展儿童的学科技能,培养智慧儒雅的紫荆学子。

(一)"和美学科"的建设路径

根据学科师资力量,倡导教师在国家课程校本化实施的基础上总结经验,以学科为原点,设计学科特色"1+X"课程群。"1"是教师所教授的国家基础性课程,"X"是指教师根据国家课程开展的拓展性课程,是基础性课程的延伸。"和美学科"依据学科课程,研发丰富的学科延伸课程,形成具有特色的学科课程群。学校建设了"致美语文""尚思数学""多彩英语""悦动体育""能动心育""雅美音乐""墨香书法""原色美术"八大课程群。

1."致美语文"课程群建设

"致美语文"基于语文人文性、工具性相统一的学科特点,以国家语文课程为核心,结合《义务教育语文课程标准(2022年版)》积极探寻语文之本源,坚持儿童本位,从"识字写字、阅读、写作、口语交际和思维发展五方面入手,将经典古诗词、古文、绘本故事、整本书阅读引入课程建设,结合丰富多彩的活动,构建了螺旋上升的"致美语文"课程群。

例如,"晨诵课程"主要使用了《疯狂背古诗》读本,另外各年级老师根据学生年龄特点和《义务教育语文课程标准(2022年版)》中相关学段要求选定经典古文穿插其中,每天早上利用25分钟的时间进行诵读。故事课程的教材为校本教材,学校根据《义务教育语文课程标准(2022年版)》中的阅读要求,结合学校教育目标,成立教材编撰小组为各年级儿童编撰故事教材,使教师通过该教材能系统指导儿童进行绘本故事、整本书阅读。除此之外,学校开设故事课,1—2年级每周一节故事课,安排在周三上午第四节课;3—6年级每周一节故事课,根据教学实际情况进行分散编排。每月进行一次"书香班级"评比和"阅读小明星"评比。每学期开展一次全员参与的阅读活动,上学期是"阅读达人秀",下学期是"快乐读书会"。在语文课程的基础上,开设"晨诵课程""故事课程""阅读活动课程",共同构建了学校"致美语文"课程群。

2. "尚思数学"课程群建设

"尚思数学"课程群主张以学生为中心,让数学教育回归现实世界,引导儿童"用数学的眼光观察现实世界,用数学的思维分析现实世界,用数学的语言表达现实世界"。

"尚思数学"课程群以数学课程为基础,依据数与代数、空间与图形、统计与概率、综合性学习四大学习领域,通过校内外、课后、周末分年级开展"神奇的七巧板""带着乘法去旅行""生活中的数学"等拓展性课程。

3. "多彩英语"课程群建设

"多彩英语"基于人文性、工具性相统一的学科特点,以英语课程为基础,结合《义务教育英语课程标准(2022年版)》,主张英语学习是语言交流与分享的快乐之旅,基于小学英语听、说、读、写学科能力建构的需要,分别从儿歌、故事、配音三个方面设置课程。

"快乐儿歌课程"安排在每节英语课前5分钟进行,不仅能促进儿童的生长发育,还能提高儿童学习英语的热情。"故事磨耳朵课程"通过每日听一个英语故事让儿童在家进行英语的拓展学习。"身临其境"通过每天给儿童设置30分钟的英语绘本阅读课程,让英语学习充满趣味。在规定英语课程之外,"快乐儿歌""故事磨耳朵""身临其境"共同构成了学校的"多彩英语"课程群。

4. "悦动体育"课程群建设

"悦动体育"课程群按照《义务教育体育与健康课程标准(2022年版)》的要求,贯彻落实中共中央、国务院《关于深化教育教学改革全面提高义务教育质量的意见》的文件精神,在体育课程实施过程中坚持"健康第一"的指导思想,严格执行儿童体质健康标准,立足儿童好动、爱玩的天性,引导儿童在玩中学、在学中玩,玩出体育技能,玩出生活情趣,玩出体育品格。以体育与健康为基础课程,从"力之健""力之能""力之美""力之乐"四个方面设置课程。

5. "能动心育"课程群建设

依据《中小学心理健康教育指导纲要(2012年修订)》的要求,以及教育部《关于培育和践行社会主义核心价值观进一步加强中小学德育工作的意见》文件精神,结合"和美教育"育人目标,根据儿童生理、心理发展规律,以"自我认识、自我教育、自我控制"为切入点,培养儿童健全的人格和良好的个性心理品质。

"能动心育"课程群以"辅导、体验"为主要内容,同时结合"心理健康周""家庭教育访谈""团体辅导"等活动,构建"心灵触角"课程群,为儿童健康成长和幸福生活奠定基础。

6. "雅美音乐"课程群建设

"雅韵音乐"是依托《义务教育艺术课程标准(2022年版)》,主张立足儿童兴趣,用灵动的视觉、敏锐的听觉、乐于表达的情感,使儿童能欣赏美、感受美、体验美、创造美。

课程群在音乐课程的基础上,以审美感知、艺术表现、文化理解等音乐学科核心素养为导向,进行单元整合,融乐器知识于其中,利用"第二课堂"、特色课、活动时间从"赏韵鉴美""动律达美""创新塑美""融智品美"四个方面设置课程。

7. "墨香书法"课程群建设

"墨香书法"课程群以教育部《关于中小学书法教育指导纲要》为依据,以墨香倡学兴问,以墨香静心养气,以墨香炼意砺志,以墨香探美求新,传承和发扬了优秀中国传统文化。

"墨香书法"课程群以书法课程为核心,从"书法知识、书法技巧、书法欣赏、书法故事"层面,开展了"'字'有功夫""'字'有故事""'字'有渊源""'字'得其美"四类课程。

8. "原色美术"课程群建设

在新课程标准下,基于小学美术学科能力建构的需要,"原色美术"主张艺术创作源情而生、融情而作、旨在抒情、妙在创造,引导儿童通过富有情感的各种美术表现形式,达到情趣与智创的双重提升。

一至六年级每周两节美术课,两节课连排连上,实行美术长课时。在完成美术教材内容的基础上,渗入拓展课程,分别从"有趣绘画""有创制作""有情评述""有智探索"四个方面采用小组合作的方式,为儿童提供多角度、多方面、多渠道的情感体验,使儿童在审美中熏陶、在经典里浸染(见表2-4)。

表2-4 "原色美术"课程设置表

年级	主题	学期	内容
一年级	创情"彩墨画"	上学期	多彩世界——美丽的极光
		下学期	彩墨——可爱的小动物
二年级	"美"在民间	上学期	辨画大赛——马勺与葫芦
		下学期	放飞梦想——京式风筝
三年级	创想"纸浆画"	上学期	自然日记课程
		下学期	亲子活动——"庆国庆"亲子创意手工课
四年级	环保"趣"	上学期	"塑料瓶也有春天"——大嘴纸篓怪兽
		下学期	有趣的不倒翁
五年级	神奇"水拓画"	上学期	水中绽放的神奇之花
		下学期	自由创作
六年级	"衍纸"乐园	上学期	有趣的水果
		下学期	蝴蝶飞飞

（二）"和美学科"的评价要求

"和美学科"评价关注学科课程、学科教学、学科学习、学科团队等学科课程建设的四个核心要素,具体评价标准如下。

基于学科素养培养需要,植根学校课程文化,提炼形成特色鲜明的学科哲学和教学主张。

依据学科哲学,立足教学实际,构建包含学科课程目标、学科建设思路、学科实施评价、学科保障与管理的特色学科建设方案。

依据学科教学的若干核心领域开发设置多种拓展课程,以丰富多维的课程满足学生学习发展和学科素养建构的需要。

高品质的学科教学是保障学科质量的基础,以"和美课堂"文化形态为引领,通过雕琢教学设计,打磨课堂行为,精炼教学机智,不断提升学科教学的有效性和品质性。

学科团队在学科哲学上达成理念共识,在学科教学中有较强的实施能力,并形成了有效的常态教研机制,能够以研促教,提升学科课程品质。

学校将学科课程建设四个要素的评价标准纳入整体教育教学评价体系,并与教学评价、学业评价、儿童发展评价、教师发展评价充分整合,具体操作办法如下。

学科课程评价由课程中心负责,具体分为三个阶段:第一阶段,在课程开发初期,对学科教研组编制的学科方案的可行性、适切性、特色性进行评价,对学科教师开发的课程进行审核性、改进性评估;第二阶段,在课程实施中期,组建评估组,采用随机观课的形式对课程实施情况进行过程性、督导性评价;第三阶段,在课程实施末期,由课程中心制定课程实施情况调查问卷,从教师、家长、学生三个维度,采用线上、线下相结合的形式对课程实施成效、存在问题进行诊断性评价。

同时,制定学校品牌课程评选标准,由观课教师填写课堂评价量表,并通过课例研讨对学科教师课堂教学情况进行即时反馈评价。

学科学习评价,一方面由学生对自己参与学科学习的收获、感悟进行记录性、自主性评价;另一方面由课程负责教师对学生学习的态度、方法的掌握、技能的习得、情感的发展等方面进行等级式评价,计入课程手册,并依据评价结果决定学生能否获得课程通关卡;同时,借助学科节日、主题活动等平台进行学科学习成果的展示性评价。

学科团队评价主要结合学校年度优秀教研组评选活动进行,由学科教研组自主申报,填写《创新街紫荆小学优秀教研组评价表》,学校依据教研组在课程开发、课程实施、儿童学习辅导、团队文化建设等方面的表现给予综合评价。

三、创设"和美社团",全面优化兴趣特长实施效果

社团是满足儿童个性需求,发展儿童兴趣特长,实现儿童全面发展、灵动生长的重要平台。为全面落实"向善、健康、尚新、纯美"的育人目标,结合我校实际情况,整合校内外教育资源,学校开展了丰富多彩的社团活动,并以"和美社团"课程为载体进行常态化实施。

(一)"和美社团"的主要类型

"和美社团"是学校"紫荆园课程"的重要组成部分,也是兴趣课程实施的主要途径,包括"行规礼仪""语言素养""运动健康""艺术审美""科学探究"五大类(见表2-5)。

表 2-5 "和美社团"课程设置表

社团分类	社 团 名 称
行规礼仪类	红领巾礼仪、国旗护卫队、校园志愿者
语言素养类	汉字听写、故事达人秀、小小朗读者
运动健康类	花样跳绳、乐风足球、活力篮球、快乐网球、心灵触角
艺术审美类	花儿舞蹈、紫荆管乐、创想美术、陶韵之声、雅乐合唱、创客空间、写意水墨画、墨香书法
科学探究类	机器人编程、新能源小汽车、小小发明家

创建行规礼仪类社团,打造文明紫荆娃。行规礼仪类社团是"美德园课程"的重要组成部分,包括红领巾礼仪、国旗护卫队、校园志愿者等特色社团。通过社团活动让儿童全面掌握小学生行为规范,懂得基本的礼仪常识,成为举止文明的紫荆少年。

创建语言素养类社团,打造灵慧紫荆娃。语言素养类社团是"智慧园课程"的重要组成部分,包括汉字听写、文学素养、故事达人秀、小小朗读者等特色社团,注重激发儿童的语言学习兴趣,实施听、说、读、写等语言素养的训练,实现人文素养的全面提升,让儿童成为智慧灵动的紫荆少年。

创建运动健康类社团,打造活力紫荆娃。运动健康类社团是"健康园课程"的重要组成部分,学校结合自身特色,开展花样跳绳、乐风足球、活力篮球、快乐网球、心灵触角等特色社团,注重激发儿童参与体育活动的兴趣,加强对儿童心理问题的疏导,让儿童成为身心健康的紫荆少年。

创建艺术审美类社团,打造儒雅紫荆娃。艺术审美类社团是"艺美园课程"的重要组成部分,包括花儿舞蹈、紫荆管乐、创想美术、陶韵之声、雅乐合唱、创客空间、写意水墨画、墨香书法等 8 个社团,从表演艺术等维度全面发展儿童的艺术特长,培养儿童的审美能力、艺术素养和生活情趣,让儿童成为温文尔雅、心灵手巧的紫荆少年。

创建科学探究类社团,打造创新紫荆娃。科学探究类社团是"科创园课程"的重要组成部分,包括机器人编程、新能源小汽车、小小发明家特色社团,注重激发儿童对自然科学和社会百科的求知欲、好奇心,培养儿童解决问题的创造能力和动手能力,让儿童成为创新型紫荆少年。

(二)"和美社团"实施策略

为保障社团课程规范实施,学校制定了社团课程专项规划,明确提出"三个一"社团课程目标,即构建一套高效、灵活的社团管理体系;发展一批具有鲜明特色的精品社团;造就一批素质高、能力强的学生社团骨干,以目标为导向保障社团课程落地实施。

筹建多元社团课程体系。评估儿童发展需要,结合校内外教育资源,筹划建立数量规模适当、不同层次的社团,形成班级社团、年级社团、学校中心社团,精品型社团相互衔接的社团组织体系。

注重社团骨干队伍建设。一方面高度重视学生社团负责人的选拔培养,大力发展学生社团骨干;另一方面聘请专家学者、社会知名人士和家长志愿者担任学生社团兼职指导教师,指导学生社团建设,同时帮助提高本校教师的社团课程研发、实施能力。

加强社团实施过程管理。学校不断完善社团课程制度建设,制定了《紫荆小学"和美社团"管理制度》《紫荆小学精品社团评选办法》,对社团课程的活动时间、活动内容、活动形式、课程成果等提出明确标准和要求,并加强对社团活动开展的过程性质量监控,以制度建设保障社团课程的实施成效。

(三)"和美社团"评价

为加强社团课程实施效果的监控,学校建立社团动态循环发展机制。学校坚持过程性、多元性、激励性、综合性的原则,建立学生社团考核评比机制,以评价为导向营造有利于优秀社团脱颖而出的良性竞争氛围,促进社团发展优胜劣汰与自然选择。以下是学校"和美社团"评价标准(见表2-6)。

表2-6 "和美社团"的评价标准

项目	"和美社团"指标	评分	评价方式
社团机构与管理	1. 社团管理体制完善,机构设置合理,制定符合学生实际的社团建设实施方案。	10分	实地调查资料核实
	2. 建立、健全并严格执行社团各项规章制度。	5分	

项目	"和美社团"指标	评分	评价方式
	3. 社团人数适中,规模适度,成员资料档案齐全。	5分	
	4. 指导老师认真负责、重视管理。	10分	
	5. 学生社团要突出学生的主体性和创造性,使学生在社团活动中自治自理、健康发展。	10分	
	6. 社团活动空间固定,环境良好有相应的文化建设。	5分	
活动实施情况	7. 经常和定期开展社团活动,组织有序、记录完整。	5分	师生座谈活动展示
	8. 社团活动内容丰富,形式多样,体现实践性和综合性,有利于培养和锻炼学生多方面的素质,体现校园文化精神。	15分	
	9. 社团成员或集体活动成果显著。	15分	
	10. 活动取得良好教育效果,在学生中有一定的影响。	20分	

四、做活"和美节日",浓郁课程实施氛围

节日蕴涵着丰富的文化内涵,有着特殊的教育意义,特别是许多节日与儿童的生活息息相关,儿童对其有着浓厚的兴趣。应该说,这些节日都是极其宝贵的课程资源。富有仪式感的节庆文化活动是构建"和美教育"校园文化品牌的主要载体,是增强课程实施成效的有力保障,更是儿童快乐成长、自由发展的重要平台。

（一）"和美节日"课程设计与实施

"和美节日"课程分为中华传统节日课程、缤纷主题节日课程和校园多彩节日课程三类。

中华传统节日课程。中华传统节日课程通过主题活动、实践活动等,让儿童理解优秀传统文化习俗与精神内涵,使中华优秀传统文化得以传承与发展。具体中华传统节日课程设置内容如下(见表2-7)。

表 2-7 "中华传统节日"课程设置表

实施年级	传统节日	课 程 目 标	实施方法
一至六年级	春节	1. 知道春节的具体日期,初步了解节日的来历。 2. 收集有关春节的节日习俗资料,引导学生体会我国传统春节活动热闹的氛围,在活动中发现新鲜事、有趣事,感受人们对美好生活的向往。 3. 通过各种实践活动,发现春节的文化意义,并诵读诗文、写对联等。	主题队会 校本课程 节日课程
一至六年级	元宵节	1. 知道元宵节的具体日期,初步了解元宵节的来历,了解元宵节的风俗习惯。 2. 查找资料,全国各地不同的风俗习惯,并进行整理。 3. 收集和制作灯笼,在元宵节进行展览、猜字谜等,了解其文化内涵。	主题队会 校本课程 节日课程
一至六年级	清明节	1. 开展清明节主题教育活动,使学生了解清明节的渊源、含义、习俗以及纪念方式。 2. 使学生知道清明节原是祭祀祖先的节日,通过学生参加祭扫先烈,缅怀先烈的活动,丰富清明节的节日含义。 3. 了解革命烈士的感人事迹,懂得幸福生活来之不易,从而珍惜今天的幸福生活。	主题队会 校本课程 节日课程
一至六年级	端午节	1. 通过端午节主题活动的开展,让学生了解端午节的相关来历、传说故事和习俗活动,感受中华民族传统节日折射出的浓郁的民族文化气息。 2. 讲屈原的故事,向学生宣扬中华民族气节。 3. 通过活动,体会端午节节日主题内涵,加深认识。	主题队会 校本课程 节日课程
一至六年级	中秋节	1. 通过中秋节主题教育活动,使学生了解中秋节的由来、习俗、庆祝意义,初步了解中秋节是家庭团圆的日子。 2. 通过参与中秋节日活动,培育学生重亲情,尊重自然,使学生体验关爱家人的情感,感受家园和睦的温馨之情。 3. 通过对中秋节有关资料的收集,继续培养学生搜集、处理信息的能力和动手实践能力。	主题队会 校本课程 节日课程
一至六年级	重阳节	1. 通过开展重阳节敬老主题教育活动,使学生了解有关重阳节的由来、习俗,从而使学生认识到尊老爱幼自古以来就是中华民族的传统美德。 2. 通过组织学生参加敬老活动,增强他们敬老尊长的意识,弘扬中华民族敬老爱老的优良传统。	主题队会 校本课程 节日课程

实施 年级	传统 节日	课 程 目 标	实施方法
一至六 年级	腊八节	1. 知道腊八的具体日期，初步了解节日的来历和习俗。 2. 通过多种渠道收集与腊八节相关的资料，让学生感受、积淀、传承中国的传统文化。 3. 通过一些实践活动，发掘更深层次的内容，并诵读诗文等。	主题队会 校本课程 节日课程

缤纷主题节日课程。缤纷主题节日课程通过主题队会、实践活动等形式，为儿童提供丰富的社会文化信息，认识、理解我国不同民族及世界多个地方的风俗民情、人文历史，感受其文化意蕴的丰厚，形成对历史、现代，对中国、世界文化的认同，促进文化的传承。具体缤纷主题节日课程设置内容如下（见表2-8）。

表2-8 "缤纷主题节日"课程设置表

实施 年级	主题节日	课程目标	实施方法
一至六 年级	元旦 （1月1日）	1. 了解元旦的来历，新年新的开始，学会确立新一年的学习目标。 2. 培养学生融入生活，学会生活并能合理组织调配自己的物品。 3. 初步建立市场概念。	1. 举行班级新年联欢庆祝活动 2. 开展年级内跳蚤市场活动
一至六 年级	学雷锋 （3月5日）	1. 培养学生掌握收集信息的一般方法，初步具有收集信息的一般能力。 2. 了解雷锋的光荣事迹，学习雷锋的助人为乐精神。 3. 营造学雷锋的精神引领氛围。	1. 制作雷锋宣传卡 2. 学雷锋做好事 3. 雷锋标兵评选 4. 学雷锋征文评比
一至六 年级	世界地球日 （4月22日）	1. 培养学生掌握收集信息的一般方法，初步具有收集信息的一般能力。 2. 了解地球知识，建立学生保护地球、爱好地球的意识。	1. 世界地球趣味谈 2. 世界风光欣赏 3. "保护地球，从我做起"时间活动 4. 保护环境文艺展 5. 诗歌、文章欣赏

实施 年级	主题节日	课程目标	实施方法
一至六 年级	劳动节 （5月1日）	1. 培养学生掌握收集信息的一般方法,初步具有收集信息的一般能力。 2. 了解劳动节的来历,懂得珍惜别人的劳动成果,学会付出,懂得感恩。 3. 培养学生的动手能力,学会参加家务劳动,体会劳动的快乐和收获。	1. 劳模故事会 2. 学唱一支歌颂劳动的歌曲 3. 诵读歌颂劳动的诗词文章 4. 参观工厂 5. 学做家务
一至六 年级	儿童节 （6月1日）	1. 培养学生掌握收集信息的一般方法,初步具有收集信息的一般能力。 2. 了解儿童节的来历,懂得儿童成才的目标和方向。 3. 给学生提供展示平台,成就学生成长引领。	1. 静态社团作品展示 2. 动态课程汇报
一至六 年级	教师节 （9月10日）	1. 培养学生掌握收集信息的一般方法,初步具有收集信息的一般能力。 2. 了解教师节的来历,懂得感恩老师、尊敬老师。	1. 观看歌颂教师的电影 2. 采访老师 3. 讲述老师爱自己、同学的故事 4. 诵读歌颂老师的诗词、文章
一至六 年级	国庆节 （10月1日）	1. 培养学生掌握收集信息的一般方法,初步具有收集信息的一般能力。 2. 了解国庆节的来历,培养学生爱国情怀。 3. 进一步明确爱国行为。	1. 观看电影《开国大典》 2. 讲故事比赛(主题:国旗是革命者的鲜血染红的) 3. 诵读有国庆的诗词、文章 4. 制作有关国庆的剪贴报 5. 歌颂祖国的歌曲联唱
一至六 年级	建队日 （10月13日）	1. 培养学生掌握收集信息的一般方法,初步具有收集信息的一般能力。 2. 了解少先队的光荣历程,培养少先队员的光荣感、使命感。	1. 少先队队史交流、竞赛 2. 讲述小英雄的故事 3. 以小英雄为形象,进行剧本表演 4. 放飞自己的梦想

实施年级	主题节日	课程目标	实施方法
一至六年级	全国消防日（11月9日）	1. 培养学生掌握收集信息的一般方法，初步具有收集信息的一般能力。 2. 了解全国消防日的来历，了解消防知识安全，进一步落实学生进行安全疏散演练。	1. 进行消防安全知识讲座 2. 进行消防安全知识竞赛 3. 制作家庭消防安全宣传报 4. 学校多次进行消防安全疏散演练 5. 开展"消防安全小知识"主题队课活动

　　校园多彩节日课程。校园多彩节日课程，以儿童的校园生活为依托，由儿童自主设计校园文化课程，增强儿童的责任心和参与度。培养儿童乐观向上、积极进取的人文精神。具体校园多彩节日课程设置内容如下（见表2-9）。

表2-9　"校园多彩节日"课程设置表

实施年级	校园节日	课程目标	实施方法
一至六年级	读书节	通过推进学生阶梯阅读、古文经典诵读、班级图书漂流等活动，培养学生广泛的阅读兴趣，营造书香校园；拓宽学生的视野，增长知识，提高学生综合素质。	读书交流 征文比赛 演讲比赛 阅读之星评选
一至六年级	艺术节	面向全体学生，以育人为宗旨，重在激发学生对艺术的兴趣和爱好，培养学生健康的审美情趣和良好的艺术修养，引导他们育美、崇真、向善，展现学生朝气蓬勃的精神面貌。	书画、舞蹈、摄影、剪纸、手工制作、校园剧等比赛
一至六年级	体育节	培养学生树立健康第一和终身锻炼的理念，培养学生合作、自信、果敢、公平竞争和团队精神等良好品质，发展学生的个性特长，促进学生身体、心理等方面的和谐发展。	田径、球类、健美操、跳绳等比赛
一至六年级	学科节	通过举办数学、英语等学科节活动，激发学生学习的情趣，提高他们学习的信心。让学科文化渗透校园，让快乐智慧走进学生。	趣味活动 故事会 手工制作 手抄报

（二）"和美节日"课程评价

"和美节日"课程不同于教育部门规定的课程，它是为丰富儿童的公共道德生活而专门创设的课程，是一个由全体儿童共同参与的课程，其在儿童眼中的重要性不言而喻。有了这些属于儿童自己的"和美节日"，丰富了儿童的校园生活，也影响了儿童与儿童之间、儿童与成人之间的交往方式。我校设置了以下评价标准。

活动预案有实效。节日文化活动多是面向全体孩子，倡导全员参与的校级活动。因此，要严格把好活动组织的入门关，即设计好活动方案。方案设计要目标明确，主题清晰。基于儿童的认知基础与情感需要设置活动内容，选择活动形式，规划活动流程，以科学周密的活动预案提高节日课程的实施质量。

活动内容有趣味。活动内容要基于学生发展核心素养形成的需要，选择儿童喜闻乐见、时代感强的素材，跳出道德说教的范畴，增强活动内容的趣味性。

活动组织有创意。节日文化活动的组织不仅要分工明确，责任到位，确保活动秩序井然，更要基于学校育人哲学和文化特色，突出创意，张扬个性、鼓励创新。

活动宣传有影响。注重总结提炼节庆文化活动组织的有效举措，并利用校园网、微信公众号、新闻媒体等信息媒介及时宣传推广，不断丰富课程建设经验积累，提升课程品牌的区域影响力。

节日课程多在节日当天或集中一段时间内实施，节日活动的内容不同，评价形式也各异。根据每个节日活动内容和活动形式的具体安排，课程中心采用相应的形式予以评价。如植树节、母亲节、重阳节等参与体验类活动主要从儿童参与活动的态度、情感等方面进行整体评价；元宵节、端午节、建军节等认知探究类活动，主要以班级为单位进行汇报交流式评价，或进行小制作、手抄报等展示性评价。

这些评价为教师指导的调整提供了及时的反馈信息。在评价过程中，教师通过观察儿童的学习态度、兴趣、行为表现等各方面的变化，给出肯定和鼓励。同时根据反馈的信息，教师还可以衡量自己的引导是否有助于学生的长久发展，并及时进行修正。

五、落实"和美仪式"，推进养成教育

仪式活动在人的发展过程中发挥着重要的作用。教育已不是单纯地教授儿

童文化知识,而是更注重对儿童道德品质和心理素质的培养。仪式,以其独特的表现形式和作用逐渐走入了教育领域。在小学里,仪式教育的地位更是凸显,其特有的思想凝聚力、心灵震撼力和真情感染力非常强大,蕴含着特殊的教育功能。

(一)"和美仪式"课程设置

仪式典礼课程,以儿童的生活为起点,将学校日常生活中,儿童喜欢的事、有意义的活动或者特别的日子,通过庄重和雅致的仪式,一一呈现出来,既满足儿童的兴趣,也让每个儿童找到自己的成长点。仪式课程注重发挥每一个儿童的积极主动性、创造性和个性,并让这种主体作用在仪式活动中体现它的价值。既保持隆重、热烈,又让仪式涉及具体教育情境中的人、事、物,以此触动儿童的灵魂,引起生命的共鸣。"和美仪式"课程设置内容具体如下。

1. 成长仪式课程

成长仪式课程,是一种基于目标的系统性的教育活动,旨在为每一个儿童搭建展示综合素质的平台,让他们通过全科的学习成果及综合素质展示,全身心地投入到体验成长的过程和自我教育的过程中。学校关注每个儿童的生命主体性,理解、关爱、悦纳所有的儿童。因此,在成长仪式课程中,教师遵循"主体性、全员性、文化性、实践性、发展性"的原则,充分调动儿童的参与积极性。具体成长仪式课程设置内容如下(见表2-10)。

表2-10 "成长仪式"课程设置表

实施年级	课程内容	课程目标	实施方法
一年级	入学仪式	让新生一年级小朋友初步了解自己的学校,激发学生热爱学校的激情,并使他们能在学校的大家庭里愉快地学习、生活,希望他们能够迈好成长第一步,快乐成长每一天。	主题活动仪式课程
一年级	入队仪式	培养学生的爱国主义热情,了解祖国的历史,弘扬培育民族精神;培养学生的主人翁意识,培养新生的爱队意识,了解队史,掌握队仪,尊敬少先队,感受作为一名光荣少先队员的神圣使命。	主题活动仪式课程
三年级	十岁成长礼	通过开展集体生日,激发队员热爱学校、热爱学校、热爱集体、热爱长辈和热爱老师的思想感情,培养队员自主参与、合作创新的主人翁意识。	主题活动仪式课程

实施年级	课程内容	课程目标	实施方法
六年级	毕业典礼	回顾小学少先队生活，展示争章成果；学会感恩母校师长，珍惜同学友情，留下珍贵回忆；心存感恩地展示自己六年的成长，表达对母校师长父母同伴的感谢；树立勇往直前为自己新的征途而不断努力的信念。	主题活动仪式课程

2. 升旗仪式课程

学校德育工作从小处着手，从细节落实，以微课程形式提升德育内涵发展，促使德育工作落实处、见实效。这种仪式教育，让儿童的心灵更纯净，道德更高尚。学校通过各中队的国旗下微课程展示，进一步巩固仪式教育效果，把主题教育深入到儿童内心。

学校把升旗仪式以国旗下微课程的形式展现，拓展了参与的主体，丰富了参与形式，整合了参与元素，实现了教育的解放，呼唤了教育的回归，围绕儿童展开，立足于儿童，用生命自觉的教育理念丰富国旗下课程。具体升旗仪式课程设置内容如下（见表2-11）。

表2-11 "升旗仪式"课程设置表

实施年级	课程内容	课程目标	实施方法
一至六年级	1. 向雷锋学习，做文明少年。 2. 爱绿护绿——为地球妈妈倡议。 3. 珍惜身边的每一滴水。 4. 榜样在我身边。	以学雷锋活动为载体，树立学校文明标兵。引导少先队员学榜样、乐实践、扬美德。把学习雷锋精神和立德树人目标紧密结合，不断赋予雷锋精神新的时代内涵。	舞台剧演讲诵读歌舞融合
一至六年级	1. 铭记先烈，敬畏生命。 2. 扬中华美德，传民族精神。 3. 传承红色基因，做有志少年。 4. 芳菲四月，关爱生命。	以传统节日清明节为契机，对学生进行革命传统教育和传统美德教育。通过了解革命烈士的感人事迹，激发队员对革命先烈的缅怀之情和学习热情，珍惜今天的幸福生活。	舞台剧演讲诵读歌舞融合
一至六年级	1. 好习惯伴我成长。 2. 诵读经典，感恩母亲节。 3. 让阅读像呼吸一样。 4. 经典永流传。	培养学生多读书、读好书、好读书的良好习惯，以丰富多彩的活动为载体，创设具有文化气息的书香校园。	舞台剧演讲诵读歌舞融合

实施年级	课程内容	课程目标	实施方法
一至六年级	1. 担当民族复兴梦,齐心共赢新时代。 2. 争做紫荆好少年。 3. 交通安全记心间。	六月是丰收的季节、是收获的季节。学校以庆六一活动为载体,通过丰富多彩的活动形式,展现学校的教育成果、孩子们的成长硕果。同时,总结过去,展望未来,以取得更好的成绩。	舞台剧 演讲 诵读 歌舞融合
一至六年级	1. 遇见最美紫荆,培育和乐少年。 2. 节日里的祝福——"老师,我们爱您!" 3. 学文明条例,做最美少年。 4. 我是小小传承人。	小朋友从幼儿园进入学校,是人生中非常重要的一个转折,学校通过设计一系列的活动,让学生近距离了解学校的生活环境,感受学校生活的魅力,激发学生热爱学校的情感。	舞台剧 演讲 诵读 歌舞融合
一至六年级	1. 祖国在我心中。 2. 弘扬中华传统,喜迎最美中秋。 3. 说说我心中的大英雄。 4. 牢记新要求,争做好少年。	围绕爱国主义主题,培育和践行社会主义核心价值观,引导学生树立正确的人生观、价值观和世界观。培养学生友善、诚信、节俭和孝敬的良好品质。	舞台剧 演讲 诵读 歌舞融合
一至六年级	1. 讲习爷爷的故事,做紫荆好少年。 2. 学会感恩,懂得分享。 3. 我向习爷爷说句心里话。 4. 传承红色基因,培育时代新人。	让学生真正地管理好自己,是榜样教育最大的作用。我们要给学生树立好榜样,让学生去学习他们的品质、意志和精神,对学生进行有效的德育教育。	舞台剧 演讲 诵读 歌舞融合
一至六年级	1. 垃圾分类,从我做起。 2. 维护红领巾尊严。 3. 诵读经典,成就美好。 4. 争做有理想的紫荆少年。	教育学生从小事做起,从身边做起,养成良好的习惯,培养高尚的道德情操,争做"四有"新人。	舞台剧 演讲 诵读 歌舞融合

（二）"和美仪式"课程评价

学校的仪式课程是以活动形式开展的短时课程,为确保仪式教育获得实效,学校从活动目标的准确性、活动预案的周密性、活动组织的有序性、活动成果的有效性、活动意义的建构性五个维度进行评价,具体评价标准如下(表2-12)。

表 2-12 "和美仪式"课程评价表

课程名称		评价等级		
评价项目	评 价 标 准	A	B	C
活动目标	准确:适合学生身心发展的实际水平,与育人目标一致,有明确的导向和时代性,达到学生情感态度价值观的引导效果,增强自我教育能力。			
	具体:目标具体,可操作性强。			
	周密:对活动不同阶段的各种情况考虑全面,对突发状况有相应的措施和保障手段。			
活动预案	明晰:责任落实到岗,任务落实到人,流程牢记在心。			
	科学:仪式主题鲜明、立意新颖、寓意深刻,有时代性、科学性、针对性、实效性、教育性。			
活动组织	有序:活动有序,层次清晰,重点突出,时间安排合理。			
	合理:方法手段恰当有效,能针对目标,确保学生主体能动性的发挥。			
活动成果	有效:解决学生身心发展和成长中遇到的共性问题,让学生贴近社会现实、贴近实际生活、遵循身心发展规律。			
活动意义	建构:能够面向全体学生,关注学生的个性和差异,注重培养学生的实践能力,创设生动、活泼、有效的教育氛围,让学生在感悟和体验中成长。			
总评				
备注	评价结果采用等级制,共分为 A、B、C 三个等级,A 为优秀,B 为良好,C 为待努力。			

六、推行"和美之旅",落实研学旅行课程

研学旅行课程是基础教育课程体系的重要组成部分。小学阶段,要通过亲历、参与少先队活动、场馆活动、主题教育活动和参观爱国主义教育基地等,获得有积极意义的价值体验。研学旅行课程不拘泥于时间和地点,丰富的学习资源,

开放的学习场域为学生提供了多元、快乐的实践体验,是基础课程的有益补充。学校以"和美之旅"为主题,广泛开展研学旅行实践活动。

（一）"和美之旅"的设计与实施

郑州商城是商代早中期的都城遗址,坐落在郑州管城回族区内,距今约 3 600 年,是郑州的历史文化名片。学校研发了"管城寻宝"研学课程,以年级为单位进行序列化的实施。让儿童在走读中了解家乡历史及变化,传承发扬商城文化。具体"和美之旅"活动安排如下(见表 2-13)。

表 2-13 "和美之旅"课程设置表

实施年级	课程内容	课程目标	实施方法
一年级	郑州商代遗址	1. 开阔学生的视野,丰富学生的课外生活,增加学生对商城文化的认知; 2. 让学生认识到郑州商代遗址深厚的历史文化底蕴,发扬我国优良传统。	研学旅行
二年级	郑州城隍庙	1. 了解寺庙文化的民俗活动,培养传统民俗文化艺术; 2. 了解民族英雄,培养民族气概。	研学旅行
三年级	国香茶城	了解茶文化的文艺特征,并学会认茶、辨茶,传承茶文化。	研学旅行
四年级	中原福塔	观看"锦绣中原"全景画馆,让学生认识到河南厚重的历史文化和十八个省辖市的人文、自然风光。	研学旅行
五年级	河南博物院	1. 了解博物院部分文物的艺术特点; 2. 感受中华民族传统文化的源远流长,提高学生的审美观和价值观,增强对河南家乡及中华民族传统文化的热爱和探索意识。	研学旅行
六年级	黄河博物馆	1. 感受黄河文化,了解黄河现状; 2. 让学生意识到保护黄河应该从我们每一个人做起。	研学旅行

（二）"和美之旅"的课程评价

活动实施要全面。参与社会实践的班级和个人,首先要确保安全,每次活动时都要制定切实可行的安全措施和安全预案,并指定专人负责。充分利用网络资源,同时要充分利用图书资源,从图书中获取自己所需要的内容。其次注意自身形象,认真参加活动,为学校和个人树立良好的社会形象。

活动过程有目标。社会研学活动原则上要就近就便,在管城区范围内开展活动,从管城区所特有的河南文化特色入手,带领儿童走进去,近距离感受河南文化的厚重,在浓厚的文化历史底蕴中激励儿童。

活动效果要反馈。研学旅行结束之后,各个班级和年级分享活动收获,书写活动体会。学校根据家长和儿童的反馈,了解活动的效果,并给参与活动的教师做总结分析会。

七、构建"和美联盟",做活紫荆家长讲堂

紫荆家长讲堂,是学校积极探索家校联系的一种新途径、新方法。充分利用家庭教育这块园地,对儿童进行适时的培养,以达到学校教育和家庭教育的和谐。充分挖掘优秀家长的自身资源,才能发挥家长在学校发展、儿童道德养成等方面的积极作用。提高班主任的合作能力和育人水平,为学校提供有力支持,形成家校合作的社会合力。

(一)"和美联盟"课程设计与实施

为了弥补学校教育资源的不足,拓宽儿童的视野,增长儿童的见识,更好地为儿童提供优质高效的教育资源,学校邀请热心教育事业的家长朋友走进课堂,发挥职业优势,为儿童讲述社会大百科,形成别具特色的"家长讲堂"新局面,完善社会、家庭、学校三位一体的教育体系,促进儿童全面发展。"和美联盟"课程设置内容如下(见表 2-14)。

表 2-14 "和美联盟"课程设置表

实施年级	课程内容	课程目标	实施方法
一年级	生命成长	每个学生家长都在从事着不同的职业,其中不乏行业的精英、道德的模范,家长利用自身的优势走进孩子的课堂,现身说法,做学生榜样,促学生成长。	课堂讲授 观摩学习 感悟引领

实施年级	课程内容	课程目标	实施方法
二年级	传统习俗	各美其美，聆听窗外之音，美美与共，感受多彩课堂。学校融合"传统文化进校园"精神理念，特邀身怀绝技的家长和身边资源走进学校，从变脸到皮影，从绘梦到剪纸，从学礼以立到"武""舞"民族风，荟萃传统之美，演绎民族之魂。	课堂讲授 观摩学习 感悟引领
三年级	故事浸润	教育改变人生，故事启迪灵魂，培养有故事的孩子，塑造有故事的老师，成就有故事的家长，开办有故事的学校。紫荆小学以故事为教育的切入点，邀请家长用自身感悟，以故事形式引领学生成长。	课堂讲授 观摩学习 感悟引领
四年级	科学探索	以科学探索为主题，邀请家长走进教室，带着孩子们开启科学探索之路，引导孩子们"像科学家一样思考"，呵护每一个孩子的科学梦。	课堂讲授 观摩学习 感悟引领
五年级	理想信念	优选家长中的杰出代表，讲理想谈梦想，结合自己的奋斗史，用事实说话，从小处入手，让学生明白学习是自己的事，从小树立远大理想，并持之以恒坚持不懈，总会有梦想成真的那一天。	课堂讲授 观摩学习 感悟引领
六年级	感恩教育	情感教育是一切教育的基石，紫荆小学以爱育爱，邀请家长讲述自己爱的经历，从知恩、感恩到报恩、施恩，以灵魂唤醒灵魂，对学生进行以德报德的品性教育。	课堂讲授 观摩学习 感悟引领

（二）"和美联盟"课程评价

小学阶段是健全人格形成的关键时期，只有家长、学校、社会三位一体才能成就每一个儿童都成为最好的自己。学校大力倡导家校共育创造儿童美好未来，重视家庭教育的重要意义，充分利用优秀家长资源，每学期开展家长大讲堂系列活动，发挥家长职业优势，为儿童带来别具特色的全新课堂。具体"和美联盟"课程评价内容如下（见表 2-15）。

表 2-15 "和美联盟"课程评价表

评价指标	评 价 标 准	分值	实际得分
教学目标	符合学校年级家长课堂主题要求，指导思想端正，目标明确，能帮助学生树立正确的观念，学习与掌握相对应主题教育的内容。	10分	

评价指标	评 价 标 准	分值	实际得分
教学内容	熟练驾驭主题内容,所授知识准确、严谨,体现科学性、灵活性、系统性、实用性;教学内容符合学生的文化层次和接受能力,按需施教,针对性强,使学生学有所获。	20分	
教学方法	教学设计新颖,教学过程独具特色,处理主题内容灵活,环节安排合理,层次清楚,系统严密,过渡自然,课堂教学效率高;理论联系实际,深入浅出,恰当运用案例,能激发和调动学生的学习兴趣;合理运用多样化教学手段。	30分	
教学能力	家长专业知识丰富,组织和应变能力强,能自如地把握教学内容和教学过程;语言准确清晰、简练、生动,使用普通话;教态自然、亲切,精神饱满,仪表端庄大方。	10分	
教学效果	家长与学生之间配合默契,关系和谐,学生注意力集中,学习态度积极;教学时间掌握适度,按时完成主题授课;学生课后反馈良好,达到预期的主题教育效果。	30分	
建议或意见		总分	

八、设计"和美聚焦",创建平安校园

聚焦校园安全,通过安全教育课、安全活动等实训体验,培养儿童公共安全责任感,帮助儿童了解、掌握安全知识和技能,提升安全意识、规则意识,为儿童健康成长营造良好的环境。

（一）"和美聚焦"的课程的设计与实施

学校通过"和美聚焦"课程活动的开展,建立安全文明校园的有效工作机制,进一步健全校内安全防范机制,努力实现师生公民道德、职业道德、文明修养和民主法治观念为主要内容的思想道德素质的显著提高;实现以内容健康、格调高雅、丰富多彩为基本要求的校园文化质量的显著提高;实现以良好的校园秩序和优美的校园环境为主要标志的校园文明程度的显著提高;使学校育人环境进一步改善。具体"和美聚焦"课程设置内容如下(见表2-16)。

表 2 - 16 "和美聚集"课程设置表

实施级	课程名称	课程目标	实施方法
一至六年级	校园安全	1. 组织学生通过安全教育平台学习相关的校园安全知识,掌握正确的游戏、生活方法,不做危险的事情。 2. 通过国旗下微课程、主题队会等形式进行校园安全教育,师生共同参与查找校园安全隐患。	1. 安全课程 2. 主题队会 3. 主题讲座 4. 安全平台
一至六年级	防震演练	1. 组织师生通过安全教育平台学习相关的防震逃生的知识,掌握正确的逃生方法。 2. 开展全校师生防震疏散演练,明确逃生路线和集合地点,强调不拥挤、不踩踏,做到动作迅速、有序。	1. 安全课程 2. 主题队会 3. 主题讲座 4. 安全平台
一至六年级	交通安全	1. 组织师生通过安全教育平台学习相关的交通知识,了解遵守交通安全的重要性。 2. 以国旗下微课程、主题队会等形式进行交通安全教育。	1. 安全课程 2. 主题队会 3. 主题讲座 4. 安全平台
一至六年级	消防演练	1. 组织师生通过安全教育平台学习相关的消防安全知识,掌握正确的逃生方法。 2. 邀请消防支队人员到校为师生进行消防安全知识培训。 3. 开展全校师生防火疏散演练,明确逃生路线和集合地点,强调捂住口、鼻下蹲行走,做到动作迅速、有序。	1. 安全课程 2. 主题队会 3. 主题讲座 4. 安全平台

(二)"和美聚焦"课程评价

为有效提高"和美聚焦"活动的实际意义,更有针对性地开展聚焦安全教育活动,学校制定了安全聚焦活动评价量表,通过进一步反馈,改善"和美聚焦"的安全教育质量。学校"和美聚焦"课程评价内容具体如下(见表 2 - 17)。

表 2 - 17 "和美聚集"课程评价表

评价项目	具体要求	分值	得分
活动目标明确	活动中能力培养、教育思想等方向目标完整、具体、明确,确定目标的依据充分。	20 分	
活动内容分析	对所选内容在安全教育中的地位、作用的理解和分析正确,准确把握知识结构和体系。对活动内容的处理科学合理。教学重点、难点定性准确,分析比较透彻,定性的依据充分。	20 分	

评价项目	具体要求	分值	得分
活动对象分析	对学生的学习基础和现有困难分析准确，采取的对策有助于学生克服困难。	10分	
活动设计与方法的运用	活动总体设计合理，有新意，有自己的见解。活动程序的设计科学，能实现教学目标，调动学生的学习积极性，有利于培养学生的安全教育学习素养。	45分	
活动现场交流	交流内容准确、层次清楚、有理有据。	5分	
总分			

　　看似平常最奇崛，成如容易却艰辛。管城回族区创新街紫荆小学一路走来，筚路蓝缕，栉风沐雨，潜心耕耘，不计付出，只为成长。学校以"和美教育"哲学为课程建设的出发点和立足点，通过分析课程情境，规划课程设置，建构课程路径，使课程建设向上找到了依存的支点，向下找到了落地的根基。学校致力于通过有温度、有质量的课程给予每个生命温暖的滋养，让每个孩子在生命之初留下最美好的记忆，积淀向上、向美生长的力量。

　　　　　　　　（撰稿人：康淑丽　郑丽娟　杨如海　刘丽杰　张换娣　安瑞）

第三章
保持积极、诗意、惊奇与探究的态度

美学取向下的课堂目标具有多维性,以实现人的整体发展为本,促进人全面而自由的发展。学校把以美启真、以美扬善、美美与共作为目标追求。在这里,教师根据儿童的表现来适时调整策略,采取像"艺术家"一样的方式,与儿童一道保持积极、诗意、惊奇与探究的态度,让美的气息弥漫校园,让每一个孩子都能拥有一个纯真童年:书海拾贝、遨游诗海、挥毫泼墨、轻歌曼舞、赛场拼搏……在美学光辉的照耀下,呼唤教师与儿童伴随着期望、惊奇走入一个变化的、浪漫的、诗意的教育世界。

牧歌式课程：
让每一个牧童诗意成长

    郑州市管城回族区外国语牧歌小学是一所年轻的外语特色学校，坐落于管城回族区东南部的牧歌路和德信路交会处。自 2015 年建校以来，学校规模不断扩大，现有两个校区，共容纳儿童 4314 人，教师 238 人。学校教师队伍极具积极向上的拼搏精神，现有高级职称 6 人，中级职称 25 人。先后有 3 位教师执教的现场课获得省级奖项，有 23 位教师获得省级、市级、区级骨干教师、学术技术带头人、名师等荣誉称号。学校建校 6 年来，先后获得"郑州市文明校园""郑州市绿色学校""郑州市德育创新先进单位""郑州市平安校园建设先进单位""郑州市研究性学习先进学校""管城区教学创新先进单位""管城区校园文化建设先进单位""管城区新闻宣传先进单位""管城区先进党支部"等多项荣誉称号，在社会上享有较好的口碑。为了尊重每一个牧童的天性，让每一位家长共享优质教育的成果，让每一位教师获得教育成功的喜悦，我们依据《教育部关于全面深化课程改革　落实立德树人根本任务的意见》和《中共中央国务院关于深化教育教学改革全面提高义务教育质量的意见》等文件精神，根据管城回族区教育局品质提升工程的相关要求，推进学校课程规划方案的落地生根，取得了显著成效。

第一节 绘制生命自然生长蓝图

学校以深层关注儿童为出发点,让天性在自然中发展,让生命在诗意中浸润,让个性在田园中成长。我们认为,教育的过程是一个促进生命不断成长和完善的过程。因此,每一位教师皆坚持正确的教育观,遵从生命自然发展的规律,以生为本,回归教育本源,方能发掘教育的生趣、活力、创意和魅力。

一、学校教育哲学

"牧歌教育"是我校的教育哲学,其核心价值要素是:诗意田园,自由生长。"诗意田园"是让儿童在诗意的田园里俯身埋下自由的种子,在适宜的河道中自由地奔涌歌唱,在潜移默化中发觉生活的诗意与浪漫,唱响生命的天籁。"自由生长"是让儿童有意愿日臻完善,找到属于自己的发展点,主动发展,不断超越自我,在自由自适中做最好的自己,在牧歌田园中绽放自己的一抹亮色。其具体内涵如下。

"牧歌教育"是诗意的教育。"牧歌教育"不仅是让儿童回归稻香河流,更是一种精神和心灵的回归。漫步在田园牧歌,儿童会体验一种美感,感受一种诗意,让身心充满轻松愉悦。让儿童在校园生活里诗意栖居,让儿童的精神和心灵回归自然,将身体健康、智力开发、思维发展、道德养成、情操陶冶、美感培养、劳动能力锻炼等等融入在诗意田园之中,引导儿童"走进自然、亲近社会、发展自我"并"从生活中学习"。

"牧歌教育"是自然的教育。"牧歌教育"给儿童带来的是一种天赋的教育,遵循"自然"的力量,"创设贴近儿童自然生活的教育情境,引导儿童寻找到属于个体的生长点,从而激发其内在生长力",并由此迸发出旺盛的、有个性的生命力。"牧歌教育"从儿童的"'自然状态'出发,尊重'属于个体的生长点',根植于'面向未来'的素养,在学校文化、课程开放、儿童发展等方面不断探索和实践",从而引导儿童自然生长。

"牧歌教育"是生长的教育。生长是教育的目的,所谓"生长"既有儿童"身体"的生长,也有儿童"心智"的生长。教育就是遵循儿童身心发展的规律,尊重儿童自主成长的愿望,围绕立德树人的教育方针,培养人、发展人,让每一个儿童健康地、自主地、幸福地生长,成为更好的自己。

　　"牧歌教育"是自由的教育。"牧歌教育"是尊重儿童个性、发展儿童个性的教育,让儿童的思想自由飞翔、个性不受压抑、情感充分表达,让课堂回归生活,成为儿童自由成长的天地。其核心是儿童创新精神的培养,其根本目的是要确立儿童的主体意识,培养儿童的独立人格。在教育过程中要重视儿童的需要、兴趣、自主性和创造性,尊重儿童并挖掘其潜能和价值,促进儿童的个性自主和谐发展。

　　基于上述教育哲学,我们将学校的办学理念确定为:让每一个生命自然生长。由此,我们确立学校的教育信条——

　　我们坚信,

　　教育是诗意生趣的表达;

　　我们坚信,

　　学校是师生心灵的栖息地;

　　我们坚信,

　　教师拥有点燃另一个生命的力量;

　　我们坚信,

　　这里能让你寻找到属于自己的生长点;

　　我们坚信,

　　让每一个生命自然生长是教育的神圣使命;

　　我们坚信,

　　让儿童拥有自由自在的精神领域是教育最舒展的姿态。

二、学校课程理念

　　在"牧歌教育"中,让每个儿童都能"诗意地栖居在校园中,是对儿童本真回归的呼唤,更是对教育以人为本的倡导。我们期待让生命在教育中诗意地生活,实现生命化的教育。"①遵从生命的自然发展规律,由自在的状态进阶到自由的教育,展现舒展着诗意而富有生趣的教育姿态。因此,我们将学校课程理念确定为:让每一个牧童诗意成长。这意味着:

——课程即温暖的陪伴。"美好的课程是儿童全面发展、健康成长的途径和载体,课程设置的适切性与否,直接关系到儿童对于课程的接受程度和习得成效。适切、美好的课程可以带给儿童快乐的体验和温暖的陪伴。"②

——课程即美好的拥有。教育目标首先要解决"做怎样的人"的问题。我们希望通过学校课程,让儿童具有同情心,具有协作精神和服务他人的精神;学会一定的运动技能,具有健康的体格、良好的卫生习惯;养成探究的学习与生活态度,内心富足,且具有表意的潜力;能够欣赏自然美和艺术美,养成快乐向上的精神品质。

——课程即个性的张扬。林语堂先生曾说过:"学校应如同一片森林,儿童应犹如猴子一般在其间自由跳跃,任意摘吃各种营养丰富的坚果。"我们积极设置丰富、多样的课程,供儿童根据个人特长、喜好进行选择性参与。我们尊重儿童原有的模样,让他们的成长如嫩芽出土一般,身心自由健康。我们希望学校课程成为儿童快乐、美好的学习经历。

——课程即生命的场景。校园应该是一个师生追求自由、民主、文明的地方,它让每一个儿童在老师引导下懂得互相尊重与自我悦纳。因此,课程的开发重在鼓励不同类型的儿童发展其爱好特长,课程的选择与开发旨在培养他们的特长与情操,展示他们的才艺和个性,让每一个牧童都能自信成长。

总之,我们要让每一个孩子都能在外国语牧歌小学里感受到一种朝气、一种激情、一种能量……因此,我们将"牧歌教育"下的外国语牧歌小学课程模式命名为"牧歌式课程",我们希望让学校课程成为孩子们舒展个性,自然生长的旅程。

① 王乐华,刘浩源.浅谈诗意的教育[J].学理论,2015(12):152—153.
② 搜狐网.学校课程理念:让生命温润美好[EB/OL].2017-05-29[2021-06-30].https://www.sohu.com/a/144405713_387094.

第二节　开启师生诗意澄明之境

学校课程是为育人目标服务的。因此,确定学校的课程目标,首先必须明晰学校的育人目标。

一、育人目标

外国语牧歌小学致力于培养"爱家国,善辨识,健身心,会探索,乐生活"的"牧歌少年"。其具体内涵如下:

爱家国——有民族情怀,淳行厚德;

善辨识——有广博学识,启思增智;

健身心——有坚韧品质,悦纳自我;

会探索——有科学素养,探索创新;

乐生活——有劳动本领,美其所美。

二、课程目标

基于上述育人目标,我们形成学校分年级的课程目标(详见表 3-1)。

表 3 - 1　外国语牧歌小学课程目标

育人目标 课程目标 年级	爱家国 民族情怀 淳行厚德	善辨识 广博学识 启思增智	健身心 坚韧品质 悦纳自我	会探索 科学素养 探索精神	乐生活 劳动本领 美其所美
一年级	培养爱国主义情感，帮助儿童了解国的知识，按照队章要求积极接做做好事；做好幼小衔接教育，引导儿童们学会自己的事情自己做，能融入集体生活，适应小学生活。	喜欢学校，对周围事物有好奇心，留心观察，愿意表达；初步养成良好的学习习惯。喜欢阅读，爱惜图书，喜欢亲近语言的特点，初步了解英语单词的特点，学习简单的语句和句子；初步感受数字与生活的联系，会用所学知识解决简单问题。	体验运动的乐趣，积极参加体育活动，逐渐养成良好的锻炼习惯；初步了解跳绳、篮球和韵律操的技术动作；了解饮食、作息规律跟身体健康的关系，了解健康的重要性；有不怕困难，勇于向前的意志。	充分保护儿童与生俱来的好奇心，并转化为科学学习的兴趣。通过引导，会利用多种感官观察和描述常见物体的基本特征，能依据已有经验，对问题做出简单猜想。	通过校务和家务劳动，学会日常生活自理，掌握基本的劳动技能，了解人人都要劳动的道理，树立正确的劳动价值观。培养观察能力，树立正确的劳动观。能在劳动中发现美并创造美，感知劳动乐趣，爱惜劳动成果。
二年级	帮助新队员了解少先队员的历史，进行党旗、国旗、队旗教育，健全少先队组织，继续培养少先队员的自理能力；孝敬父母、尊敬师长，友爱同学、礼貌待人，养成文明好习惯；关注人际交往，在集体中的人际交往，了解学习的初步差异对队员的心理影响。	养成良好的学习习惯，乐于阅读和分享；乐于模仿和自信地表达，诵读浅近的古诗，获得初步的情感体验。深入学习字母、单词和句子等内容，能生育故事，短剧和故事内容，能在帮助数学联系生活，眼光联系生活，简单的问题，感受数学在生活中的广泛应用。	积极、愉快地参与健康与体育学习，主动完成学习任务；喜欢参与课外体育活动，掌握简单的跳绳、篮球运动的技术动作；初步了解简单韵律操基本步伐的技术动作；初步了解个人卫生保健知识和方法，能保持正确的身体姿态；体验体育活动中的情绪变化，学会自我调节。	有较强的观察能力和探究意识，善于发现问题，并能对所提问题进行大胆的猜测。知道常见工具的功能和使用方法。初步了解"搜集证据"、"制定计划"和"搜集证据"的意义，掌握一些安全的探究或小实验的方法，有参与科学探究的兴趣。	学会清洗个人物品和进行简单清洁打扫，掌握简单的清洁工具的使用方法。在生活实践中激发劳动热情，增加美育类手工创造性劳动的实践，敢于表达对美育的理解。树立自己的事自己做的意识，树立劳动创造美好生活的劳动观念。

课程目标＼育人目标＼年级	爱家国 民族情怀 淳行厚德	善辨识 广博学识 启思增智	健身心 坚韧品质 悦纳自我	会探索 科学素养 探索精神	乐生活 劳动本领 美其所美
三年级	让每一个少先队员都有一个"手拉手"小伙伴，帮助他们经常保持联系；开展自护和掌握交通法规；学习和掌握自我防护的基本知识和技能；遵守校规校纪和社会公德；培养热爱家乡、热爱生活、亲近自然的情感。	增加阅读文面，勇于表达；有自主安排学习任务的能力；在诵读古诗词中感受意境。能听懂简短的英文对话并以正确的语音语调应用；能读懂小故事并敢于展示。会简单的抽象、概括能力；具备简单的数学思维方法并解决稍复杂的问题。	主动参与教师组织的活动和比赛，乐于参加各项体育活动；掌握操、跳绳、拍球等技术动作，初步发展柔韧性、灵敏性和平衡性。全面发展体能与身体能力；在集体运动中形成合作意识和能力。	有较强的科学探索意识，能通过多种途径、广泛了解教材以外的科学知识，有独立思考的能力，善于参与小组探究活动，敢于发表个人见解。从儿童不同的兴趣爱好中发现、提高运用科学知识解决问题的能力。	能主动参加劳动实践活动；学会垃圾分类，丰富劳动知识，提高对劳动的兴趣。融合多学科进行创新，在活动中培养劳动技能，提升观察自然、保护生态环境的意识。在劳动中热爱自然，发现自然的神奇；理解热爱生命的意义。
四年级	增强自主学习和自我参与意识，培养科技素养，弘扬求真务实、开拓创新的科学精神；了解中华民族历代仁人志士为国富强、民族团结作出的牺牲和贡献；学会倾诉，进行形象思维训练，进而热爱家乡，体验集体荣誉感。	乐于参与跨学科研究项目；热爱阅读，对待事情有见解，对学习有观点，能独立针对学习任务制定计划并完成；在诵读古诗文经典篇目中感受古韵魅力。能按照意群朗读英语语感和阅读英语文章，养成英语语感和阅读习惯。具备从生活中发现问题的意识，能有效	能主动介绍体育活动的相关情况，积极参加体育学习与锻炼，感受其带来的幸福感；能正确规范地做出篮球防守滑步的动作；跳绳和韵律操，养成熟练的身体姿态；知道合理膳食和体育锻炼对改善体形的作用；矫正错误的身体姿态。	引导儿童从各观实际中收集信息，处理信息，积累丰富的科学知识和科学思想方法；引导儿童能够从易到难，由浅入深、逐步推进的探究过程，能对自己的探究过程进行反思，做出自我评价与调整，充分掌握科学探究的基本方法。	能积极参与家居清洁劳动；熟练使用基本的劳动工具，掌握采摘植物的技巧，特征制作工艺品。能根据不同植物特征制作工艺品；在劳动体验中培养良好的劳动习惯；愿意与他人分享劳动成果，初步体会劳动创造的不易和劳动成果；在劳动过程中获得创造劳动成果的愉悦。

育人目标 课程目标/年级	爱家国 民族情怀 淳行厚德	善辨识 广博学识 启思增智	健身心 坚韧品质 悦纳自我	会探索 科学素养 探索精神	乐生活 劳动本领 美其所美
		研究解决问题的方法;增强抽象、概括能力。	在有困难的体育运动中有勇于挑战的坚强意志,有团结协作意识和能力。		动中有创造美的意识和能力,提升自我幸福感。
五年级	通过寻找人物、时间和事件,体会民族精神的丰富内涵,感受民族精神的伟大力量;开展民族教育活动,学习团结统一、爱好和平、勤劳勇敢、自强不息的教育活动;学会情绪调整,开展环保认识问题;学习多角度认识问题。培养耐挫品质。培养乐观态度和友爱精神,培养乐观态度和友爱合作能力。	愿意参与跨学科项目式学习或研究性学习;热爱阅读;有独到见解;善于写作;理解古诗文经典篇目的大意。能用英文正确、规范描述见闻,能表演短剧和故事。体会解决问题策略的多样性及运用数学思想方法的有效性;表达并解决生活中的数学问题。能运用数学语言概括、表达并解决生活中的数学问题。	学会用体育活动进行积极性休息、锻炼身体,陶冶情操;掌握篮球的三步上篮和跳绳的双人同摇同跳等动作要领;能够知道有关肌肉、骨骼和关节等体育运动相关结构的简单知识;能够掌握体育运动中的简单礼仪,文明使用礼仪、礼貌用语,理解他人、尊重他人;在同伴有困难时能及时地给予帮助。	了解科学探究的过程和方法,能基于所学的知识,用科学语言、概念图和统计图表等方式记录探究结果。鼓励儿童积极参与校内外的科学探究活动,根据自己的兴趣爱好设计各种科学探究活动,鼓励儿童对某一感兴趣的领域开展持续性的探究。	通过向日葵种植,学习劳动技能,养成尊重劳动、勤俭节约的传统美德。通过传统文化、爱护创造美,劳动创造美,提升劳动技能,体会劳动成果带来的快乐。有职业理想,将个人梦想与祖国、家乡的发展联系起来。懂得参加公益服务性劳动的意义,形成服务性劳动的意识。
六年级	寻找优秀作风的榜样,了解少先队的"八字作风"及其含义;寻找出彩的河南人,鼓励少先	热爱阅读,善于分析,能用适当的方法写作,并从不同方面选取事例,表达中心意思,诵读古	具有自主学习、合作学习和探究学习的能力,初步掌握科学的锻炼方法;能	初步了解和体验专题研究的基本过程;并会调查研究的基本方法,能对收集到的	通过真实的个人生活、生产和社会性服务等任务情境,亲历劳动过程,发挥主体作用,运用

（续表）

育人目标 课程目标 年级	爱家国 民族情怀 淳行厚德	善辨识 广博学识 启思增智	健身心 坚韧品质 悦纳自我	会探索 科学素养 探索精神	乐生活 劳动本领 美其所美
	队员向忠诚、有担当、无私奉献、不惧牺牲的理想河南人学习。理解中原精神内涵。传承中华民族精神。了解中华民族从站起来、富起来到强起来的巨大飞跃，知道祖国"两个一百年"奋斗目标，展望未来目标景、畅想祖国未来目标实现时的我们。	诗文经典篇目，理解大意。能按照意群正确、清晰地朗读英文，能运用英语常用的表达法；能正确用英语演英文短剧和故事。提高综合运用知识解决复杂问题的能力，具备理性思维，养成乐于思考、勇于质疑、有理有据等良好品质。	够在比赛中运用所学的跳绳、篮球相关的技术动作；初步掌握卫生防病的知识和方法，知道青春期的生长发育特点及保健常识；愿意融入团体活动并完成任务，在团体体育活动中能履行自己的职责，乐于帮助同伴和他人。	实和数据进行加工、整理和分析；能够对某一主题活动进行长期的观察、实验或探究；在探究过程中及时总结探究过程中获取的新知和发现的规律。能够用多种形式展示自己的科学探究成果，培养尊重事实和善于质疑的科学态度。	所学知识解决实际问题，激发创新创造。提高劳动意识和技能，领悟劳动的意义价值，形成正确的劳动观念。树立正确的劳动观念，具有必备的劳动能力，养成良好的劳动习惯和品质。

第三节 点燃儿童智慧鉴赏火炬

学校课程设计要体现课程科学化,立足教育内在价值等原则,使课程成为学校顶层教育哲学的显性体现,成为实现学校育人目标的具体载体。

一、课程逻辑

我校基于"牧歌教育"之哲学和"让每一个生命自然生长"的办学理念,确立"让每一个牧童诗意成长"的课程理念,努力培养"爱家国、善辩识、健身心、会探索、乐生活"的牧歌学子,着力建构"牧歌式课程"体系(详见图 3-1)。

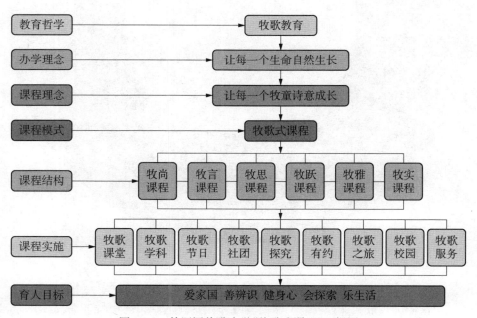

图 3-1 外国语牧歌小学"牧歌式课程"逻辑图

二、课程结构

根据加德纳的多元智能理论,我们将课程设置为六大类,即"牧尚课程、牧言课程、牧思课程、牧跃课程、牧雅课程、牧实课程"(详见图3-2)。

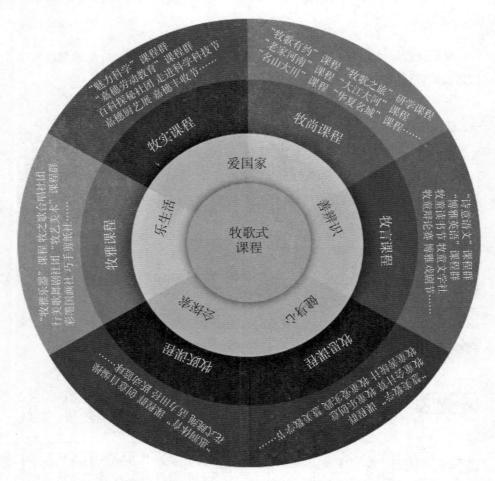

图3-2 外国语牧歌小学"牧歌式课程"结构图

上图中,"牧歌式课程"涵盖"品德与修养、语言与表达、逻辑与思维、运动与健康、艺术与审美、科学与探索"六大类,并融入学校特色,具体内容设置如下。

(一)牧尚课程

牧尚课程的"尚"为"高尚",是指品德与修养类课程。课程意在引导儿童养成良好的文明行为习惯和思想道德品质。课程通过研学课程和项目式学习主题等丰富的德育活动，培养儿童爱国主义情感与民族情怀，体会民族精神的丰富内涵，感受民族精神的伟大力量；关注儿童心理变化，引导他们学会自己的事情自己做，能融入集体生活；学会情绪调控，学习多角度认识问题；养成勤劳勇敢、自强不息的良好品质，增强耐挫力。

（二）牧言课程

牧言课程的"言"为"沟通"，是指语音与表达类课程。课程致力于培养儿童的语言文字运用能力，以丰富的语文、英语学科活动来提升儿童的综合素养，能够主动用不同的语言形式与他人交流，对任何事物都有自己的思考和观点；培养儿童热爱阅读的习惯，使其在交流分享中，敢于发表独到见解，并能"我手写我心，我心抒我言"，乐于表达，乐于写作；诵读经典古诗文课程，根植中国传统文化，汲取古人精华，培养多元、开放的牧歌学子。

（三）牧思课程

牧思课程的"思"为"思辨"，是指逻辑与思维类课程。课程意在让儿童初步学会运用数学的思维方式去观察、分析现实社会，去解决日常生活中或其他学科学习中的问题。引领儿童围绕"问题情境"展开有效的数学活动，逐步增强应用数学的意识；体会数学学科解决问题策略的多样性及运用优化的思想方法解决问题的有效性；获得适应未来社会生活的重要数学知识以及必要的应用技能。

（四）牧跃课程

牧跃课程的"跃"为"体健"，是指运动与健康类课程。课程通过体验体育运动带来的身体和心理的感受，儿童能够乐于学习和展示简单的技术动作、掌握运动技能和方法以及基本保健知识，全面发展体能，强健体魄，提高抗挫能力和情绪调节能力；增强自尊心，自信心，培养自强不息的意志品质。养成良好的行为习惯和生活方式，形成积极向上，乐观开朗的生活态度。

（五）牧雅课程

牧雅课程的"雅"为"典雅"，是指艺术与审美类课程。课程通过综合音乐、美术、器乐、戏剧、舞蹈、书法等内容，激发儿童对艺术的兴趣，开发儿童对艺术的感知力，提升儿童感受艺术美的能力，让儿童能够运用多种形式进行大胆的想象、创作来展示自己，感受中国传统文化的魅力，体会生活中的美。同时，创办各类艺术创造活动,调动儿童参与艺术创作的积极性,并通过这些活动培养儿童的合作精神,提升儿童的审美能力。

(六) 牧实课程

牧实课程的"实"为"实践",是指科学与探索类课程。课程旨在给儿童提供丰富的实践探索空间。在日常生活中走近科学、运用科学,把科学转化为对自己日常生活的指导。通过趣味横生的活动提升儿童的工具操作能力、实验或制作的设计能力、交流表达能力,培养合作精神等,促进其乐于发现,主动探索。让儿童获得必需的有关劳动材料及工具的基本知识;养成良好的劳动行为习惯;通过开展劳动日或者劳动周等融趣味性与创造力培养于一体的劳动教育活动,提升儿童的劳动实践能力、综合应用能力和创新能力。

三、课程设置

除了基础课程之外,我校的"牧歌式课程"设置如下(详见表3-2)。

表 3-2 外国语小学"牧歌式课程"设置表

年级	课程	牧尚课程	牧言课程	牧思课程	牧趣课程	牧雅课程	牧实课程
一年级	上学期	欢度国庆 团圆中秋 快乐春节 老家河南 周末有约	拼音游戏 情境识字 规范书写姿势 日有所诵 绘本阅读 我说你做 你画我猜 我的新学校 趣词我来听 模仿我最像 看图识单词 字母初启蒙 牧童爱歌唱	有趣的数字 小小设计师 我的一天 勇闯智慧岛	体育课堂常规训练 加油 Amigo(韵律操) 趣味跳绳 牧童玩篮球	奇妙的声音 好朋友 欢乐动物园 手掌画 漂亮的建筑 美丽的天空 七彩飞虹 美丽的花纹	认识小动物 奇妙磁铁 五官的作用 认识方位 学做值日张知识 我与植物交朋友 叶片下的小朋友 巧手制名牌 树叶书签 牧童协管员 厨房小帮手
	下学期	文明守仪 劳动光来 我入队啦 老家河南 周末有约	运用方法巧识字 日有所诵 绘本阅读 请你帮个忙 言心情述心愿 故事大王 趣词我来听 模仿我最像 看图识单词 字母初启蒙 牧童爱歌唱	算术小达人 七巧板的奥秘 生活中的分类 摆一摆,想一想	体育课堂常规训练 加油 Amigo(韵律操) 趣味跳绳 牧童玩篮球	春天的歌声 住童话里 小小音乐家 走进大自然 瓢虫的花衣裳 可爱的动物 你的家,我的家	空气知多少 水中的魔法 植物保育员 日月变幻 学自理·乐成长 汉字的奥秘 你好,向日葵 不一样的豆子 晒晒我的成果 环保小卫士 班级守护者

（续表）

课程\年级	牧尚课程	牧言课程	牧思课程	牧跃课程	牧雅课程	牧实课程
二年级 上学期	老师我爱您 我爱祖国 热爱集体 老家河南 周末有约	字典识字好方法 养成书写习惯 日有所诵 桥梁书籍阅读 商量 规范留言 变废为宝 对话天天练 小小领读员 趣味读典范 字母书写展 童真小剧场	计算小能手 神奇的大象 排列与组合 身上的尺子	体育课堂常规训练 加油 Amigo（韵律操） 趣味跳绳 牧童玩篮球	快乐的音乐会 跳起舞 新年好 繁星点点 流动的水 画里的故事 城市之美 京剧脸谱	气象万千 动物世界 开心游乐园 磁铁的秘密 当好值日生 四季与植物 水培初体验 花形相框 废品变身小能手 厨房小能手 小小交通员
二年级 下学期	浓情端午 讲文明懂礼貌 走进清明 老家河南 周末有约	字典识字好方法 养成书写习惯 日有所诵 桥梁书籍阅读 长大以后做什么 我的好朋友 中国美食 对话天天练 小小领读员 趣味读典范 字母书写展 童真小剧场	计算竞技场 美丽的剪纸 整理数据有妙招 小小设计师	体育课堂常规训练 加油 Amigo（韵律操） 趣味跳绳 牧童玩篮球	难忘的歌 美丽家园 游乐场里欢乐多 海底世界 可爱的树叶 花儿朵朵 星星的故事	我们的家园 四季与生物 神奇的科技 谁是大力士 我们爱清洁 向日葵善观察 火眼金睛示制作 创作展示大比拼 水果巧制作 班级小雷锋 水果拼盘创意赛

课程　　年级	牧尚课程	牧言课程	牧思课程	牧跃课程	牧雅课程	牧实课程
三年级 上学期	感恩老师 祖国您好 环保小卫士 快乐春节 老家河南 周末有约	成语花园 练习硬笔书写 日有所诵 古诗词150首 童话故事 身边的小事 字编童话 与家乡美景合影 故事每日听 牧童趣配音 绘本漂流瓶 单词拼写王 谁是默写王	开心算术 装扮美丽校园 有趣的维恩图 数字编码本领大	体育课堂常规训练 We will rock you（篮球操） 趣味跳绳 牧童童篮球	乐器小世界 我会唱 舞动青春 色彩基础知识 基础技法——干画法 水彩花卉——山茶花 水彩花卉——蔷薇花	小气象员 空气的秘密 神奇的溶解 奇妙的声音 校园小主人 水培植物我最行 土培知识小热身 小设计家 创意串珠员 小采购员 跳蚤市场
三年级 下学期	我爱劳动 快乐六一 爱护校园 老家河南 周末有约	成语花园 熟练硬笔书写 日有所诵 古诗词150首 寓言故事 春游去哪儿玩 奇妙的想象 粽情浓艺 故事每日听 英语勇敢说 英语勤阅读	算术小游戏 装扮教室 统计喜欢做的活动 我来做日历	体育课堂常规训练 We will rock you（篮球操） 趣味跳绳 牧童童篮球	小小演奏家 美妙歌声 动人的和声 基础技法——湿画法 水彩静物 绿色韵味 色彩的笔触	安全用电 形态万千 植物的秘密 小建筑师 垃圾我分类 红薯田园乐 葵花日记 巧手小工匠 瓦楞纸版画 欢乐农贸节 手工作品展示会

课程 年级	牧尚课程	牧言课程	牧思课程	牧跃课程	牧雅课程	牧实课程
四年级 上学期	我是小主人 爱上科学 我是小小志愿者 老家河南 周末有约	英语妙手书 英语风采秀 初识字理 熟练书写硬笔正楷 小古文 古诗词150首 神话故事 讲历史人物故事 生活万花筒 我和神仙做朋友 每篇共聆听 英语大咖秀 朗读大比拼 句子大比拼 讲演达人秀	计算大比拼 平行四边形的不稳定性 学做条形统计图 一亿有多大	体育课堂常规训练 We will rock you（篮球操） 趣味跳绳 牧童童篮球	初识小乐器 快乐奏歌 音乐之声 水墨春天 彩墨瓶 石韵 山山水水（一）	神奇的旅行 冰火两重天 坚如磐石 方程式赛车 学整理，要整齐 童心建乐园 麦地管理员 绿豆变身记 灵动的豆芽 今天我下厨 烘幸福，焙快乐
四年级 下学期	快乐六一 继承传统 安全记心中 幸福生活 老家河南 周末有约	初识字理 熟练书写硬笔正楷 小古文 古诗词150首 科技新闻 说新闻 我的动物朋友 轻叩诗歌大门	巧算我能行 三角形的稳定性 直条对对碰 营养午餐知多少	体育课堂常规训练 We will rock you（篮球操） 趣味跳绳 牧童童篮球	趣味弹奏 奇妙音乐会 多样弹唱 彩墨花鸟 墨荷 蔬果飘香 山山水水（二）	呼吸的奥秘 飞得更高 燃烧的秘密 机械师 学收纳，会分类 牧童采摘季 麦浪滚滚 神奇丝瓜络

年级	学期	牧尚课程	牧言课程	牧思课程	牧跃课程	牧雅课程	牧实课程
			每篇共聆听 英语流利说 朗读大咖秀 句子大比拼 讲演达人秀				创意麦秆画 青菜拍卖会 艺术作品展销会
五年级	上学期	爱我中华 我是小小志愿者 环保小卫士 老家河南 周末有约	追根溯源学汉字 提升速度写正楷 小古文 古诗词150首 民间故事 制定班级公约 畅想家乡未来 推荐一本书 听力达人秀 谁是Talk King 课文共品读 写作小达人 风采舞台剧	奇妙的算术 多边形的面积 谁是大赢家 游戏规则我来定	体育课堂常规训练 创意绳操 花样跳绳 牧童篮球社	唱响童年 认识民乐 悠扬民族情 水墨童趣 水墨画鱼 花鸟画 梅兰竹菊	珍惜时间 生命的旅程 探秘游乐场 地球大变脸 学做家乡菜 我的小乐园 绿地小主人 菜肴周边我最棒 品泡菜百味 我是拼盘师 最美安全员
	下学期	红领巾寻访 劳动光荣 悦纳自己 老家河南 周末有约	追根溯源学汉字 提升速度写正楷 小古文 古诗词150首 中国古典文学	速算我最棒 立体图形的奥秘 变化趋势我知道 揭开"正方体"的外衣	体育课堂常规训练 创意绳操 花样跳绳 牧童篮球社	聆听好声音 载歌载舞 静雅国乐 墨与彩的韵味 水墨动物	不同的微生物 春天在哪里 玩具总动员 变废为宝 谁知盘中餐

课程 年级	牧尚课程	牧言课程	牧思课程	牧跃课程	牧雅课程	牧实课程
六年级 上学期		我们都来演一演 形形色色的人 遨游汉字王国 听力达人秀 谁是 Talk King 课文共品读 写作小达人 风采舞台剧			家乡古桥 水墨画山水	葵园种植记 快乐收获节 完美设计师 葵园丰收会 植物调查员 小小体验师
	学习队作风 践行价值观 出彩中原 群星璀璨 老家河南 周末有约	汉字英雄 尝试优美行楷 小古文 外国经典文学名著 我是牧歌演说家 围绕中心意思写 走进牧歌农场 声临若其境 听我读世界 阅读分享会 创编显能手 文化交流会	算木乐园 圆规画创造美妙世界 读懂扇形统计图 起跑线中的秘密	体育课堂常规训练 创意绳操 花样跳绳 牧童篮球社	悠扬民歌 美丽童话 京腔京韵 剪纸文化 二分法 手拉手好朋友 花团锦簇	健康大本营 光芒万丈 小乐师 植物的学问 我是小管家 种植讲堂开讲了 农场承包责任制 花样饺子传真情 班级承树，感恩树 我是小厨神 牧歌探索家

(续表)

课程\年级	牧尚课程	牧言课程	牧思课程	牧跃课程	牧雅课程	牧实课程
下学期	祖国明天更美好 听党话 跟党走 感恩有你 老家河南 周末有约	汉字英雄 尝试优美行楷 小古文 外国经典文学名著 最佳辩手 让真情自然流露 毕业季策划 声临若其境讲世界 阅读分享会 创编显能手 文化交流会	计算大闯关 图形大团圆 统计大团圆 自行车中的数学	体育课堂常规训练 创意绳操 花样跳绳 牧童篮球社	古风新韵 银屏之声 神奇的印象 京剧脸谱 "鸡"祥如意 十二生肖 瑞兽闹春	人类的祖先 绿色社区 雨具万千 养好小金鱼 给小鸟安个家 在希望的田野上 手拉手，共成长 成长手册写满情 束束鲜花送母校 葵花最美摄影师 志愿服务热心做

第四节　探索孩子诗意生活奥秘

　　课程实施与评价是学校办学理念和育人目标落地生根的重要载体,是学校课程哲学显性过程的具体体现,也是彰显学校办学理念,实现学校育人目标的全过程。外国语牧歌小学从"牧歌课堂""牧歌学科""牧歌社团""牧歌节日""牧歌探究""牧歌有约""牧歌之旅""牧歌校园""牧歌服务"等九个方面着手实施学校课程。

一、建构"牧歌课堂",提升课程实施品质

　　"牧歌课堂"是自然、和谐、质朴而又富有生长气息的课堂,教师以"随风潜入夜,润物细无声"的自然,打开儿童心扉,哺育儿童"成长"。它是滋润"生长",呵护"生长"的课堂。

(一)"牧歌课堂"的实践操作

　　"牧歌课堂"是教学共生的课堂,其价值追求是让儿童受益终身。它有自身的起点和终点,因此在实践中要注意以下几方面。

　　"牧歌课堂",始于自然、终于生长。秉承"牧歌教育"的办学理念,明确"自然生长"的教育目的。教育者要善于探索儿童的内在发展规律,顺应儿童天性,帮助他们静静地、专注地、有节奏地、慢慢地生长,从自然生长到自由生长再到自觉生长,最终让儿童绽放独特性,找到自己的生长点,从而在自在的精神领域中成为"更好"的自己。

　　"牧歌课堂",始于立德、终于树人。教师要遵循的教学目标就是培养全面发展的人。教育要面向全体儿童,教师要关注每一位儿童。教育必须坚持德育为先、能力为重、五育并举、全面发展的理念。教育家康德强调"人的目的"就是"让人成为真正意义上的人",由此推导出教育的目的就是"帮助人成为真正意义上的人"。因此,"教育的过程首先是一个精神成长的过程,然后才成为科学获知的一个部分"。由此可见,教育必须坚持立德树人。

　　"牧歌课堂",始于学会、终于会学。正如科学创始人贝尔纳所言:"良好的学

习方法能使我们更好地发挥运用天赋的才能,而拙劣的方法则可能阻碍才能的发挥。"只有既关注"学会"、更关注"会学"的课堂,才能具有永久的课堂生命力。教学不是教师的灌输,而是点燃儿童思维的火焰;教学不是直接告诉儿童答案,而是科学地对儿童进行启发;教学不是压制儿童的个性发展,而是将儿童心中的能量释放出来,最终让儿童习得学习的方法,为终身学习奠基。

"牧歌课堂",始于有形、终于无形。教师和儿童一起呈现有意义、有活力、有韵律、有追求的课堂。教学模式不陈旧呆板,教师在教学过程能够理解教无定法,贵在得法,从有形规范的模式到无形成竹的内化,这是对教师的课堂教学方式提出的更高标准的要求。

"牧歌课堂",始于教师、终于儿童。课堂教学的主体不是教师,而是儿童。"课堂不是以教师为中心的单向知识传授,也不仅仅是以教师为主导的学习探索,而是以儿童为中心的能力开发。教师以"春风育人,春雨润人"的亲切,以"随风潜入夜,润物细无声"的自然,打开儿童心灵之门,哺育儿童诗意生长。

（二）"牧歌课堂"的评价标准

依据"牧歌课堂"的内涵,学校制定"牧歌课堂"教学评价标准如下(详见表 3 - 3)。

表 3 - 3　外国语牧歌小学"牧歌课堂"教学评价表

评价项目	评价内容及要点	评价等级			
		4	3	2	1
教学目标	1. 教学目标要体现立德树人的育人目标。				
	2. 教学目标的制定符合课程标准要求,符合教材的阶段要求和儿童自然生长的实际水平。				
教学内容	1. 能够准确把握教学内容的重点、难点。				
	2. 教学内容从儿童已有知识和经验出发,确保科学性、系统性、现实性和趣味性。				
	3. 适当补充与时俱进的相关教学资源以支撑儿童的学习。				
教学过程	1. 教学思路清晰,主题设计明确,活动结构合理。				
	2. 创设情境合理,体现教学本质,能激发儿童的学习积极性。				

评价项目	评价内容及要点	评价等级			
		4	3	2	1
	3. 组织有效的学习活动,让儿童在活动中获得充分的体验。				
	4. 遵循儿童认知规律和情感需求特点,关注儿童学习差异。				
教学方法	1. 教学方法具有启发性,充分挖掘儿童的潜能。				
	2. 灵活选择不同的教学方式,注重合作探究意识的培养。				
	3. 教学手段运用恰当,注意运用教具、信息技术辅助教学。				
教师表现	1. 尊重、信任儿童,尊重个性差异,关注全体儿童的发展。注重激发儿童兴趣,激发儿童的好奇心。				
	2. 教学语言准确简练,板书设计合理、书写工整,演示及示范准确到位。				
	3. 善于设问,善于启发儿童提问,及时捕捉教学信息,灵活应变。				
	4. 关注课堂生成,评价恰当,具有激励性、过程性、导向性。				
儿童表现	1. 知识基础扎实,能够参与课堂活动。				
	2. 思维敏捷,善于倾听、质疑。				
	3. 善于提出问题,解决问题,具有创新意识。				
	4. 学习兴趣浓厚,有积极的学习成就体验和情感体验。				
教学效果	1. 达到预定教学目标。				
	2. 儿童思维活跃,师生信息交流畅通。				
	3. 不同思维水平的儿童都能有展示和反馈的机会。				
	4. 保持对本学科持续的学习热情。				
教学理念（加分项不超 4 分）	教学理念正确而不陈旧,在整体保障质量的前提下,呈现具有独创性的方法、理念,对于改进教学实践具有资源价值,且效果突出。				
课堂评价		合计:			

二、建设"牧歌学科",丰富学校课程体系

"牧歌教育"以"牧歌学科"来推进学校学科特色课程的建设与实施,促进每一个学科的自然生长,使之富有田园之美和诗意之美。作为学校"牧歌"课程的重要实施路径之一,外国语牧歌小学"牧歌学科"彰显学校办学特点,让每一个学科都变得更加丰富且特色鲜明。

(一)"牧歌学科"的课程之维

1."诗意语文"课程群

"语文课程是一门学习国家通用语言文字运用的综合性、实践性课程。"[1]语文课程基本理念是全面提高儿童的语文素养,激发和培育儿童热爱祖国的思想感情,引导儿童丰富语言积累,掌握学习语文的基本方法,养成良好的学习习惯,且能够通过文化熏陶,形成健全人格。语文课程是实践性课程,必须根据儿童身心发展规律和语文学习的特点,积极倡导自主、合作、探究的学习方式。学校"诗意语文"课程群以国家语文课程为核心,引入经典诵读、梯级整本书阅读、小古文课程和其他丰富的活动,构建了多层面的课程群,将儿童引领到美好的语文天地。经典诵读的读本使用《亲近母语日有所诵》和《小学生必背古诗词 70＋80》,安排每天早上 25 分钟的时间进行晨诵。小古文课程的教材使用《小学生小古文 100 课》,以专题的形式开展教学,四、五、六年级每个学期的第一个月进行小古文教学。梯级整本书阅读则在每个学期、每个年级安排 2—4 本共读书目,每天中午午餐后 40分钟为班级共读时间,班级内定期到图书馆更换阅读书目。以此为引,每学年开展一次全员参与的阅读活动——"牧童爱读书"交流分享会。学校以国家语文课程为基础,开设经典诵读、古文学习、梯级整本书阅读、汇报交流等拓展课程,共同构成了"诗意语文"课程群,具体实施如下(详见表 3-4)。

表 3-4　外国语牧歌小学"诗意语文"课程群内容表

年级	主题	学期	内　　容
一年级	语文真有趣	上学期	拼音游戏;情境识字;规范书写;《亲近母语日有所诵》第一册上期;《猜猜我有多爱你》等 10 本绘本阅读;绘写童心等。

① 中华人民共和国教育部. 义务教育语文课程标准(2022 年版)[S]. 北京:北京师范大学出版社,2022:1.

年级	主题	学期	内　　容
		下学期	运用方法巧识字;《亲近母语日有所诵》第一册下期;《神奇校车》等 15 本绘本阅读;绘写童心等。
二年级	阅读越快乐	上学期	字典识字;《亲近母语日有所诵》第二册上期;《查理和巧克力工厂》等 15 本桥梁书籍阅读;绘写童心等。
		下学期	字典识字;《亲近母语日有所诵》第二册下期;《七色花》等 15 本桥梁书籍阅读;绘写童心等。
三年级	书香润我心	上学期	成语积累;《亲近母语日有所诵》第三册上期;《小学生必背诗词 150 首》25 首;整本书阅读;习作初探等。
		下学期	成语积累;《亲近母语日有所诵》第三册下期;《小学生必背诗词 150 首》25 首;整本书阅读;习作初探等。
四年级	分享趣味多	上学期	初识字理;《小学生必背诗词 150 首》25 首;整本书阅读;小古文学习;文通句顺等。
		下学期	初识字理;《小学生必背诗词 150 首》25 首;整本书阅读;小古文学习;文通句顺等。
五年级	妙笔能生花	上学期	追根溯源学汉字;《小学生必背诗词 150 首》25 首;整本书阅读;小古文学习;清词丽句等。
		下学期	追根溯源学汉字;《小学生必背诗词 150 首》25 首;整本书阅读;小古文学习;清词丽句等。
六年级	经典我传承	上学期	诵读经典;整本书阅读;外国文学欣赏;下笔成章等。
		下学期	诵读经典;整本书阅读;外国文学欣赏;下笔成章等。

2."慧美数学"课程群

《说文》记载:"慧,儇,皆意精明。"读史使人明智,读诗使人灵秀,数学使人周密且精明。"美"是一种诗意之美,由此,"慧美数学"课程呈现的既有理性美也有诗意美。"慧美数学"课程立足数学核心素养,教师引领儿童围绕具有挑战性的学习主题,全身心地积极参与,体验成功,从而获得发展。知识源于生活,又应用于生活之中。数学也是从实践中来,到实践中去,它源于生活,又广泛应用于生活。在实际生活中学会运用所学的数学知识处理实际问题,是儿童必需的数学素养之一,是学校教学的目的之一。学校坚持以课堂为主阵地,引导儿童在生活中寻找数学、认识数学,挖掘生活和教材中的数学问题进行探究,密切儿童与生活、儿童与社会的联系,提升儿童数学素养。"慧美数学"课程内容的选择以注重基础性、贴近生活性以及适应儿童和学校的特点性为原则,准确把握教材和课程标准要求,并据此进行拓展延伸,内容面向全体儿童,适应儿童的个性发展需求,让每个儿童在数学活动中得到不同的发展。"慧美数学"课程采用灵活多样的教学形式,在数学课程基础上拓展延伸儿童的数学知识,开阔儿童数学视野,提高儿童的学习积极性。这样的数学活动有利于儿童进行数学思考并产生创造性思维。结合数学教材编排特点、儿童年龄特征以及学校具体情况,在实践、思考、表达、数感、计算、推理六个方面进行了课程内容的设置。实施过程中,儿童亲身实践,动手操作,手脑并用,融知识性和趣味性于一体,使得儿童思维始终处于活跃状态,让儿童的学习变得生动活泼且富有个性(详见表3-5)。

表3-5 外国语牧歌小学"慧美数学"课程群内容表

年级	学期	内　　　容
一年级	上学期	有趣的数字;小小设计师;我的一天;勇闯智慧岛等。
	下学期	算术小达人;七巧板的奥秘;生活中的分类;摆一摆,想一想等。
二年级	上学期	计算小能手;神奇的大象;排列与组合;身上的尺子等。
	下学期	计算竞技场;美丽的剪纸;整理数据有妙招;小小设计师等。
三年级	上学期	开心算术;装扮美丽校园;有趣的维恩图;数字编码本领大等。
	下学期	算术小游戏;装扮教室;统计喜欢的活动;我来做日历等。
四年级	上学期	计算大比拼;平行四边形的不稳定性;学做条形统计图;一亿有多大等。
	下学期	巧算我能行;三角形的稳定性;直条对对碰;营养午餐知多少等。
五年级	上学期	奇妙的算术;多边形的面积;谁是大赢家;游戏规则我来定等。
	下学期	速算我最棒;立体图形的奥秘;变化趋势我知道;揭开"正方体"的外衣等。
六年级	上学期	算术乐园;圆规创造美妙世界;读懂扇形统计图;起跑线中的秘密等。
	下学期	计算大闯关;图形大团圆;统计大团圆;自行车中的数学等。

3."博雅英语"课程群

基础教育课程改革的核心理念是"以儿童的发展为本",是磨砺意志、陶冶情操、拓展视野、丰富生活经历、开发思维能力、发展个性和提高人文素养的过程。因此,"博雅英语"课程理念如下。

面向全体儿童,注重素质教育。"博雅英语"课程应面向全体儿童,注重素质教育,其核心是让每个儿童都得到发展。

整体设计目标,体现灵活开放。基础教育阶段英语课程的目标是以儿童语言技能、语言知识、情感态度、学习策略和文化意识的发展为基础,培养儿童英语综合语言运用能力。

突出儿童个体,尊重个体差异。儿童的发展是英语课程的出发点和归宿。英语课程在目标设定、教学过程、课程评价和教学资源的开发等方面都突出以儿童为主体的思想。

采用活动途径,倡导体验参与。"博雅英语"课程倡导任务型的教学模式,即让儿童积极参与教学,并在教师的指导下,通过感知、体验、实践、参与和合作方式,实现任务的目标,感受成功。

注重过程评价,促进儿童发展。评价包括形成性评价和终结性评价。小学英语课堂教学过程中,强调从"育人为本"的评价理念出发,重视对语言、行为、认知、情感和个性的整体评价,力求以形成性评价来激发儿童学习兴趣并促进儿童自主学习能力的发展。同时,注重培养和激发儿童学习的积极性和自信心。

开发课程资源,拓展学用渠道。课程资源包括显性课程资源和隐性课程资源两部分。"博雅英语"课程中倡导充分利用显性课程资源,积极开发并合理利用隐性课程资源,给儿童提供贴近儿童实际、贴近生活、贴近时代的内容健康且丰富的课程资源。要积极利用音像、电视、书刊杂志、网络信息等丰富的教学资源,拓宽学习和运用英语的渠道,积极鼓励和支持儿童主动参与课程资源的开发和利用。"博雅英语"课程群以上述理论为依托,主要从"牧童倾耳听""牧童放声说""牧童用心读""牧童大胆秀""牧童妙手写""牧童嘉年华"六个主题进行(详见表3-6)。

表3-6 外国语牧歌小学"博雅英语"课程群内容表

年级	主题	学期	内　　容
一年级	牧童倾耳听	上学期	趣词我来听;模仿我最像;看图识单词;字母初启蒙;牧童爱歌唱等。
		下学期	趣词我来听;模仿我最像;看图识单词;字母初启蒙;牧童爱歌唱等。

年级	主题	学期	内　容
二年级	牧童放声说	上学期	对话天天练；小小领读员；趣味读典范；字母书写展；童真小剧场等。
		下学期	对话天天练；小小领读员；趣味读典范；字母书写展；童真小剧场等。
三年级	牧童用心读	上学期	故事每日听；牧童趣配音；绘本漂流瓶；单词拼写王；谁是演员王等。
		下学期	故事每日听；牧童趣配音；绘本漂流瓶；单词拼写王；谁是演员王等。
四年级	牧童大胆秀	上学期	美篇共聆听；英语流利说；朗读大咖秀；句子大比拼；讲演达人秀等。
		下学期	美篇共聆听；英语流利说；朗读大咖秀；句子大比拼；讲演达人秀等。
五年级	牧童妙手写	上学期	听力达人秀；谁是 Talk King；课文共品读；写作小达人；风采舞台剧等。
		下学期	听力达人秀；谁是 Talk King；课文共品读；写作小达人；风采舞台剧等。
六年级	牧童嘉年华	上学期	声临若其境；听我讲世界；阅读分享会；创编显圣手；文化交流汇等。
		下学期	声临若其境；听我讲世界；阅读分享会；创编显圣手；文化交流汇等。

4．"魅力科学"课程群

以《义务教育科学课程标准（2022 年版）》的要求，以及《中共中央国务院关于深化教育教学改革全面提高义务教育质量的意见》的文件精神，"魅力科学"课程群以培养儿童的"科学观念、科学思维、探究实践、态度责任"科学素养为目标，整个小学阶段以探究式学习为儿童学习科学的重要方式（详见表 3－7）。

表 3－7　外国语牧歌小学"魅力科学"课程群内容表

年级	主题	学期	内　容
一年级	牧童爱生活	上学期	五官的作用；认识小动物；认识方位；奇妙磁铁等。
		下学期	水中的魔法；植物保育员；日月变幻；空气知多少等。

年级	主题	学期	内　　容
二年级	牧童爱观察	上学期	气象万千；开心游乐园；磁铁的秘密；动物世界等。
		下学期	我们的家园；神奇的科技；四季与生物；谁是大力士等。
三年级	牧童爱思考	上学期	小气象员；神奇的溶解；空气的秘密；奇妙的声音等。
		下学期	小建筑师；安全用电；植物的秘密；形态万千等。
四年级	牧童爱动手	上学期	冰火两重天；神奇的旅行；坚如磐石；方程式赛车等。
		下学期	呼吸的奥秘；机械师；燃烧的秘密；飞得更高等。
五年级	牧童爱探究	上学期	地球大变脸；珍惜时间；生命的旅程；探秘游乐场等。
		下学期	春天在哪里；玩具总动员；不同的微生物；变废为宝等。
六年级	牧童爱应用	上学期	植物的学问；光芒万丈；小乐师；健康大本营等。
		下学期	人类的祖先；绿色社区；养好小金鱼；雨具万千等。

5. "惠润体育"课程群

以《义务教育体育与健康课程标准（2022年版）》为依据，课程设置以锻炼儿童身体、开发儿童智力为主体，关注儿童的学习过程和学习体验。作为学校课程的重要组成部分，体育与健康课程是以身体练习为主要手段，以学习体育与健康知识技能和方法为主要内容，以增强儿童体质健康、培养儿童终身体育意识和能力为主要目标的课程。基于这种认识，结合《中共中央国务院关于深化教育教学改革全面推进素质教育的决定》的文件精神，我校遵照"健康第一"的指导思想，重点突出儿童的学习主体地位，强化实践特征，构建较为完整的课程目标体系和发展性的评价方式，重视教学内容的选择性、基础性及教学方法的多样化、有效化，着重提高儿童的积极性，激发儿童运动兴趣，引导儿童掌握体育与健康基础知识、基本技能和方法，增强儿童的体能，培养儿童坚强的意志品质、合作精神和交往能力，为儿童终身参加体育锻炼奠定基础。"惠润体育"课程群做到以人为本、健康为本，面向全体儿童，实现每天锻炼一小时，使体育课程在学校诸多课程中成为教学形式最生动活泼，教学内容最丰富多彩，最受儿童喜爱的一门课程，让每一个儿童都积极地参与到体育活动中来。从一年级开始，儿童进行多元化学习，接触不同种类的运动项目，随着年级的增高，训练内容随之改变，要求也逐步提高。小学阶段，以"篮球"和"跳绳"运动贯穿整个体育课程(详见表3-8)。

表3-8　外国语牧歌小学"惠润体育"课程群内容表

年级	主题	学期	内　　　容
一年级	牧童真活泼	上学期	1.常规课程:小牧童站队齐;小牧童跳跳跳;小牧童懂礼貌。2.韵律操:乐感我在行。3.跳绳:左右甩绳;基本跳绳;停绳。4.篮球:篮球基础运球。
		下学期	1.常规课程:小牧童跑得快;小牧童练平衡;小牧童懂安全等。2.韵律操:节奏大师。3.跳绳:脚跟跳;双脚依次跳。4.篮球:篮球行进间运球。
二年级	牧童真灵活	上学期	1.常规课程:小牧童学投掷;小牧童50米跑。2.韵律操:全套韵律操复习。3.跳绳:速度跳;单脚跳。4.篮球:篮球运球变换。
		下学期	1.常规课程:小牧童练体操;小牧童花式跳。2.韵律操:完整动作巩固。3.跳绳:挽花跳。4.篮球:篮球单双手传球。
三年级	牧童爱运动	上学期	1.常规课程:身体我协调;立定会跳远;迎面接力跑。2.篮球操:球感练习。3.跳绳:反摇跳;并脚左右跳。4.篮球:篮球投篮。
		下学期	1.常规课程:身体我协调;看谁扔的远;我能快速跑。2.篮球操:节奏大师。3.跳绳:转身跳,弓步跳。4.篮球:篮球投篮。
四年级	牧童勤锻炼	上学期	1.常规课程:身体我灵敏;急行会跳远;躲过障碍跑。2.篮球操:全套篮球操完整动作。3.跳绳:双摇跳。4.篮球:篮球防守滑步。
		下学期	1.常规课程:身体我灵敏;急行会跳远;50米×8往返跑。2.篮球操:巩固练习。3.跳绳:开合跳;弹踢跳。4.篮球:篮球防守滑步。
五年级	牧童有朝气	上学期	1.常规课程:牧童力量强;垒球掷得远。2.绳操:基础动作练习。3.跳绳:双人花样跳;原地并脚跳长绳。4.篮球:篮球三步上篮。
		下学期	1.常规课程:牧童力量强;垒球掷得远。2.绳操:节奏大师。3.跳绳:双人同摇同跳;依次跳长绳。4.篮球:篮球三步上篮。
六年级	牧童有活力	上学期	1.常规课程:牧童力量棒;会掷实心球;400米耐力跑。2.绳操:全套韵律操复习。3.跳绳:8字跳长绳。4.篮球:篮球实战,以赛代练。

年级	主题	学期	内　　容
		下学期	1. 常规课程：牧童力量棒；实心球掷远；400 米耐力跑。2. 绳操：动作巩固练习。3. 跳绳：多人花样跳绳。4. 篮球：篮球实战，意识培养。

6. "牧雅音乐"课程群

发挥本校艺术教育资源优势、依托本地民族的民间优秀传统文化和其他艺术资源，形成学校艺术教育发展特色，构建"牧雅音乐"课程。充分利用社会艺术教育资源，利用当地文化艺术场地资源开展艺术教学、实践活动和校园文化建设，面向全体儿童组织开展艺术活动，因地制宜建立儿童艺术社团或兴趣小组，保证每周有固定的艺术活动时间，每年组织合唱节、美术展览和艺术节等活动。充分利用学校校歌、广播、电视、网络以及校园、教室、走廊、宣传栏、活动场所等，营造格调高雅、富有美感、充满朝气的校园文化艺术氛围。结合学校儿童情况和教师自身特长，音乐学科在完成规定课程的基础上，另开设"小乐器进课堂"特色课程，包括陶笛、竖笛、葫芦丝、口风琴、尤克里里五门课程。此外，学校还根据儿童的自主选择在课后开设民族舞、合唱社团等课程。音乐教师充分依据教师特长、儿童爱好、儿童年龄特点、乐器易接受度以及课后儿童反映情况来设置课程的科目与课时。小乐器教学从三年级开始进行，两节课连上，实行音乐长课时，并在每学期期中进行所学小乐器的展示，鼓励儿童自主创造并在期末进行展演。"牧雅音乐"课程坚持面向现代化、面向世界、面向未来，贯彻面向全体儿童、分类指导、因地制宜、讲求实效的方针，遵循普及与提高相结合，课内与课外相结合，学习与实践相结合的原则。通过艺术教育，儿童能够了解我国优秀的民族艺术文化传统和外国的优秀艺术成果，提高文化艺术修养，培养爱国主义精神；增强感受音乐美、表现愉悦美、鉴赏滋润美、创造艺术美的能力，树立正确的审美观念，抵制不良文化的影响；陶冶情操，发展个性，启迪智慧，激发创新意识和创造能力，促进儿童全面发展（详见表 3-9）。

表 3-9　外国语牧歌小学"牧雅音乐"课程群内容表

年级	主题	学期	内容
一年级	牧童音乐家	上学期	牧童好声音;牧童好朋友;牧童欢乐唱;牧童聆听赏;牧童欢乐多等。
		下学期	牧童唱响春天;牧童歌童话;牧童懂节奏;小小音乐家等。
二年级	牧童音乐会	上学期	牧童音乐会;牧童爱表现;牧童欢唱歌;牧童跳起舞等。
		下学期	牧童好声音;牧童悦约定;牧童欢乐多;牧童难忘的歌等。
三年级	牧童音乐小世界	上学期	牧童乐器小世界;牧童我会唱;牧童舞动青春;牧童喜表演等。
		下学期	牧童小小演奏家;牧童美妙歌声;牧童四季童趣;牧童会和声等。
四年级	牧童音乐之声	上学期	牧童初识小乐器;牧童快乐奏歌;牧童音乐之声;牧童唱童心等。
		下学期	牧童趣味弹奏;牧童奇妙音乐会;牧童多样弹唱;牧童歌家乡;牧童歌唱弹奏;牧童会合作表演等。
五年级	牧童唱响童年	上学期	牧童唱响童年;牧童认识民乐;牧童悠扬民族情;牧童友谊地久天长等。
		下学期	牧童聆听好声音;牧童静雅国乐;牧童会合唱;牧童律动美;牧童载歌载舞等。
六年级	牧童好声音	上学期	牧童练民歌;牧童赏西洋乐器;牧童京韵京腔;牧童赞中国;牧童表现力;童年七色光彩等。
		下学期	牧童赏古琴;牧童学京剧脸谱;牧童唱古风;牧童银屏之声;神奇的印象;牧童放飞梦想等。

7. "牧艺美术"课程群

美术也称造型艺术或视觉艺术,与各个学科相通,与当地人文、地貌、风俗相融。为了让儿童形成相对系统的美术学习,学校构建了"牧艺美术"课程,将美术课程进行了整合。"牧艺美术"课程是具有艺术特色的美术课程,注重儿童在美术学习的过程中,逐步体会美术专业学习的特征,根据不同学段,形成系统的美术知识体系和基本的文化艺术素养,力求体现素质教育的要求。"牧艺美术"以学习活动方式划分美术学习领域,加强学习活动的综合性、探索性和实效性,培养对艺术、生活与审美的追求,让儿童在积极的情感体验中提高想象力和创造力,提高审美意识和审美能力。根据儿童学情和教师专业特长,通过对国家规定课程的整合、筛选、补充和延展,学校分别开设了富有中国传统特色的社团:国画、线描、书法;西方特色的绘画社团:水彩、彩铅画、儿童装饰画等。不同年级根据儿童的年龄特点,设定不同的教学主题和内容,把课程内容和学校的艺术活动、校园文化有机结合起来,给儿童提供丰富多彩的艺术展示平台。"牧艺美术"课程分年级开设,每个年级各个美术课程连排,实行长课时(详见表3-10)。

表3-10 外国语牧歌小学"牧艺美术"课程群内容表

年级	主题	学期	内　　容
一年级	牧童初识美	上学期	牧童画手掌;牧童赏建筑;牧童初用色;牧童绘七彩;牧童花纹样等。
		下学期	走进大自然;牧童画彩衣;牧童画动物;牧童的小屋;牧童添翅膀等。
二年级	牧童绘畅想	上学期	初识渐变;牧童画线条;牧童巧用色;牧童布景观;牧童找对称等。
		下学期	牧童畅游海底;牧童巧拼贴;牧童巧动手;牧童遨游太空等。
三年级	牧童善润色	上学期	牧童识色彩;水彩干画法;牧童采茶花;牧童嗅蔷薇等。
		下学期	水彩湿画法;牧童写静物;牧童享绿色;牧童探笔触等。
四年级	牧童识国画	上学期	牧童识国画;牧童用笔与用墨;彩墨与点线面;牧童彩墨游戏;牧童爱创作等。
		下学期	牧童赏彩墨;彩墨与点线面;牧童会临摹;牧童画小品;牧童会创作等。
五年级	牧童品墨韵	上学期	牧童识水墨;牧童赏鱼;牧童绘花鸟;水墨"四君子"等。
		下学期	牧童品笔墨;牧童爱动物;牧童赞家乡;牧童游山水等。
六年级	牧童秀剪艺	上学期	牧童识剪纸;剪纸二分法;牧童连连剪;牧童三分剪等。
		下学期	牧童刻脸谱;牧童四分折;牧童剪生肖;牧童有创意等。

"嘉穟劳动"课程群。嘉穟亦作"嘉穗",意思是苗壮饱满的禾穗。我们设想给予儿童真实生动的劳动生活体验场,让他们享受劳动乐趣,获得积极的劳动体验,领悟劳动的意义价值,培养勤俭、奋斗、创新、奉献的劳动精神,同时希望每一位牧童在牧歌校园的六年时间里,能像麦穗一样苗壮饱满地成长。学校按照新时代劳

动教育内容的学段要求,把日常生活劳动教育、生产劳动教育和服务性劳动教育融入课程建设,形成"嘉穗劳动"课程群。依据儿童不同年龄段的心理发展特点,学校分别设置了"日常时光""农耕乐园""创意工坊""岗位创想"四个模块,让儿童动手实践、出力流汗、接受锻炼、磨炼意志。本课程关注儿童独特的感受和体验,促进儿童的身心和谐发展,帮助儿童树立正确的劳动观念、培养科学的思维方式、陶冶高尚的道德情操、提升健康的审美情趣和确立积极的人生态度(详见表3-11)。

表3-11　外国语牧歌小学"嘉穗劳动"课程群内容表

年级		日常时光	农耕乐园	创意工坊	岗位创想
一年级	上学期	1. 学做值日长知识。 2. 分享收获。	1. 我与植物交朋友。 2. 叶片下的小动物。	1. 巧手制名牌。 2. 树叶书签。	1. 牧童协管员。 2. 厨房小帮手。
	下学期	1. 学自理,乐成长。 2. 分享收获。	1. 汉字的奥秘。 2. 你好,向日葵。	1. 不一样的豆子。 2. 晒晒我的成果。	1. 环保小卫士。 2. 班级守护者。
二年级	上学期	1. 当好值日生。 2. 分享收获。	1. 四季与植物。 2. 水培初体验。	1. 花形相框。 2. 废品变身记。	1. 厨房小能手。 2. 小小交通员。
	下学期	1. 我们爱清洁。 2. 分享收获。	1. 火眼金睛善观察。 2. 向日葵小画家。	1. 创作展示大比拼。 2. 水果巧制作。	1. 班级小雷锋。 2. 水果拼盘创意赛。
三年级	上学期	1. 校园小主人。 2. 分享收获。	1. 水培植物我最行。 2. 土培知识小热身。	1. 小小设计家。 2. 创意串珠画。	1. 小小采购员。 2. 跳蚤市场。
	下学期	1. 垃圾我分类。 2. 分享收获。	1. 红薯田园乐。 2. 葵花日记。	1. 巧手小工匠。 2. 瓦楞纸版画。	1. 欢乐农贸节。 2. 手工作品展示会。
四年级	上学期	1. 学整理,要整齐。 2. 分享收获。	1. 童心建乐园。 2. 麦地管理员。	1. 绿豆变身记 2. 灵动的豆芽。	1. 今天我下厨。 2. 烘幸福,焙快乐。
	下学期	1. 学收纳,会分类。 2. 分享收获。	1. 牧童采摘季。 2. 麦浪滚滚。	1. 神奇丝瓜络。 2. 创意麦秆画。	1. 青菜拍卖会。 2. 艺术作品展销会。

年级		日常时光	农耕乐园	创意工坊	岗位创想
五年级	上学期	1. 学做家常菜。 2. 分享收获。	1. 我的小乐园。 2. 绿地小主人。	1. 菜肴围边我最棒。 2. 品泡菜百味。	1. 我是拼盘师。 2. 最美安全员。
	下学期	1. 谁知盘中餐。 2. 分享收获。	1. 葵园种植记。 2. 快乐收获节。	1. 完美设计师。 2. 葵园丰收会。	1. 植物调查员。 2. 小小体验师。
六年级	上学期	1. 规划一次家宴。 2. 分享收获。	1. 种植讲堂开讲了。 2. 农场承包责任制。	1. 花样饺子传真情。 2. 班级树，感恩树。	1. 我是小厨神。 2. 牧歌探索家。
	下学期	1. 给小鸟安个家。 2. 分享收获。	1. 在希望的田野上。 2. 手拉手，共成长。	1. 成长手册写满情。 2. 束束鲜花送母校。	1. 葵花最美摄影师。 2. 志愿服务热心做。

（二）"牧歌学科"的评价要求

我们根据"牧歌学科"的意涵，从以下几个方面对"牧歌学科"课程群进行评价。

明晰的学科课程特色。体现具有学校办学理念和育人目标的学科特色，这是"牧歌学科"的核心所在。

基于学科理念的学科建设方案，认真撰写完善各学科建设方案的设计。

切实具体实施课程路径。准确的教学目标，丰富的学科课堂教学活动，扎实开展的学科教学活动能提升儿童综合能力。

有效的学科课程群教研。形成深入有效的常态教学研究模式，能够进行深度教学，并有效进行课后反思与学科课程开发实施的评价。

完善有效的课程管理与保障。建立专业的学科课程领导组织，可以有效借助外力，形成本学科群课程开发实施与有效评价的良性机制。

三、创设"牧歌社团"，发展儿童兴趣爱好

为了发展儿童兴趣爱好，促进儿童自然生长，我校结合学校课程特色，以儿童

相同或相似的兴趣、爱好、特长或自身需要为基础,创设"牧歌社团",并进一步确立社团活动目标、开发社团课程、加强社团过程管理、构建社团评价体系。

(一)"牧歌社团"的主要类型

1. "牧童管乐"社团

社团理念是提升儿童艺术素养,激发儿童对艺术的热爱,促进儿童全面健康发展。社团宗旨是丰富校园文化生活、提高青少年音乐素养和团队意识。经过多次改革不断趋于成熟,学校开发了管乐类社团(小号、长号、大号、次中音、圆号、萨克斯、黑管、长笛、大管、双簧管、打击乐)。我校从三年级开始选拔组建管乐班,按班级编制,组成梯队建设。管乐课进入课表,管乐班在固定的时间、地点,由专业老师上课。三、四年级各管乐班每周上一次管乐大课,两节课连上。三、四年级的学习内容主要以基本功练习为主,以练习一些比较短小的曲子为辅,要求达到熟练吹奏,音准节奏正确,各声部之间衔接自然流畅即可。五、六年级的学习内容主要以组合曲子、行进曲为主,以基本功练习为辅,具体要求要比三、四年级高,演奏曲子要有力度、情绪对比有变化,准确表现曲子速度、力度、情感等效果。"牧童管乐"社团有严格的考核制度。期末由各班正副班主任、管乐老师、家长代表作为评委,对儿童进行考核。考核分为铜管、木管、打击乐三个大声部进行测试,根据专业的管乐老师提供的评分表进行打分,而后根据比例,评出声部最优秀的儿童进行表彰。

2. "牧雅音乐"社团

社团理念是让音乐融入童年,让童年更加快乐。社团宗旨是丰富校园音乐文化,发展儿童音乐特长,培育音乐新苗。社团总目标是通过合唱、舞蹈和戏剧,丰富儿童情感体验,增强声乐和舞蹈的基本功训练,提升一定的专业技能,激发兴趣,奠定基础。通过实践训练,培养儿童学习街舞和歌舞剧的兴趣,享受音乐的快乐、培养孩子的表现欲望和基本的舞台感觉以及培养孩子的优美体态和对艺术的审美能力。(1)"牧之歌"合唱社团。通过不同形式的发声练习来规范儿童的声音,开展以合唱为主的多种学习活动,以提高儿童的声乐演唱技巧及舞台表演等专业技能,弘扬合唱艺术,构建人文校园。社团内容是通过《蝴蝶的梦》歌唱童心的纯真与美好,通过《布谷鸟》赞美春天和希望。让儿童亲自体验这些精品的光彩和艺术价值,提高他们的审美能力。在"牧之歌"合唱社团中培养儿童独立识谱能力,发展他们的音乐听觉和音乐记忆力,提高音乐修养和鉴赏水平,理解和掌握各种音乐表现手段,增强儿童集体观念和群体意识,让身心得到健康发展。活动形式是每周集训三次,教师自主研发教材,制定社团管理制度,撰写社团活动记录,完成评价。(2)"行美舞蹈"社团。通过训练,培养儿童学习舞蹈的兴趣,享受音乐的快乐,提高儿童的舞蹈素养。通过规范的基本功及民族舞、芭蕾舞训练,让儿童的形体、姿态、腿线条、腰腿的软度、力度和控制进一步提高,并掌握一定的舞蹈知识,能完整地完成舞蹈表演。活动形式是每周集训三次,教师自主研发教材,制定社团管理方式,填写社团活动记录,完成评价。(3)"行美歌舞剧"社团。由儿童参加演出,反映儿童生活,综合音乐、诗歌、舞蹈等艺术,以边歌边舞为主的音乐戏剧形式展现。剧情生动,富有儿童情趣,音乐能表达角色的个性特点。活动形式是每周集训三次,教师自主研发教材,制定社团管理方式,填写社团活动记录,完成评价。(4)"行美街舞"社团。通过训练,儿童能够尽情张扬个性,增强爆发力,培养儿童一定的律动和舞感。多用Funk(放克)音乐和Hip Hop(嘻哈)音乐来跳舞,激发儿童对舞蹈学习的兴趣,提高儿童的舞蹈素养。社团内容是通过Breaking(地板舞)、Hip Hop(自由式街舞)、Popping(震感舞)、Locking(锁舞)的练习,能完成完整舞蹈的表演。通过舞蹈Popping(震感舞)、Get it up、I can make you dance的训练,培养儿童分工合作的社团精神,学会在集体中协调配合,相互适应。发展儿童个性,为专业的舞蹈发展奠定基础。活动形式是每周集训一次,教师自主研发教材,制定社团管理方式,填写社团活动记录,完成评价。

3."典雅美术"社团

社团理念是练技能、提审美,传承传统书画技艺。社团宗旨是丰富校园文化,尊重个性发展,陶冶审美情操。社团总目标是通过学习文化知识和参加各种活动,培养儿童感受美、理解美、鉴赏美和创造美的能力。通过在社团中学习各种绘画技巧,培养儿童用艺术的眼光观察生活,感受生活并进一步创造生活的能力。用审美的心态体验生活,最终促进儿童全面发展。社团形式为每天下午放学后集训一次,在美术教室进行小班教学,以自主合作的形式上课。(1)"童趣绘画"社团。采用启发、鼓励的趣味教学法,转换课堂角色,以儿童为主、教师为辅,培养儿童的观察力、想象力、思维力和创造力,注重儿童的自我表达,提高儿童的动脑动手能力。课程安排有少儿造型课和创意卡通课。(2)"综合材料绘画"社团。将综合材料融入绘画教学中,锻炼儿童在绘画语言研究领域中的思维,让作品更具有趣味性、多元性。儿童乐于接受,对美术活动有了新的体验和认知,提高儿童发现美、感受美、创造美的能力。(3)"牧歌书法"社团。"牧歌书法"社团是由我校书法爱好者共同组成的儿童社团组织。社团致力于提高儿童的书写能力、欣赏能力和艺术修养,力争在艺术和实用之间找到完美的结合点。(4)"彩墨国画"社团。从了解水墨画工具开始,让儿童具有初步的中国画绘画技能,在宣纸上自由挥洒,表现出色彩的绚丽多彩、水墨的干湿浓淡变化。从了解和掌握基本的用笔和用墨方法,创作出有创意、有趣味的写意国画作品,培养儿童审美情趣,继承和弘扬中国传统文化。(5)"雅致水彩"社团。水彩画是一个技法性很强的画种,也是一个富于挑战的画种。通过水彩画训练,增进儿童对美术中色彩的理解,培养儿童特长,提高儿童艺术修养,促进儿童全面发展。实施水彩画教学,有利于整合学校资源,体现办学特色,促进学校发展。(6)"巧手剪纸"社团。这是以儿童为主的学习和实践锻炼的阵地,致力于儿童审美能力的提高和艺术素质的培养,致力于继承和发扬民间剪纸艺术。利用各类剪纸活动让儿童掌握一定的剪纸知识和剪纸技能,激发儿童的剪纸兴趣,锤炼审美情趣,促进儿童个性和谐发展。

4. "跃动体育"社团

社团理念是让儿童感受到运动的快乐,丰富校园生活,促进身心和谐发展。社团宗旨是快乐运动,幸福生活。社团总目标是丰富儿童体育生活,培养儿童学习体育运动的兴趣,让儿童享受运动带来的愉悦感,掌握一定的田径、篮球和跳绳的专业技能,增强体质;发展个性特长,为专业成长打下良好的基础;培养竞技体育运动员,经过训练达到竞赛水平,参加各级比赛并争取获得荣誉;为上级学校输送体育人才。(1)"活力田径"社团。该社团包括长跑、短跑、竞走、垒球投掷等项目,通过定期组织儿童技战术训练、素质训练、耐力训练、观看比赛视频等内容,培养儿童对田径运动的兴趣。儿童在训练过程中,不断发展耐力、协调、灵敏、速度、力量等运动素质,在"我健康,我快乐"的社团氛围下,提高良好的自主学习和探究学习的能力。社团内容包含不同水平活动。水平一:一、二年级儿童的基本摆臂姿势、站立式起跑、自然直线快速跑、300—500 米走跑交替。水平二:三、四年级儿童的蹲踞式起跑、4×100 接力跑、百米快速跑、300—400 米耐力跑。水平三:五、六年级儿童的快速跑、耐力跑、接力跑、障碍跑。每周一、周二、周三进行社团训练课,针对不同年级的儿童制定不同的要求和方法进行练习。(2)"跃动篮球"社团。定期组织训练,使运动员保持对篮球的最大积极性,提高对篮球的兴趣。在奔跑、跳跃过程中,儿童发展力量、速度和耐力等素质,磨炼意志,培养团队精神和集体主义品质,锻炼了运动员的身体素质,提升了实践操作的能力。掌握正确的技术动作表象,不断增强儿童的篮球技战术水平,活跃校园篮球文化氛围。社团内容包括不同水平活动。水平一:一、二年级儿童的理论基础姿势、运球、行进间运球、传接球配合、投篮练习、运球上篮、投篮小比赛。水平二:三、四年级儿童的复习运球、单手运球上篮、双人传接球、攻防守脚步练习、传切配合、单人对抗练习。水平三:五、六年级儿童的复习运球上篮、单人突破、攻防守练习、多人攻防守、半场小比赛。活动形式是每周一、周二、周三进行社团训练课,针对不同年级的分段,分别提出不同的要求和方法进行练习,不断激发儿童学习的兴趣,使其感受运动快乐,同时努力提升运动员技、战术,以求能达到参加各级比赛的水平。(3)"花样跳绳"社团。该社团包括单摇、双摇、跳花绳、跳长绳等内容,采取竞速等多种训练形式,通过定期组织的跳绳训练和观看视频学习等方式,激发运动员跳绳积极性,增加学习趣味性;让儿童在跳绳活动中增强身体素质,增强弹跳力,培养观察力、目测力和时空感。培养运动员不怕困难、积极进取、勇敢果断等意志,以竞赛的形式培养儿童的团队精神和集体主义品质,增强自信心和奋发向上的精神。社团内容包括不同水平的活动。水平一:一、二年级的儿童基本握法、基本量绳法、两脚依次跳短绳、并脚跳短绳、原地并脚跳长绳、原地两脚依次跳长绳。水平二:三、四年级的儿童跳长绳、单脚交换跳短绳、向前向后摇绳编花跳、"8"字跳长绳。水平三:五、六年级的儿童双摇跳、穿梭跳长绳、跳长绳、双绳跳、交互式跳绳。活动形式是每周一、周二、周三进行社团训练课,通过变换方式方法不断激发儿童的学习兴趣,提高动作技术水平及运动能力。

5."牧童文学社"

通过定期开展文学作品阅读交流、征文比赛、朗诵比赛、参观采访、社团研学实践等活动,拓宽儿童视野,丰富儿童的课余生活,在文学社实践活动中提高语文素养,培养儿童的写作兴趣。文学社以"品读经典"为主题,社团活动分低、中、高段展开,社团内容具体如下。(1)一、二年级有方法地识字、优雅地说话(①诵读绘本;②演绎绘本)。(2)三、四年级进行现当代经典儿童文学赏读,主要赏读曹文轩、沈石溪、冰心等知名作家的作品(①赏读,提高文学素养;②解析人物形象,为人物写作提供方法;③分析作品精神内核,提高文学鉴赏水平;④深入了解作者背景,对作品形成立体的认知)。(3)五、六年级进行名著品读。品读四大名著、外国名著、科幻作品。四大名著:《西游记》《三国演义》《水浒传》《红楼梦》。外国名著:高尔基"三部曲"、《简爱》《基督山伯爵》(品读名著,赏析名著中的经典人物形象,结合影视作品赏析经典篇章,结合时代背景体会名著主旨)。每学期有计划开展讲故事比赛、朗读比赛、征文比赛等活动。活动形式是每周进行两次社团课,针对不同年级的儿童,分别进行不同的课程安排,不断激发儿童学习兴趣,提高儿童文学素养,为学校创建书香校园活动增添活力。

6."牧童话剧社"

这是一个以多种表演为主的文艺类社团。社团为儿童搭建一个属于自己的舞台,提高儿童感受美、欣赏美、表现美、创造美的能力。社团活动目标在于拓宽儿童视野,在文学实践活动中全面提高语文素养,加强思想品德的建设。通过话剧社团进行一些剧目的排练,如《小兵张嘎》《英雄小八路》等,儿童将这些少年英雄立为他们心中的标杆,像他们一样追求美好的思想品德。除此之外,社团还致力于培养儿童留心观察、团结合作、勇于创新的精神。把朗诵和文学欣赏结合起来,定期开展活动,提高儿童的朗诵水平和欣赏优秀作品的能力。社团内容如下:(1)同类话剧作品赏析等艺术特色赏析;(2)肢体语言、表情与无实物表演练习;(3)话剧对白与普通话练习;(4)把握自己的表演任务,明白肢体语言的作用。社团活动形式是每周二、周三进行两次练习表演课,由负责老师带领全体社团成员进行集体赏析、表演练习,并针对每位儿童的角色进行动作、语气和表情等指导,然后进行总练习,最终呈现一个完整、精彩的表演。每学期训练普通话发音的基本功,每位儿童掌握两个故事的表演和一首诗歌朗诵,在学期末展示一个集体节目。学期结束前对每位队员进行考核与评价,对优秀队员进行奖励,在全校师生面前为每位队员提供一个展示的舞台。

7."牧童英语戏剧社"

该社团理念是中西融合,多元发展,用英语演绎多彩戏剧,让语言插上艺术的翅膀。社团目标是通过丰富多彩的社团活动,培养儿童对英语学习的兴趣,丰富儿童的课余生活。通过举办英语舞台剧等英语艺术活动为儿童提供一个练习口语和展示自我的平台,帮助儿童增强语感,营造英语学习的良好校园氛围。社团内容包括不同水平的活动。水平一:优秀英文戏剧电影赏析、舞台形态礼仪培训、一、二年级课本剧排演。水平二:英文诗歌朗诵、舞台形态礼仪培训、经典英语戏剧片段的排演。水平三:经典影视作品配音、舞台形态礼仪培训、经典戏剧编排和汇报演出。活动形式是社团每周进行三次活动,教师针对不同年级的儿童和不同年级的课程内容,组织儿童有序排练。评价方式是根据儿童每次参加社团的表现,并结合学期末进行的展示,教师进行总结性评价。

8. "牧童模联"社团

模联社团理念是让儿童感受国际文化的多样性,拓宽视野,学会用国际眼光来思考和解决问题。社团宗旨是互动学习,丰富视野。社团总目标是开拓儿童视野,引导儿童关心世界,逐步具备世界眼光,激发学习潜能,锻炼领袖才能,提高儿童解决问题的能力,让儿童受益终身。社团内容是以阐述"自己国家"的观点为出发点,以"自己国家"的利益为落脚点。儿童通过演讲、辩论、写作等形式讨论商议草案,在"联合国"的舞台上,充分发挥自己的才能。根据儿童年龄特点,模联社团活动分为两个阶段,低年级社团主要通过演讲的形式对事实或环境类问题阐述观点;高年级社团主要通过辩论、写作等形式对政治或人口类问题阐述观点。活动形式是每周两次,教师确定活动主题与内容,制定社团活动计划,填写社团活动记录表,主题活动结束后给予活动评价。具体安排:每周一、周三进行两次社团活动课,针对不同年级的儿童,分别设定不同的内容和要求,让儿童感受国际文化,初步形成大局意识与世界观。模联社团告诉我们与世界的关系,每个人都不是独立的个体,是与这个社会息息相关,紧密相连的。作为一名普通儿童,要始终保持着热忱与忠诚,走到底,不放弃。

9. "牧童辩论赛"社团

社团旨在让更多的儿童认识、了解并参与到辩论活动中,通过对社会热点问题和身边事的激烈辩论,培养儿童的逻辑思维和辩证思维,提高儿童语言表达和应变等各方面的能力。社团内容如下:(1)一、二年级的内容以个人生活、家庭生活和班级生活为主;(2)三、四年级的内容以校园生活和社会生活为主;(3)五、六年级的内容以校园生活、社会生活和国家层面为主。每周进行两次社团训练课,根据每次的辩题,分别提出不同的要求,请有经验的辩手和指导老师传授经验,交流辩论心得。"牧童辩论赛"社团按照正规比赛的规则进行,指导老师中途不给予指点,使得队员们更好地感受比赛的节奏和技巧。在比赛结束之后进行总结,指出不足,加强练习并不断改进。每场辩论都会从赛前准备、赛中辩论和赛后总结三方面进行评价。赛前准备从背景资料的掌握和搜集资料及筛选信息的能力方面进行评价。赛中辩论从语言表达、逻辑分析、推理能力、现场反应能力及知识的举一反三性和辩论技巧的掌握等方面进行评价。赛后总结从总结经验和不足,制定下一阶段的个人训练计划进行评价。

10. "牧童百科探秘"社团

该社团理念是让儿童感受科学的魅力,丰富校园生活,提高科学素养。社团宗旨是探秘科学,趣味成长。社团总目标是丰富儿童科技生活,培养儿童自主探究兴趣和动手能力,让儿童体验科学的魅力,全面提高儿童的科学素养。第一阶段:做好科普宣传活动。鼓励儿童结合教材内容,积极有效引导儿童收集最新科技发展动态。第二阶段:开展趣味小实验。通过制作和展示各种小发明、小制作,培养儿童的识图能力和各种工具的使用技巧,提高动手能力。第三阶段:项目实践——小发明。自己设计小发明并附写创意说明书。培养儿童的创新思维和意识,帮助儿童实现可行性高的一些创造。社团形式为每周一和周三的课后延时时间在科学实验室进行。社团的活动评价:(1)"牧童百科探秘"社团的作业以课堂活动中的制作成果为主。(2)将儿童分为三个阶段,分别为初级(一、二年级)、中级(三、四年级)、高级(五、六年级)。(3)各阶段从"学习态度""科技作品""参与比赛"三个部分,每个部分以"优秀""良好""及格"三个等级呈现。

11. "数学小门萨"社团

通过对教材中数学知识的开发和延伸,儿童在学习数学中感受到数学是有趣的、实用的,认识到数学与生活的密切联系,从而激发儿童对学习数学、应用数学的兴趣,提高学习数学的积极性。通过丰富的内容设置,让儿童在动手实践、深度思考中感受数学的魅力,全面提升儿童的数学素养。社团内容从实践、思考、表达、数感、计算、推理六个方面出发,分别为:一年级的"看谁搭得又稳又高、数学趣味故事分享"。二年级的"量一量,比一比、数独";三年级的"生活中的测量(数学日记)、年月日的秘密(阳历和阴历,二十四节气)";四年级的"数的产生、神奇的图形";五年级的"数与形、杨辉三角";六年级的"围棋中的数学问题、运算定律大荟萃"等。活动形式是社团课每周一次,教师自主分阶段研发教材,制定社团活动要求和管理制度并撰写社团活动记录和评价。

12. "牧童棋类"社团

该社团理念是开发儿童智力,通过开展棋类活动,丰富儿童的课余文化生活,培养儿童不骄不躁的优秀品质,发展儿童的想象力与判断力,促进儿童的全面发展。活动内容是在一、二年级开设围棋、象棋、国际象棋三门棋类课程。儿童可以从中选择喜欢的课程,每门课程每次上课人数控制在30人以内,每周二、周四下午4时至5时上课,由授课教师自主开发课程。社团评价主要参考儿童社团的参与情况、学习效果以及棋艺水平三方面的内容,每月评一次积极参与选手与优胜选手。

(二)"牧歌社团"的评价要求

为了促进社团活动规范运行,我校从社团实施前的方案、实施中的活动要求和实施后的效果与宣传等方面开展评价(详见表3-12)。

表3-12 外国语牧歌小学"牧歌社团"评价表

项目	"牧歌社团"各项评价指标	评分	评价方式
实施前	1. 社团管理体制完善,机构设置合理,制定符合儿童实际的社团建设实施方案。	5分	实地调查资料核实师生座谈活动展示
	2. 建立、健全并严格执行社团各项规章制度。	5分	
	3. 社团人数适中,规模适度,成员资料档案齐全。	5分	
实施中	1. 指导老师认真负责、重视管理。	5分	
	2. 社团要突出儿童的主体性和创造性,让儿童在社团活动中自治自理、健康发展。	5分	
	3. 社团活动空间固定,环境良好,有相应的文化建设。	5分	
	4. 定期开展社团活动,组织有序、记录完整。	5分	
	5. 社团活动内容丰富,形式多样,体现实践性和综合性,有利于培养和锻炼儿童多方面的素质,体现校园文化精神。	5分	
实施后	1. 社团成员或集体活动成果显著,核心素养得到提升发展。	5分	
	2. 活动取得良好教育效果,在儿童中有一定的影响。	5分	
	3. 进行经验的梳理和活动宣传,扩大影响力。	5分	

四、激活"牧歌节日",浓郁学校课程氛围

我校为了体现外语特色,激发儿童参与兴趣,丰富儿童的经历和情感,提升儿童的文化艺术修养,努力开发契合儿童个性发展的语言与表达、科学与思维、运动与健康、艺术与审美、劳动与创造类的节日课程。

（一）"牧歌节日"的课程设计

"牧歌节日"课程包含传统节日、现代节日和校园节日三类课程,并将传统节日、现代节日课程设置在"牧尚课程"之中。在"校园节日"课程中,我校设计了"英语戏剧节""牧童爱读书节""慧美数学节""走近科学科技节""牧童艺术节""牧童体育节""嘉穗丰收节"。

1. "英语戏剧节"

为了给儿童提供优质的展示平台,不断丰盈办学特色与追求,我校举行以"英语戏剧节"为主题的牧歌节日活动。通过英语艺术节活动,培养儿童的英语艺术修养,营造良好的校园文化氛围,促进儿童的全面自主发展,为每一个生命的启航与成长奠定基础,课程设计如下。第一阶段进行英语话剧欣赏课程。儿童通过欣赏著名的英语话剧以及聆听教师的讲解,了解话剧表演形式,提高审美情趣,激发表演兴趣,增强舞台表演力。第二阶段进行班级小组话剧展演:(1)以小组为单位,自行组合并选择排演的话剧,做前期准备。(2)自行进行话剧排练,教师进行相应的辅导。(3)按小组进行话剧展演汇报。(4)对参与表演的儿童进行表扬并代表班级进行年级汇演。第三阶段进行年级艺术节目展演以及颁奖典礼,各年级评选出优秀节目进行展演。展演形式为:(1)节目时长 5 至 10 分钟,内容为英文戏剧,充分发挥和调动家长的积极性。(2)一至六年级分上下场进行展演。(3)对优秀的英语话剧以及优秀的演员颁奖表扬,并鼓励大家继续坚持话剧学习。根据课程设计,将从内容及形式、表演状态、表演效果、连贯性和形象气质五方面分别进行评价。

2. "牧童爱读书节"

为了增强儿童好读书、读好书的积极性,激发儿童读书的兴趣,让每一位儿童都亲近书本,喜爱读书,学会读书,也为了展示牧歌儿童的阅读成果,从而促进儿童个性的和谐发展,学校将分年级举办一至六年级"牧童爱读书节"活动,课程设计如下。第一阶段进行活动准备。(1)召开全体语文教师会,通知活动内容,鼓励

全体语文教师和儿童积极参与活动。(2)通知家长与儿童提交分享的书名,积极准备分享材料,可以通过分享精彩故事、阅读方法、阅读感悟等形式,将自己喜欢的书目推荐给其他同学,分享时间控制在 3 分钟左右。教师提前准备儿童分享的书目的问题设计。(3)各年级利用两周时间举行班级"牧童爱读书节"海选活动,通过海选评选出部分优秀的儿童参加学校的读书分享活动。(4)各年级教研组长做好评委、记分员、道具等年级人员分工工作,提前购买活动需要的奖品和互动小礼品。第二阶段进行活动展示。(1)年级活动展示,参与"牧童爱读书节"活动的选手按次序一一进行推荐分享。(2)由教师和家长代表组成的评委老师根据儿童的表现进行打分,最终评选出一等奖、二等奖和优秀奖,为他们颁发奖状和奖品。第三阶段进行活动整理。各年级整理活动视频、照片等相关资料,做好活动总结。"牧童爱读书节"根据课程设计,将从演讲内容、语言表达、表情仪态和整体效果等四方面分别进行评价。

3. "慧美数学节"

为了弘扬数学文化,激发儿童爱数学、学数学的兴趣,让儿童感受到生活中处处有数学,学会用数学的眼光去关心社会,去获取和发现新的知识,培养儿童观察、空间想象、动手操作能力及无限的创造能力,开创了"慧美节日"。每年于五月中旬和九月下旬各举办一次为期一天的数学活动。通过该活动,希望儿童与数学为伍,以兴趣为伴,启迪智慧人生。活动内容包括两个方面的系列活动。活动类型一:"跳蚤市场""我是神算手""数独擂台赛";活动类型二:"我心中的数学""小小数学家"。活动类型一:第一阶段为活动准备阶段,由各年级根据自己年级特点自行选择活动主题,并制定具体的活动方案。结合活动方案与活动主题选择进行教师分工,明确活动任务到人,修改并形成规范的活动方案。第二阶段为活动开展阶段,以班级为单位,年级为主题,严格按照制定好的活动方案开展活动。第三阶段为活动总结交流阶段,各年级结合活动效果,明确评价标准,设置评价奖项并报给学科负责人,由学校统一进行颁发奖状。教师结合活动开展情况,以同一活动主题为单位进行经验交流分享,为进一步提升活动品质指明方向。活动类型二:中低年级开展"我心中的数学"主题活动,高年级开展"小小数学家"主题活动。第一阶段为召开年级教研组长会,明确活动主题,制定活动方案。第二阶段为中低年级分别收集不同类型的作品,先在班级内进行展评,每个班级评选出 10 份不同的作品。再根据不同的作品类型进行分类,以微信公众号投票和校园展板的形式进行展出。最终,根据得票情况评选出一等奖、二等奖和优秀奖。高年级第一阶段先在班级内开展比赛,同一年级,相同主题,相同问题。每个班级评选出 5 名代表,参加学校内决赛。

4.“走近科学科技节”

为了提高儿童的科学素养,激发儿童对科学知识的兴趣,培养儿童的创造性思维,也为了丰富儿童的课余生活,让儿童在活动中增长知识、提高素质的同时,为儿童提供一个相互交流和同台竞技的机会。学校将分年级举办一至六年级“走近科学”活动,课程设计如下。第一阶段进行活动准备。(1)召开全体科学教师会,通知活动内容,鼓励全体儿童积极参与活动。(2)通知家长与儿童,提交分享的书籍或期刊,积极准备分享材料,将自己喜欢的书籍或期刊分享给其他儿童,分享时间控制在 6 分钟左右,老师提前阅读儿童推荐的书籍并提出重点问题。第二阶段进行初选。(1)各年级提前举行班级“走近科学科技节”活动并选出优秀的儿童参加学校的展示活动。(2)各年级科学老师结合本年级科任老师做好评委、记分员、道具等年级人员分工工作,提前购买活动需要的奖品和互动小礼品。第三阶段进行比赛。各年级按照活动安排的时间进行活动展示。评委组将按照演讲内容、答疑情况、表情仪态和整体效果等四方面分别进行评价,依据总体得分的高低,每个年级评定出特等奖、一等奖、二等奖和三等奖并对获奖儿童颁发证书,并给予奖励。第四阶段为活动整理阶段。各年级整理活动视频、照片等相关资料,做好活动总结。

5.“牧童艺术节”

学校坚持根植中华优秀传统文化深厚土壤,坚持以美育人、以美化人,引导儿童树立正确的审美观念,陶冶高尚的审美情操,丰富儿童艺术文化生活,培养艺术素养,展示学校艺术教育成果,形成全校性的艺术氛围,提高校园艺术教育品质。由学校教导处牵头,音乐和美术教研组具体实施。活动一:“童心绘画节”。定期举办艺术展览活动,利用校园宣传栏定期展示优秀儿童作品,丰富儿童的文化生活,促进校园文化交流,为儿童施展自我才能提供艺术平台。如:美术社团作品展、六一文化艺术节、教师美术作品展、班级校园文化艺术大比拼等。学校结合主题活动,组织儿童收集废旧物,设计制作科技方面的手工艺品,创作环保主题绘画,并对优秀的作品给予奖励。培养儿童勤俭节约和保护环境的良好品质,提高儿童科技创新水平,激发儿童的创作热情和对绘画的积极性。第一阶段进行活动准备。(1)召开全体美术教师会,通知活动主题,指定活动方案,面向全体儿童,鼓励积极参与活动。(2)通知各社团及各班级,根据主题积极准备,鼓励儿童通过不同形式来展现,鼓励从不同社团形式、不同专业方向进行创作,展现出儿童内心的积极和阳光。教师进行专业辅导,力求作品更加精美。(3)各年级美术教师利用一周时间收集作品,进行艺术节海选活动,通过海选,选出优秀作品,美术教师集中进行再次精选,评选出最精美的作品进行集中装裱,其余优秀作品由教师分类进行简单装裱。(4)提前购买活动所需布展材料,设计布展场地。第二阶段进行活动展示。(1)分校区进行活动展示,参与活动的作品按不同专业和形式划分展区。(2)各班级组织儿童有序参观。(3)展示期间做好作品保护工作。第三阶段进行活动整理。美术教师分工整理活动视频、照片及相关资料,做好活动总结,并有序进行撤展。活动二:"童艺音乐节"。第一阶段进行活动准备。音乐老师和儿童双向选择,开始筹备节目和排练节目。第二阶段进行活动展示。以舞蹈、合唱、歌舞剧等形式呈现。让儿童在实践中体验和感悟,提升艺术素质。第三阶段进行活动整理。各年级整理活动视频、照片等相关资料,做好活动总结。

6."牧童体育节"

为增强体质,展现全体师生精神面貌,不断提高全校师生的体育意识和参与意识,发掘和培养体育后备人才。结合《儿童体质健康标准》的测试及数据上报工作,学校每年组织举办一次"牧童爱运动"体育活动。以班级为单位进行报名,参赛项目丰富多彩。在测试每个儿童体质健康成绩的同时,让每一个有专长的儿童来展示自己的风采,让每个人都能感受到运动的快乐,活动设计如下。第一阶段进行活动准备。(1)确定活动时间,体育组编排活动方案,召开全体教师会议,通知活动内容,安排人员分工。(2)进入前期项目报名阶段,比赛项目包括50米跑、仰卧起坐、坐位体前屈等内容,鼓励班级儿童积极参与活动,展现自我风采。(3)统计报名情况,进行方案细化,编排秩序册。(4)为活动进行安全、后勤等保障,以保证活动顺利进行。第二阶段进行活动展示。(1)进行开幕式活动,以班为集体进行展示表演,展现班级风采,发扬集体主义精神。(2)根据比赛成绩进行评奖,个人比赛取得前6名,团体成绩进行积分制,根据个人成绩名次累积,最终评选出一等奖、二等奖和优秀奖,颁发奖状和奖品。第三阶段进行活动整理。整理活动视频、照片等相关资料,做好活动总结。

7."嘉穗丰收节"

为了让每一位儿童感受到劳动是一切幸福的源泉,调动每一位儿童的积极性、主动性、创造性,牢固树立每一位儿童劳动最光荣、劳动最崇高、劳动最伟大、劳动最美丽的观念,学校每年九月底分年级举办"嘉穗丰收节",将"劳动最光荣"的思想转化到每一位儿童的实际行动中,培养儿童积极劳动的兴趣,养成爱劳动的好习惯,课程设计如下。第一阶段为活动准备阶段。(1)召开全体班主任会议,确定各年级活动主题,鼓励全体老师和儿童积极参与活动。(2)各年级制定活动方案。(3)通知家长与儿童,积极准备丰收节活动,同年级教师提前布置场地,组织各年级儿童有序参加,并组织儿童评选出相应奖项。(4)各年级班主任教师合理分工,做好评委、记分员、道具员等工作。(5)提前购买活动需要的奖品和互动小礼品。第二阶段为活动展示阶段。分年级参与"嘉穗丰收节"活动,根据不同的内容进行分享展示。由教师和儿童组成的评委根据儿童的表现进行打分,最终根据不同的活动内容评选不同的活动奖项,并在活动结束后为他们颁发奖状和奖品。第三阶段为活动整理阶段。各年级整理活动视频、照片等相关资料,做好活动总结。"嘉穗丰收节"根据课程设计,让儿童感受到美好的生活是由辛勤劳动创造出来的,我们的学习和生活都离不开劳动。美好的生活要从我做起,从现在做起,从小事做起,用自己的劳动去创造更多的神奇、更多的美好。

（二）"牧歌节日"的课程评价

为了促进节日课程的规范实施,学校从节日课程实施前的方案、实施中的活动要求和实施后的效果与宣传等方面开展评价(详见表3-13)。

表3-13 外国语牧歌小学"牧歌节日"评价表

项目	"牧歌节日"各项评价指标	评分	评价方式
实施前	1. 制定符合儿童实际的节日课程建设实施方案,节日课程管理体制完善,机构设置合理。	8分	实地调查 资料核实 师生座谈 活动展示
	2. 建立、健全并严格执行节日课程各项规章制度。	8分	
	3. 活动人数适中,规模适度。	8分	

项目	"牧歌节日"各项评价指标	评分	评价方式
实施中	1. 指导老师认真负责、重视管理。	10分	
	2. 节日课程要突出儿童的主体性和创造性,让儿童在活动中个性彰显,健康发展。	10分	
	3. 节日活动空间环境不固定,根据节日课程内容设计,将室内外活动空间相结合,并有特殊情况时需要紧急疏散的安全预案。	10分	
	4. 节日活动组织有序。	10分	
	5. 节日活动内容丰富,形式多样,体现实践性和综合性,有利于培养和锻炼儿童多方面的素质,体现校园文化精神。	10分	
实施后	1. 节日活动成果显著,核心素养得到提升发展。	9分	
	2. 节日活动取得良好教育效果,受到儿童的欢迎。	9分	
	3. 进行节日课程经验的梳理和活动宣传,扩大影响力。	8分	

五、落实"牧歌探究",活跃课程实施方式

"牧歌探究"学习活动在于让儿童保持独立的持续探究的兴趣,获得参与研究、社会实践与服务学习的体验,提升儿童发现问题、提出问题和分析与解决问题的能力。

（一）"牧歌探究"的课程设计

组织形式。"牧歌探究"以课题小组合作研究为基本组织和实施形式。每组一般由同一班内的 6 至 10 人组成,原则上每班不超过 10 个课题,一名教师指导课题小组数不超过 3 个。课题组内要进行课题分工和角色分工,即每个成员都要承担一部分相对独立的课题工作,每个成员都要承担一个角色,并真正参与课题研究。如组长、协调员、资源管理员、信息技术员等,既各展所长,又密切配合,以保证课题研究顺利开展。

时间安排。"牧歌探究"学习活动时间基本安排在暑假期间,建议由家长协助,在教师的指导下进行集中活动。

内容选择。(1)学科内容与应用类。主要是进行学科内的拓展与跨学科的综合应用方面的探索,如六年级学习《百分数》之后进行相关的应用研究,四年级学

习《一个豆荚里的五粒豆》后开展劳动教育活动,在学校楼顶农场种植豌豆,研究文章中的豆荚与自己亲自种出来的豆荚是不是一样等。(2)自然环境类。主要是从人与自然的关系角度提出的课题,如环境保护、生态建设、能源利用、农作物改良、动物保护和天文研究等方面与个人生活背景相关的课题。(3)社会生活类。主要是从研究人与社会的关系角度提出的课题,如学校规章制度研究、社会关系研究、社区管理、社团活动、人口研究、城市规划、交通建设等与个人生活背景相关的课题。(4)历史文化类。主要是从研究历史与人的发展角度提出的课题,如乡土文化与民俗文化研究、历史遗迹研究、城市变迁研究、名人思想与文化研究和校园文化研究等与个人生活背景相关的课题。

实施步骤。"牧歌探究"学习活动的实施一般可以分为六个阶段。(1)培训指导阶段。就如何进行研究性学习进行培训,为儿童提供研究性学习的方法论指导和必要的技术指导。(2)选择课题阶段。在教师指导下,从自然、社会和儿童自身生活中自主选择和确定研究课题。研究性学习的课题必须是儿童的、生活的、可研究的。提倡课题的综合性、社会性、探究性、开放性、独特性,强调课题的需求性、创造性、科学性、可行性。(3)制定计划阶段。要填写课题实施方案表格,内容包括:课题名称、课题背景说明、课题意义与价值、小组成员及分工、指导教师、研究目的与计划、活动步骤和预期成果等,指导教师要帮助儿童分析、确定研究计划。(4)研究实施阶段。根据研究计划,研究学习小组成员各司其职,通过图书馆查询、网络搜索、参观访问、问卷调查、实验记录等多种途径和渠道广泛搜集资料,指导教师要提醒儿童做好文字记录、拍照、摄像、录音和资料下载等工作。(5)整理总结阶段。对搜集到的各种资料,研究小组要进行讨论和分析,各成员都要表达自己对问题的认识与理解,然后对资料进行整理,如发现还缺少材料,要继续补充搜集。(6)展示评价阶段。学校提供平台,让儿童通过研究论文、调查报告、实验报告、模型制作和主题演讲等形式展示自己的研究成果。教师组织儿童通过多种方式反思自己的研究历程,与儿童共同评价研究活动。

(二)"牧歌探究"的评价要求

"牧歌探究"学习活动的总评是对儿童参与研究性学习活动情况与结果的评价活动,综合考虑研究性学习课程修习的情况进行测评,确定等第。研究性学习活动总评注重知识与技能、过程与方法、情感态度与价值观等方面的全面评价。

在研究性学习的开题环节,评价儿童发现问题、提出问题及设想的意识和能力。在研究性学习的中期环节,检查研究计划的实施情况。在研究性学习的结题环节,对儿童参与学习的态度、体验情况、研究方法、技能掌握、创新精神、实践能力发展和学习结果等七个方面进行评价。研究性学习评价整合学习的过程与结果,让儿童在理解知识的同时获得能力,有助于儿童个人成长与团队协作能力的发展,提升儿童的表现力。在评价过程中要求多主体参加、自评与他评相结合,多内容考察、知识与能力并重、实现全过程评价(详见表3-14)。

表3-14　外国语牧歌小学"牧歌探究"课程评价表

评价维度	评价说明	分值
科学性 30分	1. 包括选题的合理性和成果的科学性。选题应切合儿童实际,符合儿童认知规律,要体现"用知识解决问题、在解决问题的过程中学知识"的基本理念。 2. 主题研究,其分析问题遵循认识论规律,所得结论经得起推敲和验证,结果或结论科学严谨。 3. 项目设计,其技术方案合理,研究方法正确,科学理论可靠,成果具有科学技术意义。	
真实性 20分	1. 研究性学习的整个过程,必须由参评儿童亲自完成。 2. 对于主题研究的主要论点和论据必须是由参评儿童通过观察、考察、实验等实践手段亲自获得,严禁弄虚作假。 3. 对于研究设计,作品中的创造性贡献必须是由参评儿童构思完成的。	
合作性 20分	1. 必须体现团队良好的合作精神。研究性学习的整个过程,小组的每个成员能积极承担完成共同任务中的个人责任,有积极的相互支持与配合的精神,有对于完成个人任务的基础上进行小组加工的技能。 2. 要体现教师在整个过程中的指导作用。组建团队确定成员角色、分工,严守标准并积极参与,关注研究性学习进展并及时解决过程中的问题。	
先进性 15分	1. 对课题研究而言,该项研究课题及论文的选题有创意,研究结论有科学价值,学术水平具有先进性。 2. 对项目设计,指作品的发明或创新技术在申报日以前没有同样的成果公开发表过、使用过,并且同以前已有的技术相比,有显著的进步。	
实用性 15分	1. 采用多种形式呈现各阶段成果。	
总分 100分		

六、设计"牧歌有约",落实周末亲子课程

"牧歌有约"课程源于我校 2020 年 2 月新冠肺炎疫情期间的线上教学时期,以学校开发的微型课程的形式呈现,设计之初以"疫情"为题材,突出在国家危难时刻,涌现出的挽救国家于水火的科学家、医务工作者、解放军和各行各业有责任有担当的人物形象。作为教育工作者的我们有责任、有义务以这次疫情为教育契机引导儿童从小树立正确的人生观、世界观和价值观,重树偶像,让时代英雄作为偶像走进儿童心中。"牧歌有约"课程设计紧跟时代,在设计之初目的是让儿童"爱家国,知感恩"。在实施过程中受到儿童的喜爱,家长的好评和较多的社会关注,提升了知名度。为此,学校延续开发了更多类别的内容,至今已有 90 期课程,未来仍将继续。

(一)"牧歌有约"的课程设计

开发课程。(1)学校教师团队专门开发了"牧歌有约"课程,并依据儿童的年龄段特点推出了"亲子课堂(低年级)""周末有约(高年级)"两个版本。(2)把国内外有影响力的、在某个领域有极高造诣的、为推动社会发展进步做出突出贡献的人物、行业和团体等等,作为素材推荐给儿童。(3)开发时事话题类课程,给儿童打开一扇认识世界的门。(4)设计"老家河南"系列"线上学习+实地游学"主题。

课程目标。通过儿童自主学习、自主探究、交流合作的学习方式,学校丰富儿童的学习场域、学习形式,拓展学习时长,将"牧歌有约"课程打造成为一个开放、自主、多元的学习平台,以此丰富儿童生活、张扬儿童个性,提升儿童学习能力,帮助儿童树立正确三观,最终实现立德树人的根本任务。

活动形式。(1)每周周五下午,班主任老师在少先队活动课上介绍本周的"牧歌有约"课程。同时在学校公众号平台中发布"牧歌有约"的两个版本。把课程安排在周末,确保儿童有足够的时间去研究、思考。(2)不同年级段的儿童查看本年级段的版本,利用周末时间自主完成或邀请家长共同完成。既可以在学校公众号中查看导语、视频,思考问题,还可以通过上网或到图书馆以及实地考察的形式搜集资料进行学习。

作业提交。(1)儿童通过学习文字和视频材料,呈现出的作业以思维导图、文字资料、PPT 和路演视频(讲解视频)为主。一至三年级作品,儿童在作品左下角写清班级姓名,用彩色框框着;四至六年级作品,儿童在作品右下角写清班级姓

名,用彩色框框着;高年级班主任老师鼓励儿童以文字叙述为主。(2)上交时间为周日晚上。(3)上交方式以儿童作品的照片、视频为主。学校保存一部分优秀作品的纸质稿,为展示小牧童们丰富的课程学习成果做准备。

（二）"牧歌有约"的课程评价

"牧歌有约"课程面向全体儿童,其目的是通过人物类、团体类、科技类、自然类等主题内容的爱家国教育,让儿童从英雄人物身上学到一些治学、做人、做事的优秀品质的同时,也能通过自主学习、探究,对某一问题或某一领域有进一步的探索。评价的实施以班主任老师的正向积极引导为主,通过这样的学习方式,让不同的儿童有不同的兴趣点、不同的研究目标、不同的收获和不同的追求。"牧歌有约"的内容是多元的,要求教师在保护儿童个性化思考的同时,实现评价多元化。这是评价的主要内容,学校以此评价班级完成情况。"牧歌有约"以评价促课程发展,我们采用三级评价的方式推进课程的有效实施。

班级评价。班主任老师利用班级群和钉钉群对班级儿童完成情况进行评价,组建学习小组进行深度引领,可以制作班级作品的视频合集。

分年级段评价。在班级评价的基础上,学校分"一二三年级段""四五六年级段"版本,对"亲子课堂(低年级)""周末有约(高年级)"两个版本的完成情况进行评价,利用学校公众号进行作业集中反馈,并展示优秀作业进行分享。

校级评价。期末对积极参加且作品效果显著的教师和儿童进行表彰,最终择优整理,印制成册。

七、推行"牧歌之旅",落实研学旅行课程

"牧歌之旅"研学旅行课程,"以立德树人为育人目标,以培养儿童综合实践能力和创新能力为核心,以儿童发展为本,全面提升儿童综合素质。研学旅行对提高儿童科学素养,促进儿童全面发展有极其重要的作用。""学校要以研学旅行校本课程开设为契机,丰富校园文化活动,提高儿童的学习生活质量,使其适应社会可持续发展的需要,最终培养符合时代要求的高素质人才,助推人与自然及社会的和谐发展。"

（一）"牧歌之旅"的课程设计与实施

"牧歌之旅"课程,按照以下"两个结合"进行设计。

结合"亲子课堂""周末有约"推进"牧歌之旅"研学课程。从每个年级的儿童特点入手，提前对各年级儿童的特点进行调研，制定适合各年级研学的课程内容。课程中，将一至六年级的儿童分为低段和高段，即分别对应"亲子课堂"校本课程和"周末有约"校本课程。目前，该校本课程正在开设"老家河南"线上研学之旅，学校每周末都带领儿童走近家乡的一个城市，并通过设计不同的问题引领儿童增进对家乡的了解。在后续学习中，"牧歌之旅"研学课程还会继续带领儿童了解丝绸之路沿线城市，其他省的特色城市，祖国的山、河、湖泊，七大洲的国家和城市等。

结合我校周边资源推进"牧歌之旅"研学课程。依据不同学段儿童的年龄特点以及各学科教学内容的需要，学校开展了"走进公园玩一玩""走进动物园看一看""走进企业单位见一见""走进博物馆想一想""走进党史馆学一学""走进纪念馆念一念"等不同主题的旅行研学课程(详见表3-15)。

表3-15 外国语牧歌小学"牧歌之旅"课程设置及活动实施表

年级	主题	地点	活动板块设计
一	走进公园玩一玩	郑州市人民公园	准备出游时需要的物品；探秘园内不同的景色；画出看到的美景。
二	走进动物园看一看	郑州市动物园	了解常见动物的特征和生活习惯；思考问题：你看到了什么动物？能把它们分分类吗？说出你的分类标准；以填空的形式完成观察日记。
三	走进企业单位见一见	郑州市宇通公司、自来水公司、可口可乐公司、特警警营等	了解该单位的是做什么的；最让你惊叹地方的是什么；分享自己参观体验过程中的所思所感所想。
四	走进博物馆想一想	河南省地质博物馆	了解河南省地质博物馆的位置，找出合理的出行方式并做出预算；记录自己所参观的展厅，说出自己最喜欢它的理由；分享自己参观体验过程中的所思所感所想。
五	走进党史馆学一学	管城区党史馆	了解党的历史；了解最让你感动的人物或事迹；完成一份红领巾心向党的手抄报。
六	走进纪念馆念一念	二七纪念馆	了解二七历史；找出参观的出行方式，计算不同的方式所需要的费用；将最感动你的人物和事迹写出来。

研学旅行的根本目的是让儿童接触社会和自然,在体验中学习和锻炼,培养儿童刻苦钻研、自理自立、互勉互助、艰苦朴素、吃苦耐劳等优秀品质和精神。学校组织研学旅行前,召开家长委员会议,充分研究活动方案,公布活动详细计划及收费标准,由儿童自愿报名参加并且由学校和家长签订自愿报名参加协议,费用收取和支出公开、透明。

（二）"牧歌之旅"的课程评价

明确儿童研学旅行成绩的评定,其中涉及评定方式、记分方式、成绩来源等内容。儿童评价主要是发展性评价:一看儿童在研学过程中的表现,如情感态度、价值观、积极性、参与状况等,可分等级记录在案,作为"牧歌好少年"评比条件;二看儿童学习的成果,儿童成果可通过实践操作、作品鉴定、竞赛评比、演出展示等方式呈现,优秀者记入儿童成长记录袋中(详见表3-16)。

表3-16 外国语牧歌小学"牧歌之旅"课程评价表

评价项目	评 价 标 准	分值	得分
主题鲜明	主题简洁凝练、表述具体、特色鲜明,有针对性和目的性,能呈现研学资源主要特点,突出体现中小学研学实践活动课程的核心价值。	15分	
对象精准	课程实施对象明确,课程实施人数范围指向特定学段,如低年级、中年级、高年级,符合研学对象的心理特征和认知水平。	15分	
目标明确	课程目标应契合主题、具体明确、切合实际,列出通过研学实践和课程实施所要达到的育人效果,明确四个核心目标:知识目标,能力目标,情感、态度价值观目标,核心素养目标。	20分	
内容详实	要设计出育人价值明确、内容丰富、清晰充实的课程,课程内容可用流程图或思维导图呈现。同时,要明确课程组织实施的路径、方法等。	20分	
安全保障	安全方案与应急预案制定合理;处理突发事件及时,师生安全有保障。	15分	
活动总结	通过公众号信息发布、书写感受、班会交流等形式对研学效果进行总结。	15分	
合计得分			

八、激活"牧歌校园",打造环境隐性课程

管城回族区外国语牧歌小学校园环境优雅,"绿化、净化、美化、硬化"措施到位,布局合理;教学区、办公区、活动区等各区分明;教育信息化基础设施、电教设备齐全;实验室、仪器室、图书阅览室、多功能报告厅等教学设施、设备完善。以上这些为全面推进义务教育均衡发展,促进区域内教育资源均衡提供了良好保障。此外,学校在教学楼大厅设计了校训石、办学理念彩虹墙等。

(一)"牧歌校园"的建设要求

学校以养成教育为主线,以一切的校园设施为儿童服务为宗旨,发挥"环境是最好的教育者"的功能,营造有益于儿童身心健康发展的教育氛围,培养儿童的审美能力、想象力和创造精神。在学校环境文化方面,力求让学校更优美、更和谐、更具有人性化,让学校每一面墙、每一块绿地都成为儿童自我教育、展示风采的最佳场所,以实现"良好环境与人的互利共生"为目的,让校园成为儿童身心舒展的地方。"牧歌校园"建设主要包含以下几方面:

学校文化长廊。在原"绿色"长廊的基础上,学校进一步打造以"外语特色""牧歌学科""牧歌社团""牧歌节日"等为主要内容的"文化"长廊。

绿地建设和文化石布置。针对我校占地面积大、空间广阔的现状和特点,学校进一步扩大绿化、硬化面积,实行区域化管理。

校报校刊的创建。校刊校报是校园文化的重要组成部分,儿童通过此平台,以我手写我心,不仅能很好地展示自我,而且还能带动其他儿童的听、说、看、读、思、写的热情,大大推进校园文化建设,大大促进语文教学,形成"人人竞相为文"的好风气。

校园铃声的设置。为了营造一个自然诗意的氛围,我校采用音乐铃声,让儿童以舒服自在的状态沉浸在每一个课程活动中。

教室文化。为了让幽雅的、健康的教室文化在潜移默化中影响儿童个性的培养,心理素质的锻炼,道德习惯的形成,知识才能的增长,促进师生关系的民主、融洽、和谐,让儿童的生命在充满温馨气息的教室里更加灿烂,需要做到:(1)主题鲜明。设有班名、班徽,主题内容思想健康,体现以儿童为主体的设计理念。(2)整体配置。整洁美观、和谐统一,符合儿童年龄特征,彰显班级建设理念,切合学校工作要求。设有"图书角""荣誉角""卫生角""展示栏"等,黑板报定期更新。

（3）颜色搭配。色彩运用协调,注重儿童性和趣味性。(4)体现"洁"——教室洁净。无卫生死角,桌椅、讲台、门窗、地面等干净无灰尘,窗户玻璃透明干净,墙壁洁白、无人为的污点,靠近本班教室的走廊及包干区无垃圾。(5)体现"齐"——教室摆放物品整齐有序。桌椅横、竖成直线,儿童书包、文具摆放位置统一,卫生工具不脏、乱,作业本、教具、图书、报刊等都摆放整齐,有固定位置,遇到雨天时雨具摆放整齐。(6)体现"美"——教室布置美观、有本班特色。能集中体现出本班的班级风貌、特色和追求的目标等。

（二）"牧歌校园"的评价要求

我们根据"牧歌校园"环境课程的意涵,结合"牧歌最美班级"的评比活动,设计以下课程评价表(详见表3-17)。

表3-17　外国语牧歌小学"牧歌最美教室"校园隐性课程评价表

评价内容	评 价 标 准	分值	得分
环境布置	1. 主题鲜明,突出学校文化内涵,陶冶师生情操。	15分	
	2. 板报各栏目(版块)内容更新及时,内容丰富,有时代感。	15分	
	3. 地面干净整洁,无卫生死角。	10分	
	4. 文字内容无错别字。	10分	
活动开展	1. 活动主题突出,活动形式新颖,活动效果好。	15分	
	2. 教师组织有序,儿童积极性高。	15分	
	3. 与学科教学、班队会活动有机整合,每月至少开展一次主题活动。	10分	
	4. 每学期的展示时,儿童解说流利,体现廊道(围墙、班级)特色。	10分	
合计得分			

九、丰富"牧歌服务",创新课后延时模式

课后延时服务是学校在完成正常的教育教学任务之外,针对有需求的学生和家长,由所在学校提供的托管性、拓展性的服务活动。课后服务不仅有利于解决家长按时接送子女难的问题,更有利于解决家长辅导学生作业难的问题。为确保我校课后延时服务工作的高效性和可行性,从"办好人民满意"的学校高度出发,

我校全体教师在校领导的精心组织下,教师主动担当,创新课后服务模式,丰富课后服务内容。

（一）基本原则

(1)坚持公益惠民原则。学校的教育资源无偿提供给学生课后服务使用,教师完成正常教学任务后主动承担课后服务。(2)坚持自愿原则。学校主动向家长告知课后延时服务的方式、内容、安全保障措施等,由学生和家长自愿选择是否参加课后服务。(3)坚持规范管理原则。学校确保课后服务工作科学、规范、安全、有序、有效开展。不得把课后服务变成集体教学或补课,不得在课后服务期间上新课。

（二）组织实施

教育部规定,课后服务时间为学生节假日除外的在校学习日,每周按照五天核算,每天课后延时服务不低于两小时。全校学生自愿申请参加学科课后延时服务,每周5天。各学科教师每周参与不少于2天的延时服务,每天"3+X"。把每天服务的两小时分为两个时段完成,下午放学后服务一个小时学科作业辅导(一、二年级除外),剩余一个小时由该班语数英任课教师根据低中高学段分别选取合适的与各学科相关的活动课,简称"3+X","3"是作业辅导、牧童乐跑和社团活动,"X"是阅读、劳动或综合实践活动等。

阅读。根据学生的兴趣爱好和年龄特点,低年级开展绘本阅读、有声阅读、我与童话有约;中年级开展趣味故事会、听名著故事、我与神话(历史)人物有约;高年级开展阅读指导、趣味故事会、古诗词吟诵、我与名人有约等阅读活动。阅读以独特的魅力深深地吸引着每一位学生。(1)培养学生阅读兴趣,使学生想读。让爱读书的学生从个人亲身经历谈起,面向全班同学谈谈自己爱上读书的原因以及书带给他的意义,让学生认识到书籍的巨大力量,懂得每一本书都给我们打开了一扇窗户。(2)教给学生阅读方法,让学生会读。利用插图对所读内容会有深入的理解,留有时间去思考,同时让孩子展开想象的翅膀,从各方面全面提高孩子的综合语文素养。结合读书内容开展有趣的辩论会,在阅读的基础上巩固阅读成果,培养学生的口语交际能力。(3)学生收获阅读的意义,让学生分享。小学生都喜欢参加各种各样的活动,因此创造生动活泼、形式多样的活动能使学生享受到阅读的乐趣,感受到阅读的重要性。结合所读的内容编排情景剧,学生自编自导自演,不仅提高了他们的阅读能力、审美能力、表演能力,还提高了他们与他人的合作能力。

"牧童乐跑"。为落实"双减"政策,充实学生延时服务的内容,我校开展了"牧童乐跑"的精品课程。"牧童乐跑"是在学生延时的第一个课时进行,各年级一周进行两次。各班级在操场、环校路指定位置集合成方队,踏着跑步音乐,在体育老师的指挥下喊着响亮口号,迈着整齐的步伐,进行的有组织、有秩序、有节奏的30分钟的跑步和慢走。"牧童乐跑"不仅仅是一种体育锻炼活动,它更是一项提升校园精神文化的德育励志活动,引导学生在跑操中跑出雄心壮志,跑出生命的激情,跑出人生的斗志,跑出养正少年的健力美与精气神。"牧童乐跑"培养了学生的集体荣誉感,增强了班级凝聚力,还极大地提高了学生的跑操水平,有力推动了我校阳光体育运动的发展。

我校的"牧歌教育"将继续全面贯彻党的教育方针,坚持以儿童发展为本,深入实施素质教育,充分利用各类课程资源,优化课程结构,全面体现办学理念的特色教育体系。我们将秉承"牧歌教育"的教育哲学,立志实现"每一个牧童的诗意成长",并将这一课程理念融入我校课程建设的方方面面。"牧歌教育"的理念已经生根,"牧歌式课程"的序幕已经拉开,我们坚信,教育让牧童找寻到属于自己的生长点;我们坚信,让儿童回到自由自在的精神领域是教育最美的姿态;我们更加坚信,牧歌的每一个生命都能自然生长。在"牧歌教育"的理念下,一批批"爱家国,善辨识,健身心,会探索,乐生活"的"牧歌少年"正在茁壮成长!

(撰稿人:冯利英　刘方　陈琪　李庆平　杨志英　曹茹)

第四章
把一切事物教给一切人的普遍的艺术

  课程是"把一切事物教给一切人的普遍的艺术",因此美学取向的课程体系是广博全面而融合的。课程为儿童打开了一扇又一扇观察世界、体现生活、理解他人的窗户,让儿童最大限度地感受社会科技的文明成果,通过拓展儿童知识的广度来提升其内在涵养,为后续的学习奠定坚实的基础。同时集成的课程内容也赋予了儿童文化选择的权利,让儿童根据自己的兴趣来选择课程内容,拥有对自己未来的发展做出规划的机会,发展自我的独创性,做到通材达识。

向日葵课程：
让每一个孩子沐浴在七彩阳光之中

    郑州市管城回族区阳光实验小学前身为南曹乡尚庄小学，学校始建于1949年。随着社会经济的飞速发展，城市化进程的快速推进，尚庄村进行城中村改造，2011年校园整体拆除，同时在中州大道郑尉路阳光城住宅小区配套建设一所高起点、高规格的校园。2014年8月，学校整体回迁新校园，正式更名为"管城回族区阳光实验小学"。新校园占地面积15 000.56平方米，规划合理，环境优雅。学校现有40个教学班级，在校学生2 192人，教师117人。其中，省级骨干教师4人，市级骨干教师4人，区级名师2人，区级骨干教师3人。学校配套设施齐全，拥有现代化的音乐教室、舞蹈教室、美术教室、创客教室、计算机教室、录播教室、心理咨询室以及多元开放的多功能图书室、多功能报告厅、工作坊、运动场……是一所高标准、现代化、实验型的新型社区内的公办学校。学校先后获得河南省德育先进集体、河南省第二批义务教育标准化管理特色校、郑州市教育科研先进单位、管城区教育教学先进单位等多项荣誉称号，在社会上享有一定声誉。学校依据《教育部关于深化课程改革落实立德树人根本任务的意见》《中共中央国务院关于深化教育教学改革全面提高义务教育质量的意见》等文件精神，推进学校课程建设，取得了显著成效。

第一节　守望有喜有欢的生命眷注

一、学校教育哲学

我校的教育哲学是"阳光教育"。"阳光"既是对学校校名的呼应,也是学生成长不可或缺的力量源泉。阳光是温暖的,普照四方,温暖每一个生命,让孩子们在这方教育热土上适性成长,向阳绽放。阳光是精彩的,七彩绚烂,生命各有各的精彩,让孩子们在这棵生命之树上异彩纷呈,缤纷绽放。每一个生命都拥有它的灿烂,具有特殊的价值和意义。

"阳光教育"是充满爱的教育。"阳光教育"发扬阳光无私奉献、公平公正、普照大地的大爱和永恒精神,以阳光般的情怀塑造阳光新人,让每个孩子走进阳光,校园里充满尊重、充满理解、充满赏识、充满激励。

"阳光教育"是尊重生命的教育。"阳光教育"关注生命,尊重生命,张扬生命。阳光的教育让生命在阳光的普照之下更加和谐,更加灵动,生命的意义和价值得到了最大限度的提升。

"阳光教育"是自我实现的教育。"阳光教育"注重心灵的和谐和沟通,它触及生命、充盈精神、建构人生,教育者和受教育者是相生相助的生命结合体,教育者是发光体,受教育者同样是发光体,交互生辉、共同生长,实现真正的"教学相长"。

"阳光教育"是多彩的教育。阳光教育中教师有特点、学生有特长、学校有特色。学校课程多样、多元,校园生活精彩、出彩。学校营造丰富多彩的教育天地,使每个学生丰富多彩的兴趣爱好、个性特长得到充分发展,创新意识和创造能力得到充分展现,从而培养出大批丰富多彩的人才,使未来的世界更精彩。

"阳光教育"是快乐成长的教育。儿童的最大天性就是好奇心强,这个世界对他们来说是充满新奇感的。要求参与、体验、探索、求真是儿童重要的天性,阳光教育就是让学生在学习中快乐体验、体验快乐,在学习之中找到快乐,在学习之中学有所成!

我们的教育信条——

我们坚信，

学校是充满阳光的地方；

我们坚信，

每一个孩子都是一部传奇；

我们坚信，

向着阳光生长是教育最美的姿态；

我们坚信，

做精神灿烂的教师是我们共同的追求；

我们坚信，

以阳光之心育阳光之人是教育最舒展的姿态；

我们坚信，

让每一个孩子沐浴在七彩阳光之中是教育的神圣使命。

二、学校课程理念

阳光是七彩绚烂的,孩子们在阳光的沐浴下茁壮快乐成长。我们认为,学校的课程建设,就是要为每一个孩子的成长铺路,为孩子们的成长助力。学校的课程也应该是多姿多彩、丰富绚烂的,为每个孩子提供成长的土壤。因此,我们将学校的课程理念确定为:让每一个孩子沐浴在七彩阳光之中。

课程即缤纷的色彩。阳光经过棱镜,分则多彩,如学校课程之丰盈斑斓,而多彩的课程汇聚又如阳光,滋养生命全面成长,培养少年学子的阳光身心,使之温暖而光彩。

课程即生命的眷注。课程的价值追求就是生命的成长,或者说是对新一代生命价值的提升。不仅满足每一个生命体潜在的生命力开发与生长的需要,而且努力达成生命之间的相互理解和认同。课程的开展过程就是师生以其本真状态投入生命之流的过程,是对生命的眷注。

课程即成长的历程。阳光下万物生长,教育亦如此,杜威先生有一句极为著名的话语"教育即生长",植物的成长离不开阳光,它们是光合作用的结果,我们的课程也如阳光普照,期待着我们的学生在课程中能茁壮地成长,能和谐地生长。

课程即个性的生长。阳光普润万物，辐照之处，万物丛生，各显蓬勃。在课程的浸润下，我们的孩子在茁壮成长的同时，也不失个性光华，各具特色，向阳开放。

　　总之，我们要让孩子们在七彩的阳光下，汲取成长的能量，感受教育带来的温暖与幸福，犹如向日葵一样向阳而生，茁壮成长，绽放生命的光彩。因此，我们将"阳光教育"下的学校课程命名为"向日葵课程"。

第二节 播撒温润智慧的阳光雨露

学校的课程是为育人目标服务的，我们积极践行"阳光教育"哲学，确立学校的育人目标和课程目标。

一、学校育人目标

我校的育人目标是培养德智体美劳全面发展的"阳光好少年"，具体表征是在家做个"好孩子"，在校做个"好学生"，在社会上做个"好市民"。具体阐述为——

好孩子：勤家务，敬父母，行独立，善沟通；

好学生：尊师长，乐学习，爱运动，守纪律；

好市民：讲文明，守诚信，有审美，能护己。

二、学校课程目标

育人目标需要课程目标去达成，我们根据各年级段孩子的身心特点，将育人目标细化到各个年级，分别形成各年级具体的课程目标（见表 4-1）。

表 4-1 阳光实验小学各年级课程目标

目标\年级	好孩子	好学生	好市民
一年级	尝试简单家务； 懂得父母辛苦； 备好学习工具； 表达喜怒哀乐。	主动问好行礼； 按照要求学习； 尝试多样运动； 遵守班规校纪。	文明举止用语； 恪守诚实信用； 感知美物美行； 拒绝陌生搭讪。
二年级	主动分担家务； 不哭闹发脾气； 归置个人物品； 分享班级见闻。	主动问好行礼； 独学习不依赖； 选择运动方式； 遵守班规校纪。	文明举止用语； 恪守诚实信用； 辨析美物美行； 巧记救援方式。

年级＼目标	好孩子	好学生	好市民
三年级	参与家务劳动； 尊长辈爱幼小； 做好个人整理； 发表个人想法。	主动问好行礼； 树立学习习惯； 培养运动爱好； 遵守班规校纪。	文明举止用语； 恪守诚实信用； 鉴赏美物美行； 了解自护技巧。
四年级	惯常家务劳动； 行谦虚懂谦让； 自己事自己做； 多帮助懂合作。	积极问好行礼； 主动探索知识； 培养运动爱好； 遵守班规校纪。	文明举止用语； 恪守诚实信用； 研习美物美行； 掌握自护技巧。
五年级	熟练家务技能； 勤询问多感恩； 自己事自己做； 能换位多理解。	积极问好行礼； 勤学习善思考； 擅运动强身体； 遵守班规校纪。	文明举止用语； 恪守诚实信用； 创造美物美行； 熟知自护技巧；
六年级	精通家务本领； 关爱父母家人； 自己事自己做； 善倾听多交谈。	积极问好行礼； 擅学习能创新； 擅运动强身体； 遵守班规校纪。	文明举止用语； 恪守诚实信用； 养成美感美行； 运用自护技能。

第三节 丰盈交互生辉的课程体系

为实现上述育人目标和课程目标，我们在学校现有文化基础上进一步完善学校课程框架，最终呈现学校课程体系。

一、学校课程逻辑

我们学校基于"阳光教育"哲学和"以阳光之心育阳光之人"的办学理念，确立了"让每一个孩子沐浴在七彩阳光之中"的课程理念，建构了如下课程逻辑体系（见图4-1）。

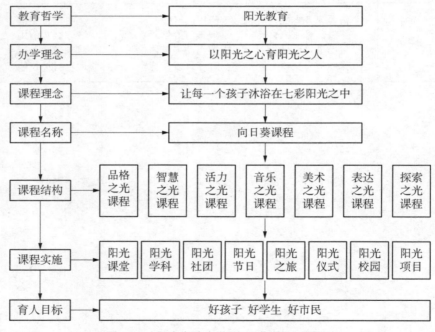

图4-1 阳光实验小学"向日葵课程"逻辑图

二、课程结构

依据学校的"阳光教育"哲学,我们以"阳光分七色"赤、橙、黄、绿、青、蓝、紫的七色光,对应丰富多彩的课程体系,分为"品格之光、智慧之光、活力之光、音乐之光、美术之光、表达之光、探索之光"等七个课程板块,每一类所涵盖的课程指向自我与社会、逻辑与思维、运动与健康、音乐与旋律、空间与美术、语言与交流、科学与探索七项学生发展核心素养,形成了学校课程结构(见图4-2)。

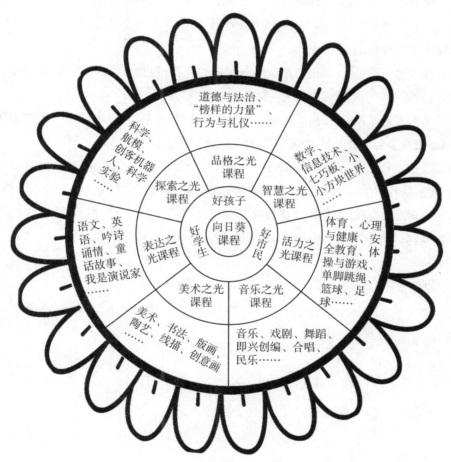

图4-2　阳光实验小学"向日葵课程"结构图

上图中,各类课程内涵具体如下。

品格之光课程，主要指的是自我与社会类课程，包括道德与法治、行为与礼仪、队会课、"榜样的力量"等课程，培养学生的民族情怀与责任担当，体验品格高尚的精彩。

智慧之光课程，主要指的是逻辑与思维类课程，包括数学、信息技术课程等，引导学生认识事物、把握本质、正确判断、科学推理，培养学生体验理性认知的精彩。

活力之光课程，主要指的是运动与健康类课程，包括体育课、心理课、安全教育课及相关的体育特色课程、竞技类比赛等，培养学生尊重生命、积极锻炼，体验健康生活的精彩。

音乐之光课程，主要指的是音乐与旋律类课程，包括音乐课、戏剧、舞蹈等相关课程，培养学生感受旋律之美，感悟内心生活的美好。

美术之光课程，主要指的是空间与美术类课程，包括美术、书法及相关的拓展课程，培养学生学会审美、多才多艺，体验艺术韵美的精彩。

表达之光课程，主要指的是语言与交流类课程，包括口语演讲、语言阅读及相关课程，培养学生自信表达、积极交流的能力，体验畅达沟通的魅力。

探索之光课程，主要指的是科学与探索类课程，包括科学、航模、创客机器人课程等，引导学生进行创造创新、开拓思维，体验科学探索的精彩。

三、学校课程设置

结合学校课程结构与内容分类，除基础课程外，我校一至六年级的课程设置如下（见表 4 - 2）。

表 4-2 阳光实验小学"向日葵课程"设置表

年级	学期	品格之光课程	智慧之光课程	活力之光课程	音乐之光课程	美术之光课程	表达之光课程	探索之光课程
一年级	上学期	1. 开开心心上学去 2. 常规伴我行 3. 校园生活真快乐	1. 游戏方向盘 2. 钟表我来画 3. 小小神算手	1. 积极愉快地上好体育课 2. 坐立行我最美 3. 走与游戏	1. 快乐的一天 2. 可爱的动物 3. 小小音乐家	1. 我型我秀 2. 美的设计	1. 我们做朋友 2. 用多大的声音，讲故事 3. 听故事、讲故事	1. 你说我猜 2. 动物世界 3. 逃离冒险岛
	下学期	1. 我的好习惯 2. 我入队了 3. 国旗国旗我爱你	1. 小小神算手 2. 谁的本领大 3. 七巧会开花	1. 跳与游戏 2. 抛接轻物与游戏	1. 美丽的春天 2. 美好的夜 3. 时间的歌	1. 美术之美 2. 玩转黏土	1. 听故事、讲故事 2. 你请别人帮忙 3. 打电话	1. 分工合作找证据 2. "磁铁""保育员"植物 3. 太阳与月亮
二年级	上学期	1. 我们的班级 2. 我们在公共场所	1. 计算小能手 2. 钟表的奥秘 3. 小小活动家	1. 积极愉快地上好室内体育课 2. 跑、跳与游戏	1. 春天的声音 2. 动物狂欢	1. 有趣的线条 2. 缤纷世界	1. 故事大王 2. 做手工 3. 商量	1. 多变的天气 2. "磁铁"小屋 3. 动物世界
	下学期	1. 绿色小卫士 2. 我是好好地玩的 3. 我们会努力的	1. 多彩运算 2. 数学游戏 3. 小福尔摩斯	1. 投掷、攀登、爬越、平衡、体操活动与游戏	1. 跳动的音符 2. 音乐小屋	1. 趣味玩泥巴 2. 布韵满园	1. 我的梦想 2. 沟通与交流 3. 请听我讲动画片	1. 我消失了吗 2. 太阳与月亮 3. "保育员"植物
三年级	上学期	1. 我说我能行 2. 榜样的力量 3. 我是卫生小能手	1. 妙笔生花 2. 恋练有词 3. 数字的奥秘	1. 运动前后饮食卫生 2. 前滚翻原地运球	1. 听见"你"的声音 2. 浪漫无际的音乐海洋世界	1. 方方圆圆 2. 有趣的图形 3. 线描外形——老师您好	1. 讲笑话 2. 童话故事 3. 真心真话 4. 爱心信笺	1. 小小气象员 2. 动物大世界 3. 奇妙的声音

年级	学期	品格之光课程	智慧之光课程	活力之光课程	音乐之光课程	美术之光课程	表达之光课程	探索之光课程
四年级	上学期	4.我是勤劳小蜜蜂				4.我是生活小主人		
四年级	下学期	1.来而不往非礼也 2.我最关心 3.我的家园	1.真心真做 2.天马行空 3.生活中的搭配	1.英勇投掷手 2.穿越丛林 3.单脚跳绳	1.唱出我们的歌 2.身体打击乐 3.闻"歌"起舞	1.留住秋天 2.盘泥条 3.纸盒之城 4.风来了	1.积累运用 2.天马行空 3.侃侃而谈 4.吟诗诵情	1.溶解的奥秘 2.流动的空气 3.趣味大自然
五年级	上学期	1.我与班级共成长 2.为父母分担 3.我们所了解的环境污染	1.数字的奥秘 2.烙饼小厨神 3.奇妙图形	1.游刃有余 2.百步穿杨 3.虎步生风	1.童年的音乐 2.我是演奏家	1.纸品乐陶陶 2.花儿朵朵 3.可爱的班集体	1.我会写好一件事 2.我能写出事物的特点 3.我能表达自己的心情	1.玩转石头 2.健康小卫士 3.制造平衡
五年级	下学期	1.同伴与交往 2.美好生活哪里来 3.感受家乡文化	1.计算小达人 2.可爱的小数点 3.小小方块世界	1.左右开弓 2.攻其不备 3.龙腾虎跃	1.校园里的童声 2.小小表演家	1.静物一家 2.中国龙 3.有趣的线造型	1.轻叩诗歌的大门 2.我的奇思妙想 3.我的动物朋友	1.万能的电 2.美食之旅 3.新生命的产生
五年级	上学期	1.寻根问祖 2.大好河山 3.锦绣中华	1.猜猜我在哪 2.抽奖中的学问 3.猜数游戏	1.预防蛔虫病 2.学习前掷实心球 3.学习蹲踞式跳远	1."赏"悦家乡 2."唱"悦家乡 3."谱"悦家乡 4."舞"悦家乡	造型表现与欣赏 评述	1.中国民间故事 2.欧洲民间故事 3.非洲民间故事	1.宇宙模型 2.热能考查之旅 3.开心游乐场

年级	学期	品格之光课程	智慧之光课程	活力之光课程	音乐之光课程	美术之光课程	表达之光课程	探索之光课程
	下学期	1. 苦难的过去 2. 艰辛的创业 3. 辉煌的未来	1. 图形变变变 2. 分数计算比赛 3. 制作模型	1. 学习用电安全 2. 学习上步投掷实心球 3. 学习跨越式跳高	1. 细味京韵梨园小唱	1. 设计应用与综合探索	1. 四大名著之《红楼梦》《三国演义》《西游记》《水浒传》	1. 智慧的地球人 2. 小生物大世界 3. 多彩的世界
六年级	上学期	1. 小小普法员 2. 我们是公民 3. 法律保护伞	1. 环保小卫士 2. 数学日记 3. 运算城堡	1. 快乐跳绳 2. 在阳光下奔跑 3. 投掷天空	1. 鉴赏小能手 2. 乐理知识	1. 我们去旅行 2. 废物新用	1. 我是演讲家 2. 请你支持我 3. 我们聊一聊	1. 植物的秘密 2. 有趣的光 3. 音乐是流动的诗篇
六年级	下学期	1. 完善自我，健康成长 2. 爱护地球，共同责任 3. 多样文明，多彩生活	1. 游戏方向盘 2. 钟表我来画 3. 小小神算手	1. 无球不欢 2. 一脚定乾坤 3. 软式排球	1. 古风新韵 2. 放飞梦想	1. 巧用肌理 2. 形色协奏曲	1. 同读一本书 2. 做即兴发言 3. 辩论小能手	1. 小小调查员 2. 古灵精探 3. 奇思妙想小能手

第四节　浸润富含意义的学习空间

学校通过"阳光教育"文化的构建,结合学校课程"向日葵课程"的设计原则和思路,依托"阳光课堂、阳光学科、阳光社团、阳光节日、阳光之旅、阳光仪式、阳光校园、阳光项目"等八种途径,创设多种途径的学习渠道,来确保课程的有效实施。

一、打造"阳光课堂",推进学校课程实施

（一）"阳光课堂"的内涵和实施

"阳光课堂"围绕课堂氛围、教和学的过程、课堂效果等方面考量,注重学生核心素养的培养。"阳光课堂"既关注学生的"学":自主、合作、探究;又关注教师的"教":合理设置情境,让学生自然融入知识的学习中,师生有效互动让思考和学习真正发生;同时也要体现平等和谐、相互尊重、温暖阳光的课堂文化。我们认为"阳光课堂"应该具备以下四点特质。

1. 润心

"阳光课堂"是快乐的课堂。教师如阳光般温暖,滋润学生心田。课堂上师生关系平等和谐,教师语言具有亲和力,能给予学生积极的评价;学生学习情感态度上有良好的体验,有愉悦感、进步感,课堂学习参与度高,能够自信地回答问题、发表观点,同时在老师的教学引领下能获得正确价值观、人生观的引领。

2. 启智

"阳光课堂"是智慧的课堂。教师注重学生思维的发展,启发引导学生采用自主探究的方式获取基础知识和基本能力,教师更多关注的是学生获取知识的过程,而不仅仅是把知识直接传授给学生。课堂上学生在有梯度的问题引导下,不断深入思考,思维活跃。

3. 合作

"阳光课堂"是合作的课堂。师生、生生之间高效互动,学生学得主动,课堂生动、有活力。课堂上每个学生既是独立的学习个体,也是集体学习中的一份子。

教师和学生在师生互动中围绕学习目标逐步完成学习任务,这是师与生共同合作学习的过程。同时,学生之间形成合作学习小组,分别担任不同学习任务,在小组的共同分享交流中去解决问题。

4. 有效

"阳光课堂"是指向成长的课堂。学生们在课堂中,通过师生互动、生生互动,获得自主发展、学有所获。教师能够及时开展学习评价活动,反馈学生学习情况,以便根据学情及时调整教学进度和教学方式,最终达成教学目标。

"阳光课堂"的实施路径具体如下。

开展"阳光课堂"研究活动。"阳光课堂"是我校实施阳光教育的载体,也是对学生进行素质培养的主要渠道。因此,首先要弄清"阳光课堂"的特质,明确以下课堂标准:教学目标有效达成;师生关系民主和谐;学生主体敢言敢疑。其次要对于重点、针对性地探究,点滴改变,步步改善,最终形成理想的教学模式。

加强教研组团队建设,认真落实集体备课各项要求。组内成员互相帮助,共同成长,营建阳光、和谐的备课教研氛围。

推动课程开发,形成课程特色。充分发挥我校教师的专业优势,推进我校校本课程的开展,为学生搭建更加广阔的学习平台,提高他们的综合素养。

(二)"阳光课堂"的评价标准

基于"阳光课堂"的四方面特点,我们设置了相应的评价标准,以期通过课堂评价促进"阳光课堂"的引领和实施(见表4-3)。

表4-3　阳光实验小学"阳光课堂"评价表

评价项目	评价要素	评价要点	得分
润心 (25分)	情感价值观	1. 教师具有亲和力,课堂氛围阳光温暖,教与学在平等、和谐的基础上真实发生,教师能关注不同层次的学生。 2. 学生学习态度积极,课堂参与度高,能够在课堂中受到正确的价值观引领。	
启智 (25分)	教师的教	1. 教师教学活动设计合理,符合学生认知规律、贴近生活,能采用启发探究式学习形式,引发学生积极思维。 2. 课堂上重难点突出,教师关注学科基础知识与基本能力的形成,关注学科核心素养的培养。	

评价项目	评价要素	评价要点	得分
合作 （25分）	学生的学	1. 班级内建设有合作学习小组，小组分工明确，课堂上学生能够积极参与小组内学习和讨论，展示时充满自信，自然大方、声音洪亮。 2. 课堂内师生互动高效，交流顺畅自然，能够在师生的共同交流探究下完成学习任务。	
有效 （25分）	课堂效果	1. 课堂中关注教学评一致性，能及时通过评价反馈学生的学习效果，能够根据学情及时调整课堂教学。 2. 教学目标准确，目标达成度高，学生学有所获。	
综合评价			

二、建设"阳光学科"，拓宽学科课程内容

这里的"阳光学科"，主要指的是学科特色课程群建设，是教师对学科课程进行的统整规划，根据学科课程特点、学生需求以及学校实际，自主开发的贴合实践、彰显特色的拓展类课程。

（一）"阳光学科"的建设路径

我校打造"阳光学科"，从两方面入手：一方面深入挖掘学科内部的逻辑，打造学科特色课程；另一方面充分利用地域特色来渗透多门学科。各学科教师基于特色追求，根据对学科的独特理解、独特优势、独特资源，开发、打造拓展课程。

1．"真知语文"特色课程

语文特色课程依托我校特色资源，充分考虑学校、教师、学生等因素，开设阳光诵读、阳光识字与写字、阳光阅读、阳光口语交际、阳光写作、阳光实践等六大类课程。阳光诵读内容是古典诗文等经典篇目的朗读与背诵活动；阳光识字与写字内容为小学各阶段要掌握的生字和词语；阳光阅读内容为适合儿童阅读的文学名著、文学作品及日常的书报杂志等；阳光口语交际以教材练习中的口语交际为依托，选择贴近学生生活的话题；阳光写作内容为小学阶段各类文体的写作活动；阳光实践内容为校内外的各种语文实践活动。

2．"乐学数学"特色课程

"乐学数学"特色课程是依据小学数学学科的课程标准、小学生的年龄发展特

点,以及我校的研究课题"精心设计教学活动,提高学生数学思维能力"而自主开发,课程分为"乐学运算""乐学创意""乐学统计""乐学体验"等四大类别。

3."3S英语"特色课程

我校"3S英语"课程,以学生为中心,以主题教学内容为中心,以培养学生的应用能力为中心,从听说读写、文化探究与学习实践出发,建构出智慧英语、辉映英语、乐享英语三个板块。

4."动感体育"特色课程

"动感体育"特色课程是在国家基础教育"新课程"改革理论指导下,以"阳光体育"课程理念作为顶层设计,用课程奠基未来身心健康,提升今天身体素质,由"体育与健康基础知识""田径""跳绳""武术""篮球"五部分课程领域作为支撑,每部分都包括国家与地方设置的基础性学科课程。

5."七彩美术"特色课程

"七彩美术"特色课程以培养学生的创造力、想象力、审美力为追求,以美术学科为基础课程,构建了"装饰线描""创意绘画""多彩泥塑"系列课程。

6."灵动音乐"特色课程

"灵动音乐"特色课程以培养学生的审美能力为核心,引导学生感受美、鉴赏美、表现美。以音乐学科为基础课程,构建了"声之美""乐之美""舞之美"系列课程。

（二）"阳光学科"的评价要求

学校建立"阳光学科"评价体系,不仅关注学生的学业成绩,而且关注学生多元的发展,从学科理念、学科建设方案、学科课程实施等方面制定以下评价标准（见表4-4）。

表4-4 阳光实验小学"阳光学科"评价表

评价项目	评价标准	权重分	得分
学科理念	基于儿童需求,指向学科核心素养,突出学科特点,提炼和形成独特的学科理念。	10分	
学科建设方案	基于学科特色,根据教师和学生特定的发展需求,形成基于特色学科理念的学科建设方案。	20分	
学科课程实施	以多元的课程内容满足学生的学习需求,充实学生的学习生活,依托丰富多样的课程实施方式,形成学科特色。	20分	

评价项目	评价标准	权重分	得分
学科学习	从学科特点和学校实际出发,制定学科学习规范,培养学生良好的学习习惯,指导学生树立正确的学习观念和思路,构建科学的学习策略,注重对学生进行学习方法的指导和训练。	20分	
学科教研	学科教研过程中有明确的目标,扎实的研讨过程,探索符合学科特点的教研形式,做到教研服务于课堂教学。	20分	
学科团队建设	建立富有活力、团结协作、创新精神的学科团队,培育和形成自己的专业理念、团队特点。	10分	
合计得分		100分	

三、创设"阳光社团",发展儿童兴趣爱好

"阳光社团"是我校课程的重要组成部分,也是学校特色课程的有利补充。它的开设,满足了学生多方面兴趣发展的需要,为学生的个性发展提供了不可或缺的课程载体。

(一)"阳光社团"的实施

学校根据品格之光、智慧之光、活力之光、音乐之光、美术之光、表达之光、探索之光七大类课程,开设了如下社团(见表4-5)。

表4-5　阳光实验小学"阳光社团"课程设置表

序号	类别	社团名称
1	动手实践类	烹饪小能手、折纸、插花、茶艺
2	趣味数学类	巧移火柴棒、智拼魔方、24点游戏、象棋、五子棋
3	运动健康类	门球、跳绳、武术、田径、篮球、足球、心理剧表演
4	和美音乐类	合唱、舞蹈、手拍鼓、健身操、葫芦丝
5	创意美术类	创意儿童画、版画、手工编织、素描、剪纸、中国画
6	阅读语言类	课本剧表演、经典诵读、英语趣配音、小小文学社
7	探索创新类	创客机器人、简单编程、科学实验、航模

"阳光社团"依托学校内外课程资源,利用周一至周四的课后延时时间,开展丰富多彩的社团活动。

学期初,各社团设计并张贴社团主题海报,内容包括:社团名称、社团时间、活动内容、招募要求等。学生通过自愿报名的方式申请社团,经过社团的考查后方可进行录取。学校教师根据自身特长参与社团辅导,社团也可通过聘请校外辅导员的方式来招募社团辅导老师。

各社团要管理规范,制定相应的社团活动规则,设计社团辅导手册,保证社团活动有计划、有目的地开展。社团活动要保存好过程性资料,定期开展社团活动展示,以备学校进行社团活动评价。

(二)"阳光社团"的评价

我校将从社团机构与管理、活动组织与开展、成果汇报这三个方面对"阳光社团"进行评价,采用每周的活动开展情况评价与学期末的综合评价相结合的方式,具体评价标准如下(见表4-6)。

表4-6 阳光实验小学"阳光社团"评价表

项目	评价标准	得分	评估方法
社团机构与管理	1. 社团管理体制完善,机构设置合理,制定符合学生实际的社团建设实施方案、课程纲要、课时教案。(10分)		实地查看 材料核实 师生座谈 成果展示 活动巡查
	2. 建立、健全并严格执行社团各项规章制度。(5分)		
	3. 社团成员人数适合,规模适度,成员资料档案齐全。(5分)		
	4. 指导教师认真负责。(10分)		
	5. 学生社团要突出学生的主体性和创造性,使学生在社团活动中自治自理、健康发展。(5分)		
	6. 社团活动空间固定,环境良好有相应的文化建设。(5分)		
活动组织和开展	7. 经常和定期开展社团活动,组织有序、记录完善。(20分)		
	8. 社团活动内容丰富,形式多样,体现实践性和综合性,有利于培养和锻炼学生多方面的素质,再现和表现校园文化精神。(10分)		
成果汇报	9. 社团成员或集体活动成果显著。(20分)		

项目	评价标准	得分	评估方法
	10. 在展出活动中表现突出,对学生有一定的吸引力。(5分)		
	11. 每个学期至少在微信公众号或美篇上发布信息报道5篇。(5分)		
合计得分:			

四、创设"阳光节日",浓郁课程实施氛围

"阳光节日"是富有文化意味的。学生了解节日的由来,能更深层地领略传统文化的博大精深,极大地丰富学习生活,拓宽知识面,增强民族自豪感。

（一）"阳光节日"的课程设计

"阳光节日"是我校为了促进学生的综合素质发展,结合学科教学、传统节日与现代节日契机设计的校本课程,分为学科节日课程、传统节日课程与现代节日课程。

1. 学科节日课程

学科节日课程是我校各学科教研组结合学科特色和学科教学内容,在固定时间组织开展的主题学科活动,旨在通过各种比赛和展示活动,丰富学科课程内容,为学生提供展示分享平台,提高学习兴趣。具体学科节日课程内容和实施如下（见表4-7）。

表4-7 阳光实验小学"学科节日"课程设置表

时间	学科节日	主题活动	课程实施
3月	语文节	经典诵读、课本剧表演、我推荐的一本课外书、书香家庭评比、阳光阅读之星评比	在每月第一周的周一升旗仪式上,由学科教研组长宣布学科节日启动,并对具体内容进行全校通知。各年级备课组开展相关主题的展示和汇报活动。
4月	科技节	科技展示、科技小发明、国家科技展示海报	
5月	英语节	英语社团展示、英语课本剧表演、英语口语达人秀	
6月	艺术节	六一艺术展演	

时间	学科节日	主题活动	课程实施
5月 10月	体育节	春季、秋季运动会、篮球联赛、体质健康测试	
11月	数学节	数学日记展示、数学闯迷宫、数学计算比赛	

2. 传统节日课程

传统节日课程主要结合我国的春节、元宵节、端午节、中秋节、重阳节等五大传统节日,通过传统文化氛围的营造、班级主题活动的实施,让学生了解我国的传统节日文化,增强民族自豪感,用传统文化浸润人生。具体传统节日课程内容见下表(见表4-8)。

表4-8 阳光实验小学"传统节日"课程设置表

	节日名称	主题活动	课程实施
传 统 节 日	春节	学民俗、包饺子、写春联	通过班级黑板报布置、每周一节的队会课实施课程。
	元宵节	猜灯谜、吃元宵、做元宵	
	端午节	包粽子、念屈原、做香包	
	中秋节	吃月饼、话故乡、念亲情	
	重阳节	敬老人、献爱心、学感恩	

3. 现代节日课程

我们从现代节日中选取了一些具有教育意义的现代节日,如元旦节、母亲节、劳动节,根据节日内涵,开展相关的主题活动,对学生开展感恩教育、爱国主义教育、劳动教育。具体课程内容如下(见表4-9)。

表4-9 阳光实验小学"现代节日"课程设置表

	节日名称	主题活动	课程实施
现 代 节 日	元旦	新年计划、写心愿卡	通过班级队会课、学校组织的相关活动进行实施。
	母亲节	感恩母亲、夸夸妈妈	
	劳动节	劳动最光荣	

节日名称	主题活动	课程实施
儿童节	一年级入队、六一活动汇演	
教师节	念师情、忆师恩	
国庆节	升国旗、唱国歌	

（二）"阳光节日"的课程评价

"阳光节日"的课程评价既关注课程开始前方案的制定，又关注课程实施过程中活动的设计、活动的形式及课程效果。评价重视过程性与终结性相结合，重视评价的多维度考核，使学生们在不同的节日课程体验中得到发展与成长。具体评价方式如下（见表 4 - 10）。

表 4 - 10　阳光实验小学"学科节日课程"评价表

阶段	评价指标	评价内容	评价分值
课程方案	主题	课程主题鲜明，符合节日特色，具有时效性、教育性，课程立意新颖。	10分
	目标	课程目标明确、准确，促进学生身心发展，培养学生正确的情感态度价值观。	10分
	内容	课程内容紧扣主题，贴近社会现实，贴近学生生活实际，层次清晰，重点突出。	10分
	计划	课程计划清晰明确，分工合理。	10分
课程实施	情境	课程情境设计合理，培养学生综合运用能力。	10分
	体验	学生体验性强，设置拓展性、开放性的问题，给学生思考问题的空间。	10分
	互动	师生互动、生生互动性强，课程参与度高。	10分
	能力培养	注重培养学生的实践能力。	10分
课程总结	效果	能满足学生发展要求，达到课程既定目标。	10分
	评价	课程关注学生参与课程过程与结果的评价，评价形式丰富多样。	10分
合计得分：			

五、推进"阳光之旅",增强研学课程体验

"阳光之旅"是我校结合丰富的校外课程资源,根据《中小学综合实践活动课程指导纲要》,针对不同学段学生的年龄特点及学科教学内容的需要,开设的研学课程内容。

(一)"阳光之旅"的课程设计

我们针对一到六年级学生设计了不同主题的"阳光之旅"课程,包括"自然之旅""科技之旅""探索之旅""法律之旅""文化之旅""红色之旅"六大主题研学课程。"阳光之旅"课程的设置具体如下(见表4-11)。

表4-11 阳光实验小学"阳光之旅"课程设置表

年级	课程主题	地点	课程内容	课程目标
一年级	自然之旅	郑州市树木园	参观园博园,认识不同树木	感受自然的美好,会说出几种树木名称和特点。
二年级	科技之旅	郑州市气象馆	参观郑州气象馆,认识不同气象	能说出不同的气象特征,不同气象产生的原因,现代科技观测气象的方法。
三年级	文化之旅	商城遗址	参观商城遗址,了解管城历史	了解商城历史文化,激发对家乡的热爱。
四年级	探索之旅	郑州市科技馆	参观科技馆,感受科技的魅力	了解科学常识,能说出一些科学现象原理。
五年级	法律之旅	管城区检察院	参观检察院普法基地,学习法律知识	懂得法律知识,在社会上做个好市民。
六年级	红色之旅	雷锋旅二七纪念塔	参观雷锋生前所在部队参观二七纪念塔	感悟雷锋精神,用榜样精神激励成长。了解二七大罢工历史,了解中国近代遭受的苦难,激发爱国热情。

课时安排上,根据研学路途的距离和研学任务,分为半天和一天时间。具体实施步骤:(1)出发前,通过召开家委会会议或"致家长的一封信"等形式,告知每位家长本次研学的地点、主题内容、任务、出行路线、费用收支、注意事项等内容,同时邀

请部分家长代表作为志愿者参与研学课程。(2)研学前,年级相关学科组教师通过讨论明确研学目的,通过课程整合的方式,制定出本次研学的主要内容和任务。(3)研学过程中,注重加强对学生完成研学任务的方法指导。(4)研学后对研学活动中学生的表现及作业进行评价。(5)教师对本次研学活动进行总结,提出相关改进意见。

(二)"阳光之旅"的课程评价

针对"阳光之旅"课程,我们根据研学前、研学中、研学后三个时间段的不同内容,设计评价项目进行多元评价。研学前主要针对研学内容、研学目标、课程实施方案等进行评价;研学中主要关注学生的研学态度、合作情况等过程性内容进行评价;研学后主要针对学生的研学效果、成果的展示进行评价,具体评价内容如下(见表4-12)。

表4-12 阳光实验小学"阳光之旅"评价表

评价项目	评 价 标 准	权重分	得分
研学方案	研学课程目标制定明确、合理,活动方案详细,有安全预案,研学方法选择恰当,注重实践性,有具体执行计划。	25分	
研学过程	研学活动组织有序,注重团队合作,活动形式灵活,具有实践性,有活动记录。	25分	
研学总结	研学课程有总结、有反思,学生能够形成相应的研学成果,研学课程目标达成度高。	25分	
研学评价	研学课程关注过程性资料的收集、学生课程参与过程、成果的展示等方面的评价,评价内容恰当,标准明确。	25分	
合计得分		100分	

六、举行"阳光仪式",丰富学生学习经历

"阳光仪式"课程,以"成长纪事"的方式,以学生的生活为起点,将学校日常生活中学生们有意义的活动及特别的日子,通过庄重雅致的仪式,一一呈现出来,既满足了学生的兴趣,也让每个孩子找到自己的成长点。

（一）"阳光仪式"的课程设计与实施

仪式课程注重发挥每一个学生的积极主动性、创造性和个性，并让这种主体作用在仪式课程中体现它的价值。既保持隆重、热烈，又要让仪式设计具体教育情境中的人、事、物，以此触动孩子的灵魂，引起生命的共鸣。具体实施仪式课程表如下（见表4-13）。

表4-13　阳光实验小学"阳光仪式"课程设置表

年级	课程名称	课程内容	课程目标
一年级	入学典礼	迎接一年级新生。	树立新学期目标。
一年级	入队仪式	一年级新生入队。	懂得红领巾是红旗的一角，树立新队员的光荣感、责任感，激励他们为集体增光添彩。
三年级	十岁生日仪式	回味成长故事，体会父母养育的辛劳；展示自己的才能，体验成功的喜悦；畅想未来，对自己的人生有所设计。	学会感恩；体验成功；学习承担责任。
六年级	毕业典礼	进行感恩教育，展示小学六年的教育成果；憧憬明天，畅谈理想，用雷锋精神激励以后的人生道路。	感激母校和老师，对未来充满希望，激发为母校增光添彩的决心。
一至六年级	每周升旗仪式	每周一个中队进行微型展示，可根据节日和学校活动进行不同主题的展示。	激发爱国热情，学习榜样人物，规范行为秩序等促进良好品质的养成。

（二）"阳光仪式"的课程评价

根据学生的实际需要和发展需求，我们通过多元化、多样化的评价方式，对"阳光仪式"课程进行评价，以期达到对学生进行潜移默化的教育作用。具体评价表如下（见表4-14）。

表4-14　阳光实验小学"阳光仪式"课程评价表

评价项目	评价标准	权重分	得分
仪式方案	庄严神圣，孩子通过仪式了解仪式背后的意义，体现仪式课程育人功能；体现学校文化，符合孩子年龄特点和认知规律；课程目标明确，仪式活动设计合理。	25分	

评价项目	评　价　标　准	权重分	得分
仪式过程	注重营造仪式氛围,通过环境营造实现教育目标;仪式过程学生参与度高,通过价值理念与情绪感觉交织融合,对孩子产生综合性影响。	25 分	
仪式效果	以多元的课程内容满足学生的学习需求,充实学生的学习生活,依托丰富多样的课程实施方式,形成学科特色。	25 分	
仪式管理	仪式课程结束后,能够积极进行过程性资料的搜集整理、心得体会的交流展示,仪式活动的宣传报道等。	25 分	
合计得分		100 分	

七、建设"阳光校园",提升环境隐性课程

校园环境的建设,是学校文化的外显体现,它对校园内的每一位成员都起到很好的熏陶和启迪作用。我们根据学校"以阳光之心育阳光之人"的办学理念,充分结合课程设置,建设了校园"阳光文化",丰富了校园文化课程。

（一）"阳光校园"课程设计

我们结合学校"阳光课程"的七大课程板块,充分挖掘校园廊道、大厅、楼梯间、班级墙等资源,以学生的视角,突出学生的主体地位,把学校环境做整体的设计和规划,建设"阳光文化课程",主要包括"榜样的力量""主题文化长廊""阳光好少年榜""阳光成长主题大厅""成长舞台""安全楼梯""阳光文化班级"等几大主题板块内容。

"榜样的力量"主题文化长廊:主要有雷锋塑像、雷锋日记、雷锋所在部队首长题词、雷锋活动展示等。这里是实施雷锋课程的重要阵地,大队、中队雷锋主题课程都可以在这里举行,比如一年级的"知雷锋"、二年级的"讲雷锋"、三年级的"品雷锋"、四年级的"感雷锋"、五年级的"寻雷锋"、六年级的"传雷锋",这些主题课程的实施,都可以利用主题文化长廊里提供的课程文化资源。

"阳光好少年榜":这处文化设计紧紧围绕学校育人目标,对学生进行奖励性评价展示,每月更新一次,把每月获得"阳光好少年"称号的学生照片放大粘贴在榜上,既是对获奖学生的鼓励,也是对学校育人目标的体现。

"成长舞台"：主要是分学科对学生作品进行集中展示。结合学校每月开展的学科课程进行集中展示。

"安全楼梯"：学校每个楼梯围绕安全主题进行了"消防安全""交通安全""自然灾害"等内容的楼梯文化布置,学生在上下楼梯过程中就能够对相关安全知识进行阅读和学习,起到了潜移默化的教育效果。同时,以上安全课程也会间周在班队会上进行开展,学校有计划地对相关课程进行班级实地学习。

"阳光班级"：以阳光文化创设各具特色的班级氛围,开展合适的班级活动,陶冶学生情操,增强班级凝聚力。班级内设置有特色班牌、学生各类作品秀、黑板报、活动角等班级文化内容。

（二）"阳光校园"的课程评价

我们根据"阳光文化"的设计内容,结合"阳光一角"和"阳光班级"的评比活动,设计以下课程评价表（见表 4 - 15）。

表 4 - 15　阳光实验小学"阳光校园"评价量表

评价内容	评 价 标 准	权重分	得分
环境布置	1. 主题鲜明,突出学校梦想文化内涵,陶冶师生情操。	15	
	2. 各栏目（版块）内容更新及时,内容丰富,有时代感。	15	
	3. 墙面（地面）干净整洁,无卫生死角。	10	
	4. 文字内容无错别字。	10	
活动开展	1. 活动主题突出,活动形式新颖,活动效果好。	15	
	2. 教师组织有序,学生积极性高。	15	
	3. 与学科教学、班队会活动有机整合,每月至少开展一次主题活动。	10	
	4. 每学期的展示时,学生解说流利,体现环境（围墙、班级）特色。	10	
合计得分		100	

八、做活"阳光项目",发展学校特色课程

根据中共中央、国务院《关于全面加强新时代大中小学劳动教育的意见》,我

校结合自身实际,把劳动教育与职业启蒙进行融通,构建了学校的劳动教育校本课程——"职业启蒙课程",旨在培养学生树立正确的劳动观念、职业意识,使劳动教育更贴近学生需求和社会需要。

（一）"阳光项目"的内容与实施

"职业启蒙课程"课程按照"职业认识""职业演变""职业素养""职业体验""职业梦想"五个主题构建职业启蒙课程体系,分别在二至六年级开展实施。二年级的"打开职业的万花筒"课程,主要从职业的概念、分类等方面展开介绍,旨在建立学生对职业的初步认识。三年级的"职业的演变"课程,帮助学生了解职业的演变过程以及人们职业选择和职业价值观的改变,认识到职业需要适应社会的发展和需求。四年级的"职业里的制胜法宝"课程,主要介绍不同职业必备的知识技能、态度和品德。五年级的"奇妙的职业之旅"课程,以职业体验活动为主要内容,帮助学生了解职业特点,加深对职业的认识,培养对职业的情感。六年级的"遇见未来的自己"课程,帮助学生建立职业与自我的链接,在对职业有一定认识的基础上规划人生,展望未来。

为增强学生的职业体验,在五年级的"奇妙的职业之旅"课程内容中,学校充分利用社会资源,搭建校企合作平台,以研究性学习的方式开展了"信立则通达"物流职业体验课程。

学情为基础,培训指导先行。基于对研究性学习学情的调查,先对教师和学生进行研究性学习的专题培训,明确了研究性学习的过程、方法和注意事项。

兴趣做导向,提炼研究主题。开展研究性学习,首先要提出研究问题。学生在前期职业认识的基础上,基于对物流行业的兴趣提出许多想研究的问题,教师指导学生对问题进行分类汇总,提炼以下几个研究主题:古代的物流与"江湖规矩"、货物的运输旅程、物流公司的组建和运营、物流行业的职业品德、未来的物流。

自愿为原则,组建研究小组。学生自愿选择研究主题,形成研究性学习小组,推选出组长,明确小组成员任务,制定研究计划,在教师的指导下,形成研究实施方案。

学生为主体,开展研究学习。在研究阶段,小组根据任务分工,通过网络搜集、综合运用学科知识、求助家长、参观访问、教师指导等多种方式开展研究。如

"货物的运输旅程"研究小组,在研究货物的装箱问题时,运用数学课上的长方体体积运算方法,计算大件零单货物能否顺利装载到集装箱内,用积木模拟摆放装箱方式。在长途运输线路设计上,借助拼图熟悉各省份位置,设计最佳运输路线。"物流行业的职业品德"研究小组,通过古代镖局的签字画押、现代运输中的超载跳磅现象、网上购物和快递服务业的信用等内容的搜集,开展物流行业诚信重要性的研究。其他课题小组,有的以头脑风暴的形式开展"我的物流公司"设计活动,学生创建自己的物流公司,建立公司组织架构,制定公司企业文化。有的小组通过游戏了解分拣货物的过程,通过查阅资料了解水、陆、空、管道等不同形式的物流运输方式,以及酷炫的无人机、无人驾驶汽车等科技感十足的新运输途径。在研究过程中,学生走进鸿泰物流园区,在讲解员的带领下参观物流园的分区结构,实地了解物流公司的运营;以小组为单位,对货物运输中的装箱、物流单的填写进行模拟体验;参观物流园行政办公区,感受"鸿泰人"的工作氛围与职业精神;邀请公司董事长尚宏强老师讲述"守合同重信用"在企业经营中的重要意义。

（二）"阳光项目"的课程评价

"阳光项目"课程的评价结合项目特色,从课程内容、课程目标、课程实施与课程展示等方面进行评价,旨在通过评价促进"阳光项目"的不断丰富与完善,培养具有阳光特色的学子。具体"阳光项目"评价如下表(见表 4-16)。

表 4-16　阳光实验小学"阳光项目"评价量表

项目维度	评价内容	等级标准			
		A 优秀	B 良好	C 一般	D 待改进
课程目标	目标定位清晰准确,体现学段劳动发展的目标要求,能够支持本学科培养目标的落实与达成。				
课程设置	课程结构科学合理,层次分明。				
	各个子课程能够体现劳动认知和技能的层次性和延展性。				
	能够促进学生劳动素养的发展与提升。				

项目维度	评价内容	等级标准			
		A 优秀	B 良好	C 一般	D 待改进
课程实施	课程实施途径多样，能够根据课程特点组织不同形式的学习、实践、体验活动。				
	课程实施措施详细、具体，可操作性强；有独具学科特色的实施途径与方式。				
	课程实施效果明显，过程性资料丰富、完善；学生满意率高，课程目标达成度高。				
课程评价	课程评价形式多元，主体多元；评价措施详细具体，可执行性强；有独具特色的评价策略和方法。				

综上所述，"阳光课程"的实施主要依靠"阳光课堂、阳光学科、阳光社团、阳光节日、阳光之旅、阳光仪式、阳光校园、阳光项目"等八种途径去实现课程的实施。这些实施途径，将有效保障课程分模块进行，保障育人目标的有效落实。

我校"阳光课程"将全面贯彻"阳光教育"的教育哲学，立志实现"让每一个孩子沐浴在七彩阳光之中"的课程理念融入课程建设的方方面面。我们将秉承"阳光教育"的教育哲学，全面贯彻党的教育方针，认真落实小学生核心素养，坚持以学生的发展为本，深入实施素质教育，充分利用学校和社会的课程资源，优化课程结构，全面构建体现学校办学理念的特色课程体系。

（撰稿人：邵伟杰　魏芳　魏净霞　郭丹丹　孟娇　李瑞华）

第五章
课程是一个未知而充满探索的路途

　　美学取向的课程不是静态沉寂的，而是生动鲜活的，是蕴含创造的学习旅程。课程实施中，教师勇于打破一切常规，"悬置"自身已有的"经验"，将课程视为一个未知而充满探索的路途，欣然接受一条非预期的、模糊、复杂、难以理解的未知之路。教师努力寻找课程实施的"道"，不断质疑和反思，对自我进行文化改造，随儿童的情况及情境变化而随机应变。让每个儿童都充分发挥自身的潜能，自主去感知世界、生发意义，努力寻求更完整、更精彩的自己。

鼎立树课程：
在这里，与高尚的灵魂对话

古老管城，人才辈出，历史文化，源远流长。管城三中，逐梦远行！

在物华天宝的潮河西岸，人杰地灵的管南片区，毗邻京广铁路线，背靠郑州南四环，商都历史文化的汇集地，坐落着郑州市管城回族区第三中学。学校位于郑州市管城区紫辰路 199 号，占地 33 452 平方米，建筑面积 19 266 平方米。学校 1978 年建校，前身为南曹社中，后改名为南曹乡一中，2002 年更名为郑州市管城回族区第三中学，隶属于郑州市管城区教育体育局，是一所全日制寄宿制公办初级中学。教育教学质量在管城区乃至郑州市名列前茅，享有较好的社会声誉。它曾是无数绿城学子梦寐以求的学府，现在它正以崭新的姿态砥砺前行、追逐梦想。

学校现有 20 个教学班，学生 965 名，专职教师 79 名。其中高级教师 21 人，省学术技术带头人 1 名，省级名教师 2 名，省级骨干教师 5 名，市级骨干教师 14 名，区级骨干教师 4 名，区级名教师 3 名。近几年以来先后被评为"河南省教育系统先进家长学校""郑州市'中学生社会主义核心价值体系成长教育'活动先进单位""郑州市书香校园""郑州市普通初中教育教学先进单位""管城回族区中小学教育教学先进单位""管城区平安校园先进单位""南曹乡教育教学先进单位"……学校"创客空间""经典咏流传"等特色课程建设初步形成，学校品质逐步提升。为了让"管三"的学子打开心扉，激发潜能，敢于担当，昂然于世，学校合理整合校内外资源，传承学校的办学优势，在"鼎心教育"教育哲学的引领下，积极构建个性化、多样化的"鼎立树课程"体系。依据教育部《关于全面深化课程改革落实立德树人根本任务的意见》我校制定了课程规划方案。

第一节　引发昂然向上的情思理趣

　　学校在新的教育教学思想的影响下，不断梳理既符合地域文化需求，又顺应时代发展要求的办学理念和目标。管城区是一个地域文化深厚的商都历史文化区，鼎文化深深植根于管城人血脉之中。根据多年的办学经验，学校结合实际，提出"让每一个生命昂然挺立"的核心办学理念，并将其概括为"鼎心教育"之学校课程哲学。

一、学校教育哲学

　　学校教育哲学是"鼎心教育"。"鼎心教育"是我校的教育价值观和内涵发展方法论。

　　"鼎"是国之重器，象征社稷国家。世代相传的鼎文化，彰显"和谐有序、德之表征、韧性包容和责任担当"等时代内涵，已成为中华民族的精神象征之一，深深植根于管城人血脉之中。

　　"心"即健康的心灵。健康的心灵是人的智慧之眼，洞察事物之根源，帮助人们辨析判断是非，指引人们作出正确选择；"心"是精神的家园，精神活动是宇宙的最高表现；"心"是生命的底色，是价值的取向，是良知，是一种理想与担当。

　　"鼎心"是一种精神之旅。心以鼎为本，鼎以心为魂。"鼎心"就是唤醒每一个生命个体当中的良知，让良知占据内心的最高堡垒，将鼎的文化厚植于心中，将"责任、爱"等良知立在心中。做到"鼎于心，懂得爱"。

　　"鼎心"是一次生命历程。"问鼎"内心，不是空谈内心之所想，而是要以内心为正确指导而付诸行动，即"知行合一"，达到"立于行，能担当；察于眼，会做事"的目的。这样才可使每个生命昂然挺立于未来的新时代。

　　"鼎心教育"是直抵灵魂、高扬大爱的暖教育。苏格拉底说："教育不是灌输，而是点燃火炬。"柏拉图说："教育非它，乃心灵转换。"陶行知先生认为"真教育是心心相印的活动。"孟子说："爱人者，人恒爱之。"（《孟子·离娄章句下》）法国教育家卢梭说:"凡是教师缺乏爱的地方,无论品格还是智慧都不能充分自由地发展,只有真心实意地爱学生,才会精雕细刻地塑造他们的灵魂。"爱是教育的灵魂,归根到底,"鼎心教育"是播撒爱,影响孩子精神成长,温暖孩子心灵的教育。

"鼎心教育"是归于感动和美好的悟教育。从内涵发展方法论角度看,"鼎心教育"是我校推进素质教育的策略和方法,"鼎心教育"是归于自我感动的悟教育。曾子曰:"吾日三省吾身:为人谋而不忠乎?与朋友交而不信乎?传不习乎?"叶澜教授曾将教育解读为"教天地人事,育生命自觉"。生命自觉主要包括三个方面:对自我的生命自觉,即知晓自己的优势、劣势和潜势,对自己的人生有清晰的觉知并因此变得坦然、从容和有气度;对他人的生命自觉,其要义是对他人的生命有敏感、尊重和敬畏;对环境的生命自觉,即能够对影响自我和他人生命成长的环境具有清醒的意识和明智的判断。"鼎心教育"是归于自我感动的悟教育。"鼎心教育"从某种意义上具有很强的道德实践意义,时刻反省自己的内心,遵照正确的规则去规范自己的行动,要将善念如"鼎"般昂然挺立于学生生命之中,"心"之自省要时刻加固"鼎"之根基。

"鼎心教育"是理性、和谐的品质教育。"鼎心教育"的作用就在于找到适合孩子发展的环境和时机,是理性、和谐的品质教育,是更关注人性的提升、人格的健全、人的终身发展的教育,是更关注家乡、关注社会、时代、民族乃至全世界的未来的教育,是对时代发展、民族复兴、人类文明、社会和谐负责任的教育,其根本宗旨是造就人的爱心、责任心、担当精神以及履行责任的本领。"鼎心教育"就是构建学生内心与家、校、社会和谐互动的育人平台,营造以师生群体发展为核心的幸福成长生命场,塑造学生学习、做人、做事的良好心性和品德,从而达到立德树人的目的。"鼎心教育"与当下的教育价值观相吻合,就是要办老百姓家门口的新优质学校。

我们的教育信条——

我们坚信,

鼎心是温暖的生命律动;

我们坚信,

学校是充满爱的精神家园;

我们坚信,

教育是成全生命美好的过程；

我们坚信，

每个孩子都会绽放灿烂的笑容；

我们坚信

教师是美好种子的播种者、守望者；

我们坚信，

让生命昂然挺立是教育最美好的图景；

我们坚信，

在每一个孩子心中立鼎是教育的神圣使命！

二、学校课程理念

在"让每一个生命昂然挺立"的办学理念引领下，学校提出如下课程理念："在这里，与高尚的灵魂对话！"其具体内涵如下。

课程即生命场景。生命的意义，在于有正确的人生观，才能使宝贵的生命焕发灿烂的光辉。推动基于课程向度的仪式创意与空间设计，关注学习方式的多变性和场景性、学习时间的灵活性和可支配性、学习空间的多元性与舒适性、学习资源的丰富性和易得性，让所有的时空都释放出教育价值，让所有的时空都成为课程场景，让孩子们学习作品的形成、展示、发布、分享成为校园里最美丽的景观，让时空展现出生命成长的气息和活性，这是课程的一个重要表征。学生有其自身的发展规律，作为教育的载体，课程承担着学生发展中转折点的作用。课程开发以学生不断进步，学有小成，学有大成为目的。丰富课程种类，调整课程实施途径，让学生在课程中感受发展带来的乐趣和成就。

课程即文化相遇。传统文化是历史沉淀下来的精华，中华优秀传统文化逐渐成为中华民族伟大复兴的一个重要表征。优秀的传统文化走进校园是民族智慧和情感的传承和发扬。在学生人生观、价值观和文化观初步形成的中学阶段，学科教学融入传统文化的教育，会让学生增强对祖国优秀文化的认同感和自豪感。我国悠久的历史和优秀的传统文化为高素质人才的成长提供了保障。中国传统文化涵盖广泛，博大精深，不仅包括语言文字、文学艺术，还包括道德价值、风俗礼仪等等。从文化这一维度来理解课程的深层内涵，无疑能给课程开发带来新的思路。因此,以本土文化为资源,开发具有乡土特色的校本课程,勾起萦绕在每个学生内心的文化情愫是学校课程建设的独特视角。

课程即美好情愫。人生旅程漫漫度,岁月如歌悠悠行。美景如画静静赏,温情诗梦深深藏。指尖凝香绕流年,素卷漫舒绽花妍。拥有美丽的梦想,去追寻美丽的人生!美丽使人陶醉,令人憧憬!人生,要有美好的理想,不断努力开拓创新,保持心灵的美好,心泉清澈幽静,体悟人生真谛。人生的幸福是在我们的心间,靠智慧来营造一方圣土,用心灵去感应最美好的情愫。用真心去呵护心泉,沐浴明媚的阳光,心泉流潺潺,温柔绵长,日夜流淌着真和善,不断升华自己的心灵,这样才能成就幸福美丽人生。课程设置中着重培养学生对美的判断和向往,让学生的心灵不断净化、思想不断提升。

课程即心灵对话。"与心灵对话,改变人的一生"。在这个精神世界里,我们每个人都能感受到一种神奇而强大的力量,它支配我们的行动,时而带给我们喜悦,时而带给我们忧愁,时而带给我们深深的疑惑。与自己心灵对话可以正身,与名人心灵对话,可以养性。在课程设置中充分认识到这一点,才能潜移默化,感染学生的灵魂。"心灵对话",昭示民主、平等,从"情"的角度我们可以看出,学生与教师一样,有独立的人格,有自由的意志,有丰富的内心世界,有舒展生命、表达自己的空间;"心灵对话",张扬个性,生发灵性,让对话过程中每一个场景都成为积极的生命流程中的驿站;在彼此交往过程中认知、态度及价值观等方面进行交流与碰撞,沟通与合作,激发与感悟,是一种致力于相互理解,相互协作,相互共生,相互促进的过程。"心灵对话"像种子一样获得膏腴土地,就能生长出"灵动的表象";像"火星"一样,遇有足够的原料,就能"引爆"出丰富的联想和想象;像乐声一样遇到共鸣的弦索,就能"引发"情思和理趣的共鸣。

课程即责任担当。责任教育,旨在使广大学生树立对自己负责,对家庭负责,对他人负责,对集体负责,对祖国、社会和对生态环境负责的良好心态,养成良好的责任行为,学生逐步成为自我教育、自我管理、自我调节、自我发展的主体。以对自己负责为起始点,学会修身;以对家庭负责为基本点,学会孝敬;以对学习负责为支撑点,学会学习;以对他人负责为出发点,学会合作;以对集体负责为凝聚点,学会关心;以对社会负责为制高点,学会报答是学校课程目标的指向和归宿点。

总之，课程是学生心灵滋养和智慧启迪的载体，让每一个生命昂然挺立，让每一个孩子做一个一言九鼎的人，不断努力拔山举鼎、问鼎巅峰、鼎足而居，才能问鼎中原，达到鼎鼎有名。这是"鼎心教育"的内涵决定的。因此，我们开发了基于"鼎心教育"的"鼎立树课程"，使每一个学生都能在教育阳光的沐浴下傲然挺立！

第二节　渗透有根有味的文化底蕴

学校根据时代发展对未来人才培养的需要，按照国家基础教育的基本要求和当代中国学生核心素养的发展框架，结合学校的教育哲学，以培养全面发展的人为宗旨，提出学校的育人目标，并制定相应的课程目标。

一、学校育人目标

学校的育人目标是培养"鼎于心，懂得爱；立于行，能担当；察于眼，会做事"的学子，具体内涵阐释如下。

"鼎于心，懂得爱"：自信自爱，懂得感恩。心不倒，人则立。就是通过"鼎心教育"，启迪学生的心智，打开学生的心扉，挖掘学生的潜能，树立学生的信心，成为一个自信的人。在此基础上，培养学生有忠心、爱心、孝心、信心、虚心、诚心、恒心、开心、责任心，使每一位学生在家庭、学校、社会不仅爱自己，也关爱周围的亲人和朋友，更有对社会的大爱。

"立于行，能担当"：修养品行，勇于担当。就是学生通过各种课程的学习，用知识丰盈自己，由外及内，滋养身心，修养品行，使自己坚强挺立。面对人生各种问题，做到不退缩，能担负起自己应尽的责任。

"察于眼，会做事"：学会做事，敢于实践。就是通过丰富多彩的实践活动，开拓学生视野，创新思维，化知识为能力，让学生能做事，会做事。

二、学校课程目标

学校在"让每一个生命昂然挺立"的办学理念引领下，以课程为载体，以文化融合为方式，以促进学生全面发展为核心，努力实现学校"鼎于心，懂得爱；立于行，能担当；察于眼，会做事"的育人目标。基于学校育人目标，课程目标根据学生特点进行分级实施（见表5-1）。

表 5-1　第三中学年段课程目标表

年级＼目标	鼎于心，懂得爱	立于行，能担当	察于眼，会做事
七年级	1. 掌握七年级文化课程标准规定的要求，正确认识自我。 2. 学会自己的事情自己做，遵守学校纪律，爱护校园环境，注意个人卫生，培养良好的学习习惯和生活习惯，同学之间互相帮助，团结友爱。 3. 形成爱班、爱学校、爱父母、爱老师的情感。	1. 乐学善学，勤于反思，养成良好的学习习惯。 2. 初步形成规则与法治意识。 3. 培养学生自尊、自爱、自强、自重、自立的品行，让学生学会对自我负责，对他人负责，对家庭负责，对集体负责。	1. 初步学会观察自己的生活环境，学会爱护环境，不乱扔垃圾。 2. 懂得做事要讲善、小。自己的事情自己做，从小事做起，从身边事做起，在家里会为父母分担一些力所能及的家务活；在学校里，自己的书包、床铺自己整理，自己的学业自己学，认真完成老师布置的作业，班级里的事情一起做。 3. 初步学会遵守学校规章制度，尊师守纪，形成认真踏实的做事风格。
八年级	1. 懂得基本的做人道理，养成良好的行为习惯，关心社会环境。 2. 保护自然，学会礼貌，待人热心，帮助他人。 3. 养成对自己，对班级的责任心，拥有自信心，培养爱学校，爱社区的情感。	1. 养成良好的学习习惯。 2. 初步形成规则与法治意识。 3. 培养学生自尊，自爱，自强，自重，自立的品行。 4. 让学生学会对自我负责，对他人负责，对家庭负责，对集体负责，对社会负责，对国家负责，对民族负责，对人类负责，对自然负责，对时代负责，对未来负责。	1. 初步学会关心社会环境，能处理好个人与环境的关系，保护自然。 2. 懂得做事要讲勤、恒，掌握必要的处事能力，养成良好的行为习惯。 3. 会制定合理的计划，做事时学会思考，明辨是非，遇到问题能够通过自己的努力来解决，善于动脑，并享受"做事"成功的乐趣。 4. 通过做事，初步培养对自己、对班级的责任心，以及树立较强的自信心，为他们的未来的发展奠定良好的基础。
九年级	1. 懂得为人处事的基本准则，树立正确的人生观，价值观，能正确处理个人与集体社会的关系，关心集体，乐于奉献。	1. 乐学善学，勤于反思，养成良好的学习习惯。 2. 初步形成规则与法治意识。 3. 培养学生自尊，自爱，自强，自重，自	1. 认识人类与自然的相互依存关系，具有基础的环保意识。 2. 懂得为人处事的基本准则，树立正确的人生观、价值观。明确人生的价值、意义。处理好个人与集体、社会的关系。

目标　　年级	鼎于心，懂得爱	立于行，能担当	察于眼，会做事
	2. 具有环保意识，认真认识人类与自然的相互依存关系，拥有强烈的社会责任心。 3. 形成较强的自信心，具有爱家乡，爱社会，爱国家的情感。	立的品行。 4. 学会对自我负责，对他人负责，对家庭负责，对集体负责，对社会负责，对国家负责，对民族负责，对人类负责，对自然负责，对时代负责，对未来负责。	3. 拥有强烈的社会责任感。具有诚实、守信的品格，培养言行一致的风格。 4. 形成较强的自信心，充满活力，充满智慧，充满创造力，敢于实践，为学生认识社会、参与社会、适应社会，成为做事具有奋斗目标、有责任心、有条理、有坚强毅力等良好的行为习惯和个性品质的社会主义合格公民奠定基础。

第三节　搭建绿意盎然的课程结构

依据"鼎心教育"的教育哲学,及"让每一个生命昂然挺立"的办学理念和学校的育人目标,学校梳理现有课程,建构体现"在这里,与高尚的灵魂对话!"的课程理念的"鼎立树课程"体系,以实现"鼎于心,懂得爱;立于行,能担当;察于眼,会做事"的育人目标。

一、学校课程逻辑

学校"鼎立树课程"包含"鼎信""鼎智""鼎能""鼎言""鼎新""鼎行"等六大课程领域。丰富多彩的课程共同承载育人功能,实现育人目标。学校课程逻辑图如下(见图 5-1)。

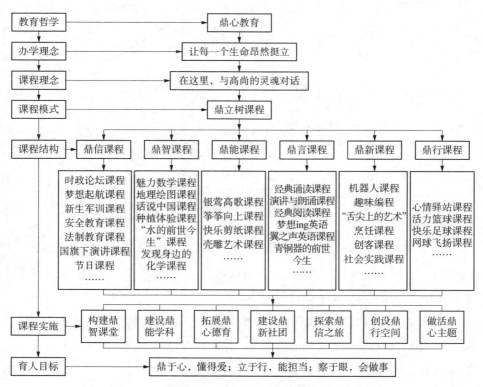

图 5-1　管城区第三中学"鼎立树课程"逻辑示意图

二、学校课程结构

根据"鼎心教育"理念和中学生六大核心素养,学校设计"鼎立树课程"结构(见图5-2)。这六个方面的课程相互融合,共同促进学生全面发展。

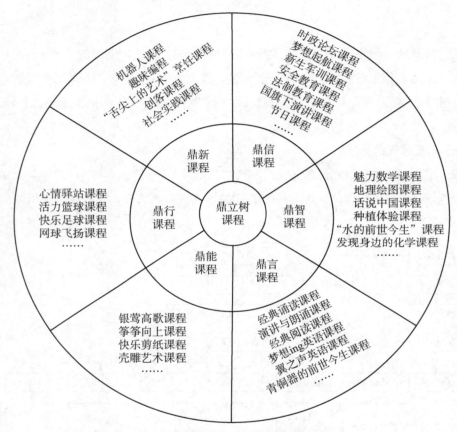

图5-2 管城区第三中学"鼎立树课程"结构图

"鼎立树课程"设置为六大课程领域,包含鼎信、鼎智、鼎能、鼎言、鼎新、鼎行。

"鼎信课程"指向品格与修养,包括时政论坛、梦想起航、新生军训、安全教育、法制教育、节日课程、国旗下演讲等。

"鼎智课程"指向逻辑与思维,包括魅力数学、"最值问题"、地理绘图、话说中国、种植体验、护花使者、"水的前世今生"、趣味数学、智汇地理、趣味物理、魔法化学、百草园、中原问鼎——省情文化教育、体现身边的化学等。

"鼎言课程"指向语言与表达,包括经典诵读、演讲与朗诵、经典阅读、翼之声英语社团、梦想 ing、青铜器的前世今生等。

"鼎能课程"指向艺术与审美,包括快乐音乐、筝筝向上、快乐剪纸、壳雕艺术等。

"鼎新课程"指向科学与探索,包括机器人、趣味编程、"舌尖上的艺术"烹饪课程、创客课程、社会实践课程等。

"鼎行课程"指向运动与健康,包括心情驿站、活力篮球、快乐足球、网球飞扬等。

三、学校课程设置

根据国家基础课程安排,结合学校课程资源、课程门类,考虑学生的学习兴趣和发展需求,学校按照年级水平对课程内容进行系统建构,形成"鼎立树课程"六大领域课程设置的具体框架(见表 5-2)。

表5-2 "管城区第三中学"鼎立树课程"七至九年级课程设置"

学期		鼎信课程	鼎智课程	鼎言课程	鼎能课程	鼎新课程	鼎行课程
七年级	上学期	时政论坛课程 梦想起航课程 新生军训课程 安全教育课程 法制教育课程 国旗下演讲 领导力课程	魅力数学课程 神奇图形计算课 "最值问题" 地理绘图课程 话说中国课程 种植体验课程 "护花使者"	经典诵读课程 演讲与朗诵课程 经典阅读课程 梦想ing英语 青铜器前世今生	银莺高歌课程 筝筝向上课程 快乐剪纸课程 完雕艺术课程	信息技术课程 综合实践课程 趣味编程课程 "舌尖上艺术" 烹饪课程	活力篮球课程 快乐足球课程 网球飞扬课程 心情驿站课程
	下学期	时政论坛课程 梦想起航课程 安全教育课程 法制教育课程 国旗下演讲 领导力课程	魅力数学课程 神奇图形计算 "最值问题" 地理绘图课程 话说中国课程 小小园艺工 自然日记课程	经典诵读课程 演讲与朗诵课程 经典阅读课程 梦想ing英语 青铜器前世今生	银莺高歌课程 筝筝向上课程 快乐剪纸课程 完雕艺术课程	信息技术课程 综合实践课程 趣味编程课程 "舌尖上艺术" 烹饪课程	快乐足球课程 活力篮球课程 网球飞扬课程 心情驿站课程
八年级	上学期	时政论坛课程 梦想起航课程 安全教育课程 法制教育课程 节日教育课程 国旗下演讲 领导力课程	魅力数学课程 神奇图形计算 "最值问题" 地理绘图课程 花与艺术课程 "水的前世今生" 生活中的凸透镜	经典诵读课程 演讲与朗诵课程 经典阅读课程 冀之声英语 青铜器前世今生	银莺高歌课程 筝筝向上课程 快乐剪纸课程 完雕艺术课程	信息技术课程 综合实践课程 趣味编程课程 "舌尖上艺术" 烹饪课程	快乐足球课程 活力篮球课程 网球飞扬课程 心情驿站课程

	学期	鼎信课程	鼎智课程	鼎言课程	鼎能课程	鼎新课程	鼎行课程
	下学期	时政论坛课程 梦想起航课程 安全教育课程 法制教育课程 14岁生日课程 节日教育课程 国旗下演讲 领导力课程	魅力数学课程 神奇图形计算 "最值问题" 地理绘图课程 话说中国课程 植物小达人课程 神奇的种子课程 生活中的功力课程 制摩擦力探究	经典诵读课程 演讲与朗诵课程 经典阅读课程 翼之声英语 青铜器前世今生	银莺高歌课程 筝向上课程 快乐剪纸课程 壳雕艺术课程	信息技术课程 综合实践课程 趣味编程课程 "舌尖上艺术" 烹饪课程	快乐足球课程 活力篮球课程 网球飞扬课程 心情驿站课程
九年级	上学期	梦想起航课程 励志教育课程 国旗下演讲 领导力课程	最值问题 化学的昨天、今天和明天课程 生活中的电课程	经典诵读课程 演讲与朗诵课程 经典阅读课程 英语话题写作 青铜器前世今生	壳雕艺术课程	编程课程	快乐足球课程 活力篮球课程 心情驿站课程
	下学期	百日誓师课程 毕业典礼课程 国旗下演讲 领导力课程	最值问题 化学揭秘生活 发现身边的化学 化学辨真假课程	经典诵读课程 演讲与朗诵课程 经典阅读课程 英语话题写作 青铜器前世今生	壳雕艺术课程	编程课程	快乐足球课程 活力篮球课程 心情驿站课程

　　学校通过建构"鼎智课堂"、建设"鼎能学科",做活课程整合;通过创设"鼎新社团"、拓展"鼎心节日"、创设"鼎行空间"、探索"鼎信之旅"等方式,推进各类课程有效实施;通过做活"鼎心主题",凸显校园文化隐性课程。

一、建构"鼎智课堂",提升课程实施品质

　　在"在这里,与高尚的灵魂对话!"课程理念引领下,学校以建构"鼎智课堂"为抓手,转变教师教育理念,改进学生学习方式,培养学生学习能力,提升学科核心素养,使学生在基础课程学习中得到滋养和智慧的成长。

（一）"鼎智课堂"的实施

　　传统的课堂上,教师重教不重学,因循于文本和常规思维,课堂不够生动,对学生缺乏吸引力,课堂评价与教学目标脱节,"教—学—评"不一致,导致无数的低效课堂出现。在郑州市"道德课堂"以及"教—学—评"一致性理念引领下,我们提出"课堂因鼎智而精彩"的"讲练＋"的"鼎智课堂"模式。

　　"鼎智课堂"是目标丰盈,内容灵秀,过程灵动,方法灵活,主体互生,文化灵妙的课堂。

　　"鼎智课堂"内涵来自师生在课堂上互启智慧,教学互生的精彩演绎。因此,"鼎智课堂"的实施推进,立足"教"与"学",以学生学习为中心,以教科研为驱动,以校本教研为保障,编制学科素养双向细目表,尝试多样方式培育学生素养,实现"鼎智课堂"高效高质的最终目的。

　　推进"鼎智课堂"系列校本研修。系列活动之一:建立师带徒学习共同体。学校每个学年组织新任教师与学科骨干教师组成师带徒学习共同体,师傅通过一对一、手把手地"传、帮、带",多角度、立体式帮助徒弟尽快领悟"鼎智课堂"文化理念,熟悉"鼎智课堂"基本形态和教学特点,把握"鼎智课堂"的精髓,上好达标课。学校通过编制《夫子册》和《门生册》,组成《薪火集》,制定完善的考评制度,对师带

徒学习共同体进行考核评价。系列活动之二：组织学科教学研究。各学科依据"鼎智课堂"文化理念，确立各学科教学研究的主题。如：语文学科的"经典阅读"、数学学科的"概念课教学"、英语学科的"模块教学"、物理学科的"国家课程校本化"、信息技术学科的"微课制作"、化学学科的"问题式教学"、政治学科的"课程整合"、地理学科的"地图教学"等。学科组长发挥课程规划、引领、组织、落实的作用，带领学科教师积极参与教学研究。在教学实际中，把鼎智课堂的核心理念融入不同学科、不同课型、不同主题，通过思考、实践、反思、总结，来提升课堂教学的效果，促进鼎智课堂真正落地生根。系列活动之三：开展小课题研究。学校围绕"鼎智课堂"文化建设，开展课题立项与研究，并组织教师开展小课题研究。在学校总课题的引领下，规划子课题，为老师们小课题立项提供引领和参考。学校小课题研究的基本流程为"发现问题——形成课题——课题论证——课题研究——撰写成果——分享交流——实践改进"。小课题研究周期短，切入点小，与课堂教学紧密结合，实效性强。课题研究使"鼎智课堂"文化更丰盈，植根的土壤更肥沃。

推进"师友互助"小组合作学习。各班学习小组每组 4—8 人，在教师引导、学生自愿的原则下结合成学习伙伴。担任"师傅"的同学在学习上、纪律上起到表率作用，在学习中帮助同学在一定程度上解决疑问，起到督促、辅导、带动的作用。学习伙伴的结成也有利于学习内容的互查、互学。学习伙伴中的"徒弟"主动参与学习，认真听讲、独立思考、认真练习，有疑难问题时主动向同学请教，课堂学习中主动参与交流、展示。教师在开展教学时，充分利用学习组长、同伴互助。如分别对不同层次的同学提出明确的学习任务；课堂交流以"同桌—小组"为主体进行；课堂展示、讲题以"学友—师傅—组长"为团体进行；课堂练习同伴互批；课堂对话同伴互助；课堂背默同伴互查；以小组为单位收集学生作业和练习中的疑难点；同伴一对一辅导等。"师友互助"学习小组建设是"鼎智课堂"推进的重要途径。

编制学科素养双向细目表。学科教研组长根据本学科"课堂教学落实学科核心素养评价标准"，对照课程标准，组织学科教师结合学科教学案例，进行深入研究和解读，使教师明晰本学科应注重培养学生哪些方面的关键能力和必备品格，应教会学生哪些基本的学科学习与研究方法。

双向细目表编制方式：从每个单元应列出对应的"学习内容"（包括必备知识、核心概念）——"测试形式"（常见题型）——"方法建议"（对应的学科教学方法）——"达成程度"（了解、理解、掌握、应用）——"指向的关键能力和必备品格"。

双向细目表使用方式：根据单元教学细目表做好课时备课教学设计，使课堂教学中组织实施指向性清晰的教学活动。这样课堂教学环节的设置以学习任务为导向，以学习活动为载体，体现明晰的目标指向。同时，注重对学生学习过程的方法指导、思维品质的培养，从而使学生通过学习实现自主构建，发展核心素养。

在课后评价中，根据单元细目表中的必备知识、核心概念及对应的关键能力、必备品格进行编制。除了必要的单元测试外，还可引入"单元学习学生问卷"，帮助学生回顾学习过程，自主梳理单元知识体系，做好单元学习总结，了解学生学习动机、学习兴趣、学习态度、学习策略、学习习惯、学习投入等方面的基本情况，并进行针对性地点评。学科素养双向细目表是提升"鼎智课堂"教学质量的重要抓手。

编制"赢在课堂"评价卷。"赢在课堂"评价卷的目的在于提升学生学习能力，数学、英语、物理、化学组教师在组长的带领下集体研讨，积极编写"赢在课堂"评价卷，将教学目标转化为学习目标，激发学生的学习兴趣和探究的欲望。课堂上，以卷导学，尊重学生的主体性，培养他们自主、合作、探究和分享的意识与能力，提高课堂教学的有效性，以学习方式的"根本"转变来提升学生的学习能力、学习效果。"赢在课堂"评价卷可以及时有效的做好课堂评价，是提升"鼎智课堂"教学质量的重要抓手。

探索多样化的教学方式。追求教学方式的多样化是"鼎智课堂"的基本要求。适合学生的就是最好的。随着教育信息化的发展和"鼎智课堂"文化建设的深入进行，学校的教学方式必然更加灵活多样。"翻转课堂""主体式课堂""体验式课堂""探究式课堂""合作式课堂""问题式课堂"等新教学方式推动"鼎智课堂"走向纵深。学校必然从关注"教"走向关注"学"，培育学科核心素养，全面提升课堂品质，让课堂生态更加富有生命气息、思维张力和精神滋养，更加融入国际视野、理性精神和家国情怀，更加强化信息技术参与、多样态呈现和交互式应用，打造绿意盎然、千姿百态的课堂风景，描绘"鼎智"教育创新、智慧和谐的课堂图谱。

（二）"鼎智课堂"的评价标准

根据"鼎智课堂"的内涵特点，学校从学习目标、教学策略、教学评价、"教学评"一致性程度等方面，制定"鼎智课堂教学评一致性评价量表"，引领课堂发展方向（见表5-3）。

表 5-3 管城区第三中学"鼎智课堂教学评一致性"评价量表

授课教师： 学科： 班级： 内容： 日期：					
维度	特征描述	优秀	良好	合格	不合格
		20—18分	17—15分	14—12分	12分以下
学习目标（20分）	1. 学习目标的设计是否依据：课程标准、教材、学情、资源，是否能正确解读课程标准，是否能准确分解课程标准。				
	2. 学习目标的叙写是否规范，是否具备以下五个核心要素：				
	① 行为主体（学生）。				
	② 核心内容。				
	③ 行为条件（辅助手段成工具、提供信息或提示、时间的限制、完成行为的情景等）。如：通过……				
	④ 行为动词（可视察、可测量的具体行为）。如：会背诵……				
	⑤ 行为标准《学生对学习目标要求所达到的最低标准）。如：能写出不少于300字的短评。				
维度	特征描述	优秀	良好	合格	不合格
		40—36分	35—31分	30—26分	26分以下
教学策略（40分）	1. 教学过程的设计是否能以"教—学—评"一致性为主线，紧扣学习目标来展开。				
	2. 教学方式是否具备多样性、合理性。能否以问题驱动学习，以问导学式教学。				
	3. 教学过程设计是否能遵循以下几个原则：				
	原则一："赢在课堂"反馈卷，是否能紧扣学习目标。				

维度	特征描述	优秀	良好	合格	不合格
		40—36 分	35—31 分	30—26 分	26 分以下
	原则二:是否能选择合适的教学方式,充分调动学生的思维,让学生亲自经历和体验,成为知识的主动建构者。				
	原则三:教学活动的设计是否从学生已有的经验出发,过程设计是否是有序的、阶梯型的,有层次递进的。				
	原则四:教的时间是否按要求不超过 25 分钟,练的时间不低于 8 分钟,展、评时间合理。				

维度	特征描述	优秀	良好	合格	不合格
		20—18 分	17—15 分	14—12 分	12 分以下
教学评价（20 分）	1. 评价任务是否指向学习目标。				
	2. 评价任务的指令是否明确、情境是否合理、内容是否准确。				
	3. 是否能适时、合理地运用"一对一"任务设计法或"一对多"任务设计法。				
"教—学—评"一致性程度（20 分）	1. 教学活动是否围绕学习目标。				
	2. 教学评价是否指向学习目标。				
	3. 学习目标是否达成。				
质性评价	合计得分:				
评课:					
评课教师签名:					

"鼎智课堂"的评价方式主要通过学科组集体备课、课堂观察、主题教研、学生评教、教学展评等方式进行。

二、建设"鼎能学科",推进学科拓展课程全面落实

"鼎能学科"以学科基础课程为核心,贯彻"在这里,与高尚的灵魂对话!"的课程理念,依据学科课程标准的要求,根据学生发展需求,对学科基础课程进行拓展,从而构建鼎能课程群,帮助学生完善学科知识体系,提升学科素养,提高学科学习能力,激发学习潜能与兴趣。

(一)"鼎能学科"的建设路径

"鼎能学科"的设计要坚持以下几个原则。

实用性:课程内容要充实具体,选择有利于学生终身发展必备的基本技能为切入点,使学生能学以致用,学以提高,更好的培育学生的核心素养,提升学生的学科学习能力。

趣味性:应将知识性强的材料化繁为简,化难为易,深入浅出,着眼于激发学生的学习兴趣,使学生对课程嚼之有味,学之有得,思之有获。

针对性:特色课程的设置要针对学生个性发展需求,研究学生课程学习的薄弱点、兴趣点、增长点,研发学生必要的、针对性的课程内容,让学生在全面发展的基础上,在某一方面有突出的发展。

前瞻性:课程应建立在时代特征、学生发展、现代教育理念的基础上,在课程目标、课程内容、课程实施、课程评价的确定上都应体现超前发展意识。

操作性:课程实施的对象是学生,课程的设计编排必须符合学校教育教学实际和学生发展需求,在课程资源利用、课程实施的时间、场地、保障措施方面要切实可行。

为进一步落实国家课程标准要求,满足学生学习需求,凸显学校文化特色,各学科组进行课程群构建时,关注学科基本属性,以课程标准的目标分类为领域,以学科课程资源整合为抓手,侧重厘清基础课程与拓展课程逻辑,使二者相辅相成,更好展示学科特色魅力,并系统思考实施路径。其基本呈现是构建"1+X"学科课程群。

1."唯美语文"课程群

"唯美语文"课程群以"博学笃志,做美好的语文教育"为课程理念,以打造"唯

美课堂"为平台,引领学生博学笃志,涵养诗意的性灵,全面提升学生的语文素养,做美好情怀的语文教育。

语文学科课程群的构建侧重给予学生生命关怀和审美滋养,围绕语言建构与运用、思维发展与提升、审美鉴赏与创造、文化传承与理解等核心素养,以国家课程为基础,在阅读品味、口语交际、综合实践三个领域进行课程构建,包含经典诵读、演讲与朗诵、经典阅读三门校本课程,从而形成"唯美语文"的"1+X"课程群。

经典诵读:课程通过开展中华古诗文经典诵读活动,弘扬祖国优秀传统文化,加强优秀传统文化熏陶与修养。

演讲与朗诵:课程通过演讲和朗诵,发展学生的语言能力,培养学生的口才,同时发展学生的思维能力,获得对自然、对社会、对人生的有益启示,演讲和朗诵时注意表情和语气,注意感情体验,不断提高应对能力和表达能力。

经典阅读:课程通过阅读文学经典使学生领略到读书的价值和意义,形成对文学经典浓厚的阅读兴趣,引导学生养成良好的读书习惯,欣赏文学有自己的情感体验,初步领悟作品内涵,理解作品中感人的故事情节,欣赏品味作品的语言和人物形象,提高个人的人文素养和人文精神。根据不同学段的知识储备和学生需求,将经典诵读课程分为"读名著·讲故事——精彩情节""读名著·品人物——人物评说""小说群文阅读""戏剧群文阅读"四个系列。

三门课程依据各年级学生学情,由易到难、由浅入深,由单一到综合、循序渐进,贯穿七、八、九三个学段,根据不同学段的知识储备和学生需求编制不同的内容,由各年级段的任课老师组织实施。"经典诵读"晨诵午读,"演讲与朗诵"每周一课时,"经典阅读"每周一课时。

不同的课程评价方式不一,"经典诵读"课程以名篇背诵、诗词接龙、飞花令、诗词默写,诗词赏析等形式进行评价;"演讲与朗诵"课程以朗诵比赛,即兴演讲,主题演讲比赛的形式评价;"经典阅读"课程以讲故事、手抄报展览,思维导图等形式进行评价。

2. "趣味数学"课程群

"数学是思维的体操",它不仅具有高度的抽象性、严密的逻辑性,而且具有广泛的应用性。数学课程要求人人都能获得良好的数学教育,不同的人在数学上都有不同的发展。但现在很多学生感受不到数学的乐趣与美,面对学校生源差、自信心不足、学习兴趣不高的现状,提高学生学习数学的积极性迫在眉睫,故此以"激发兴趣,品味生活"为课程建设的哲学依据,提炼出"用有趣的数学感悟生活的魅力"的课程理念,打造"趣味数学"课程群。课程主要以数学游戏和数学问题为工具,发挥数学在培养人的思维能力和创造力方面的作用,锻炼数学智能,以增强学生自我成就感,培养自信自强的公民为学科育人目标。

趣味数学课程群设置"魅力数学""神奇的图形计算器""最值问题"三类课程,课程面对七、八、九年级全体学生,通过动手操作、合作交流、成果展示等方式培养学生的自我成就感,提升学生的数学核心素养。课程以国家课程为根本,结合我校实情着力培养学生的动手能力、实践能力以及将数学应用于生活能力。七年级设置制作玩转七巧板、数据的统计与分析、供给站问题等内容,八年级设置玩转魔方、图案设计、利润最大化问题等内容,九年级设置利润最大化问题。

不同的课程评价方式不一,"魅力数学""神奇的图形计算器"课程以赛作品、赛时间的形式进行评价;"最值问题"课程以解决生活问题形式进行评价。

3. "梦想 ing 英语"课程群

针对农村学生英语比较薄弱,学生缺乏自信心的现状,我校打造了英语课程群,旨在夯实英语学习的基础,鼓励学生积极主动开口表达英语,激发学生学英语的兴趣。英语课程落实学生语言能力、思维品质、学习能力、文化品格等英语核心素养。同时使学生理解中西方文化差异,增强学生的自信心和团队合作意识,提高学生的综合语言运用能力。

英语课程的内容设置基于教材又不拘泥于教材,结合我校校情,七年级开设"梦想 ing"英语课程。通过英语歌曲学习和英语故事阅读,学生感受英语语言的魅力。英语趣配音,借助各种有趣的视频鼓励学生开口说英语,激发学生学英语兴趣的同时纠正了发音,无形中学生练就一口流利的英语口语。通过实施对话、交流、沟通、配音、分享等丰富多彩的英语学习活动,让学生勇于积极主动开口说、开口讲、开口读。课程提倡创设真实性语境与活动,搭建应用平台,通过生活化现实场景话语、多样化活动,培养学生探究精神、创新精神,促成学以致用的思维品质。通过阅读并展演绘本、故事、小说、名著等活动,在团队交流与分享中提升语言综合运用能力,传播中国传统文化,进一步加深对中西方文化差异的理解和尊重。八年级的"翼之声"英语课程安排有歌曲学习、趣配音、影视片段欣赏、故事阅读分享与展演、英语演讲等。阅读与分享以故事阅读为主,让学生感受文本的趣味性,促进阅读能力提升及思维品质的形成。九年级针对"中招考试",专门开设了"英语话题写作小能手"课程。基于话题,手把手教学生如何审题、列提纲、绘制思维导图、连词成句,连句成篇,如何修改与润色作文等。学生在课程中增加实战经验,增强学英语的信心。

实施过程中,学生亲身体验,手脑并用,团队合作,展示成果,交流分享心得收获。没有平时上课那么紧张,没有考试的压力,学生是活动的主人,他们乐于探索,愿意合作,勇于展示,充分发挥了学生的主体作用,体验了语言学习的趣味性和获得感。此课程主要在课程实施中通过配音、比赛等活动对学生给予评价。

4."润心道法"课程群

"润心道法"即以德润心,以法正行,润泽心灵,德法同行。"以德润心",就是要求学生修身养德,用社会主义核心价值观滋润心灵;"以法正行",就是要求学生全面提高自身法治观念和法律意识,使尊法学法守法用法成为青少年的共同追求和自觉行动。《义务教育道德与法治课程标准(2022年版)》课程标准中明确提出:认识中国特色社会主义的伟大建设成就,铸牢中华民族共同体意识;珍爱生命,热爱生活,自觉践行社会主义核心价值观;用法律作为维护自己未成年人的权益。① 基于以上目标和校情、学情,我们开设了"润心道法"课程,包括法律通课程和时政课程。"润心道法"课程以"德润心灵,法护成长"为课程建设的哲学依据,以"立身为人德法兼修,家国情怀行走天下"为课程理念,并以培养智德文法兼修的负责任公民为学科育人目标。

"立德树人,以法育心"时政课程根据学生的发展需要,依据不同年级学生身心发展特点、道德认知发展规律,构建了道德与法治时政播报,时政点评,时政命题课程及家庭、学校、社会礼仪课程。学习的时间安排为一学年原则上每两周为一个专题研究时间,由政治课教师兼任。每节课前,要求轮流由一位学生上台作五分钟的时事述评(题材、内容自选述评之后材料交由思想政治课老师保管),然后由全班学生从两周内的学生述评或其它感兴趣的时事热点中,选出其中一个话题

---

① 中华人民共和国教育部. 义务教育道德与法治课程标准(2022年版)[S]北京:北京师范大学出版社,2022:42.

进行深入地调查、剖析、质疑、探究，以期全面、系统地了解该热点问题的缘由和本质。

课程采用形成性评价的方式，重视学生在学习过程中的自评和互评，使评价成为学生学会"探究反思"、发现自我、欣赏自我与他人的过程；强调评价的激励性，鼓励学生大胆、充分发表自己的独到见解施展自己的才华。教师评价与学生的自评、互评相结合。根据学生的课外资料收集情况、课堂的参与程度、发表观点和看法的整体质量、作业及小论文完成的水准等方面的表现，以优、良、合格、不合格四个等级来表示。

5. "鼎智历史"课程群

基于对课程标准和历史学科素养的细化解读，它以"纵情史海寻奥秘，徜徉古今明真谛"为课程开发的理念，我校打造"鼎智历史"课程。"青铜器的前世今生——从青铜到王者"课程依托国家基础课程，从探寻历史、聆听历史、感受历史三个方面拓展学生的知识面，激发学生的学习兴趣，提高学生的动手能力，构建活动历史课程，使学生能够对青铜器本身以及其所蕴含的文化有一个全面的认识。此外，"中原问鼎"课程主要让学生了解青铜器的典型代表，通过对鼎的认知来深化青铜器于国家的象征，包括鼎的起源、鼎的制作、鼎的文化等课程内容。通过该课程内容的学习使学生在理论与实践中体会鼎文化的厚重与深远。

"中原问鼎"课程只针对八年级学生，每学期两个课时；"青铜器的前世今生"课程贯穿于七、九两个年级，根据不同学段的知识储备和学生需求编制不同内容，由各年级段的任课教师组织实施。拓展课程每学期 3 课时，活动课程每学科 2 课时。

课程评价采用多元化形成性评价的方式，重视对过程的评价和对学生特点的评价，注重发掘学生身上的闪光点和培养学生兴趣；学生在教师的指导下，对自己历史学习的情况进行评价。学生在历史学习过程中，通过自我评价，可以对自己历史学习的特长以及不足有较为清楚的了解，可以增强历史学习的积极性、主动性；强调评价的综合性和针对性，对于小组综合探究的成果及时进行激励性的肯定，并且明确突出个人优异表现，体现评价的针对性、有效性、激励性。基于以上评价方式，对"青铜器的来世今生"采用课程活动总结和视频观后感来进行互评，对"中原问鼎"课程采取小组合作制作"鼎"成果展示来进行评比以及历史知识竞赛形式进行评比。课程通过采用不同的评价方式,提高趣味性和多样性。

6. "智汇地理"课程群

"智汇地理"课程的核心价值是树立科学的可持续发展观,地理学科以"学习地理知晓万物,运用地理助力生活"为课程建设的哲学依据,提炼出"心怀祖国,放眼世界"的课程理念,增强学生的地理学习能力和生存能力,使学生具备家国情怀和世界眼光,运用已有的地理知识解决身边的地理问题。

依托地理课程标准、学生学情及认知特点开发和设置地理课程。七年级课程主要内容是世界地理,注重区域认知能力的培养,开设"手绘世界"地理课程,启发学生制作简易地球仪、地形图模型,绘制区域图等,运用成果展示、动手实践、实地考察等丰富的活动形式,表达、交流地理学习的体会、想法和成果。八年级课程主要内容是中国地理,以提升学生区域认知和综合思维能力为导向,立足学生人地协调观和地理实践力核心素养的培养,开设"话说中国"地理课程,启发学生搜集各种材料,展示中国的风土人情和民族节日,开阔视野;利用各种自然地理模型解释自然现象和环境问题,探讨产生原因和解决方案,争做环保小卫士。

画图说图,直接提升学生绘图能力、读图方法、语言组织能力。以美图展览、方法交流会的形式进行;启发学生利用生活中的材料制作地理模型,以成果展示的形式进行,展览学生制作的地理模型、趣味地图,并对优秀作品进行表扬;培养学生地理核心素养——人地协调观和地理实践力,撰写学习心得,绘制主题手抄报,对优秀作品进行展览。

7. "魔法化学"课程群

所谓"魔法化学",就是美丽的化学,实践的化学,活力的化学。它以"用化学的眼光认识世界、改造世界"为课程建设的哲学依据,提炼出"彰显化学之美,助力智慧人生"的课程理念,打造"魔法化学"课程,并以培养"乐学、实践、善思"的智慧公民为学科育人目标。

"魔法化学"课程群旨在通过课程增长智慧,立足于变化守恒、宏微结合、实验探究、绿色应用等核心素养,在化学与生活、化学与实践、化学与情感三个方面进行课程构建。

"趣味化学"依托课本资源,将知识融入到一个个的趣味小实验中去,激发学生的兴趣,提高学生的实验能力。"是真的吗?"依据课程标准在科学探究方面的要求,将科学探究与初中化学知识及实际生活联系起来,提高学生的科学素养。"化学的昨天、今天和明天"利用化学发展史,让学生回到真实的历史情境中去感受,促进学生思维品格的形成。"生活大揭秘"依据生活中常见的化学问题,从化学的角度解释生活中常见的问题和现象,提高学生的学科素养。"发现身边的化学"旨在扩大学生知识面,拓宽学生视野,发展学习化学的兴趣,关注我们身边的生活,将化学知识应用于生产、生活实践的意识,逐步形成可持续发展的思想。

五门课程由浅入深,逐级深入,循序渐进;贯穿九年级,根据不同学期的知识储备和学生需求编制不同的内容,由九年级化学任课教师组织实施。"化学的昨天、今天和明天"上学期举行两课时;"趣味化学"上学期间周一课时;"是真的吗"下学期进行三课时;"生活大揭秘"下学期举行两次化学活动,"发现身边的化学"下学期举行三次化学活动。

8. "百草园生物"课程群

生物学科从《义务教育生物学课程标准(2022年版)》提炼出生物学科的核心价值观为:培养理性思维、科学态度及终身学习的理念。然后,以"保持浓厚的学习兴趣,养成理性的思维,形成积极的科学态度,发展终身学习能力"为课程开发的哲学依据,构建"百草园"生物课程群,依托"鼎智课堂"为实施平台,点燃学生兴趣的火花,让兴趣之火遍布到无限的学习中。依据学科性质和学科理念,结合学校文化、生物学教材以及学生的实际情况,确定"百草园课程"的基本理念为"认识生物爱自然,探索乐园学科学"。

"百草园"课程群设立了拓展性课程和活动课程等课程体系。在具体实施中,"种植体验课程"课程根据季节和我校土地特点选择适合种植的种植,让学生亲自动手松土、播种提高学生的动手能力和身体素质。"爱花护花"课程教授学生爱花护花的知识并培养爱护植物的意识。"自然日记"和"小小园艺工"课程内容指导学生坚持观察、如实记录植物的成长变化,学生学习有关植物的生长特点并依据特点学会管理方法。"神奇的树叶与花朵"通过观察树叶与花朵,学会用美的眼光看待世界,体会生物学中的美。"花与艺术"通过了解花朵的结构、花朵中的艺术,培养学生欣赏花朵的美、热爱生命的观念。"植物小达人"课程让学生通过观察辨认至少30种不同的植物,"神奇的种子"通过观察种子生长过程,了解种子成长相关知识,养成写观察日记的习惯,培养尊重生命的观念。

不同的课程运用不同的评价方式，"种植体验课程""爱花护花""小小园艺工"以课程中的实际动手能力进行评价；"植物小达人"以知识竞赛的形式进行评价；"自然日记"以记录的形式进行评价；"神奇的树叶与花朵""花与艺术"课程以艺术作品展示进行评价。

9. "趣味物理"课程群

"趣味物理"是努力激发学生学习物理的兴趣，打造快乐的物理课堂。它以课程标准为依据，通过对实验、问题解决的创新，培养学生学习物理的兴趣，学生初步形成科学探究与创新的能力，并在探索中勇于创新，养成善于交流的习惯和培养团队意识。

依据课程标准我们设置了"水的前世今生""生活中的凸透镜""摩擦力探究""生活中的功""生活中的电"五个课程。课程面对八、九年级全体学生，通过动手学习、合作探究、成果展示等培养学生的自我成就感，提升学生的物理核心素养。"水的前世今生"课程依据八年级上期物理内容很多章节可以与水相联系而设置，例如水的物态变化、平面镜成像、水的密度的测量等，以水贯穿大部分的章节课程与教学相辅相成。"生活中的凸透镜"课程以国家课程为根本，结合我校实情着力培养学生的动手能力、教师挖深教材让物理应用于生活。"摩擦力研究""生活中的功"课程不受课本内容的限制选择，使用具有现实性、趣味性和挑战性的素材做学习、调查研究性的内容，注重渗透一些重要的物理思想和方法。"生活中的电"从电工学的角度讲解物理中的电学，着重于动手组装能力和电路设计能力的提升。

不同的课程评价方式不一，"水的前世今生"课程以快速口答、实验的方式等活动形式进行评价；"生活中的凸透镜"课程以手工作品展示、讲解原理等形式进行评价；"摩擦力研究""生活中的功"课程以讲解生活体验等形式评价；"生活中的电"课程以活动比赛等形式进行评价。

10. "创意美术"课程群

美术学科通过分析《义务教育艺术课程标准（2022年版）》发现，艺术课程要培养学生的审美感知、艺术表现、创意实践和文化理解等核心素养。因此，美术学科提炼出"学习创意美术，拓展鼎新思维美化生活"为课程建设的哲学依据，打造"创意美术"课程，并以培养活跃的、有责任感的公民为学科育人目标。

"创意美术"课程群结合本校实际情况,针对在校学生实际情况量身打造了不同类型的课程。妙手生花剪纸课程——"快乐剪纸"。"快乐剪纸"课程是让学生在亲身参与剪纸的过程中喜欢剪纸艺术,感受和理解剪纸作品的情绪、格调、人文内涵,养成健康向上的审美情趣。七年级的"走进剪纸""剪彩人生";八年级的"彩色剪纸""剪彩人生",通过对各不相同的形象进行研究,在剪纸的学习中提高学生对艺术的鉴赏能力。"壳雕艺术"课程。通过学习壳雕,学生的艺术世界受到感染和熏陶。七年级的"魔力蛋壳""对话蛋壳壳雕艺术",八年级的"蛋壳装饰""对话蛋壳壳雕艺术",九年级的"指尖艺术",学生在亲身参与壳雕的过程中喜欢雕刻艺术,对壳雕作品的情绪、格调、人文内涵感受和理解,养成健康向上的审美情趣,能掌握简单的壳雕技术。

这两个课程专业性较强,除了美术教师外,学校专门聘请民间艺术家间周授课。"快乐剪纸"和"壳雕艺术"课程艺术形式相似,因此评价方法一致,均可以通过学生自评、师评、校评、他评的方式对学生的课堂表现、作品成果等进行评价。

11. "激情体育"课程群

体育课程核心价值是增进学生健康,培养学生终身体育意识和运动能力。因此,学校体育学科以"学习体育增进健康,热爱运动幸福生活"为课程建设哲学依据,打造"激情体育"课程群。所谓"激情体育"就是以热情的体育精神,让活力四射的学生成为有着拼搏精神和优秀技术的体育人,以"增强体质,增进健康,终身体育阳光快乐一辈子"的课程理念,以"培养阳光的热爱生活的公民"为育人目标。

"激情体育"课程群旨在通过课程,培养学生的热爱运动、自主运动,掌握特殊运动技能。以国家课程为核心,紧扣课程标准对于学生运动技能的要求设置课程,力争让学生掌握1—2项终身受益体育项目。同时,结合中招体育考试要求,综合运动技能融入课堂常态教学。"激情体育"课程依据课程标准在运动参与、运动技能、身心健康、心理健康与社会适应能力等方面的要求开设了网球、篮球、足球三门拓展课程。"网球飞扬"课程主要提升学生的运动参与性,"活力篮球"课程旨在锻学生的身体健康,"快乐足球"课程重点培养学生的心理健康和社会适应能力。

三门课程由简入难,循序渐进,贯穿初中三个年级。利用课余时间,根据不同年龄段所需的运动能力编制不同的学习内容,由任课教师组织实施,每个拓展课程每天的课程都按照既定目标进行组织活动。"激情体育"课程群设置如下(见表5-4)。

表5-4 管城区第三中学"激情体育"课程群

七年级	快乐足球课程	活力篮球课程	网球飞扬课程
八年级	活力篮球课程	快乐足球课程	网球飞扬课程
九年级	活力篮球课程	快乐足球课程	

课程采用自我评价、伙伴评价和教师评价的方式。自我评价,学生对自身的发展状况、学习行为与结果及个性特征进行判断与评估;伙伴互评,学习伙伴对学生的学习行为与结果及人际交往中的表现进行判断与评估;教师评价,教师依据标准对学生的发展状况、学习行为与结果及人格塑造等方面作出综合判断与评估。成绩呈现,根据学生参加本课程学习过程中表现,结合自我评价、同伴互评和教师评价三部分进行综合评价,课程成绩可分为"优秀""良好""合格""须努力"四个等次,发放本课程学习的个人成长记录表。

12."快乐音乐"课程群

学校音乐学科将"音乐审美为核心,兴趣爱好为动力"作为课程理念,打造"快乐音乐"课堂,以培养灵动勤勉,善于创新的高素质公民为学科育人目标。我校立足学校实际,从学生特点出发,在原有音乐教材的基础上,除了"银莺高歌"课程,自主开发"筝筝向上"课程,利用课余时间对学生进行训练。"银莺高歌"课程,旨在通过课程增长审美素养,立足于音乐实践、音乐创造等核心素养,在知识技能、情感体验和学科综合等方面进行课程构建。七年级主要是合唱基础理论知识讲解与练习,八年级针对合唱多声部进行练习。"筝筝向上"课程主要培养学生的文化理解能力,旨在让学生通过系统的学习,可以了解和掌握古筝的演奏基础理论和演奏基本技能,初步具备独奏、合奏的能力,并具备良好的艺术修养和文化素质,从而传承优秀的传统文化。

课程采用自我评价、伙伴评价和教师评价的方式。成绩呈现根据学生参加本课程学习过程中表现及完成作业等情况,结合自我评价、伙伴互评和教师评价三部分进行综合评价,课程成绩可分为"优秀""良好""合格""须努力"四个等次,发放本课程学习的个人成长记录表。

（二）"鼎能学科"的评价要求

"鼎能学科"旨在打造动态课堂,促进学生勤学善思,从而落实"在这里,与高尚的灵魂对话!"的课程理念。"鼎能学科"的课程评价着眼于融通生活、增长智慧、滋养灵性、呵护生命。课程设计应根据国家课程标准体现明晰的目标、严谨的逻辑、递进的序列、科学的编排。教师评价着眼于课程规划与设计、课程实施、教学方案、组织能力、课程评价。学生评价既重视学习结果,更关注学习过程,保护、发展学生的个性特长,促进学生全面发展。"鼎能学科"的评价主体包括学校评价、学科组评价、教师自评、学生评价,评价形式根据学科特点进行纸笔测试、成果展评等。

表5-5 管城区第三中学"鼎能学科"课程评价量表

课程名称		任课教师				
评价项目	评价标准		分值			
			10—9	8—7	6—5	4—1
课程纲要(10)	内容完整,包括课程名称、适用年级、课程简介、背景分析、课程目标、学习主题/活动安排、评价活动等。因地制宜,体现学校特色和学科特点。课程内容设计以学生为主体,富有活动性、趣味性。					
教学方案(20)	目标	与课程纲要一致;清晰可评;兼顾"三维";编写规范。				
	内容	针对目标,整合可得到的人力、物力、财力、时空、信息等资源。				
	评价	评价任务设计与目标匹配,且镶嵌在教学过程中;教与学的方法选择与目标一致;环节设计有利于学生的主动学习。				
课程实施(40)	学习目标	学生知道本课时的目标或任务,知道学什么、怎么学。				
	学习方式	具有多样化、适切性,学生能够经历听、说、做或演等多种学习方式。				
	学习活动	突出"在做中学""在研究中学",问题解决策略和过程清晰,学生参与度高。				
	学习评价	聚焦目标持续地实施多种评价方式,评价主体多元化。				

评价项目		评价标准	分值			
			10—9	8—7	6—5	4—1
课程效果（30）	学有所获	根据学生的听、说、做或演等情况判断,大多数学生学有所得。				
	学在过程	重视学生习得该知识与技能的过程与方法。让学生在活动中,体验中学有所得。				
	学得愉快	大多数学生表情愉悦,情绪良好,主动参与,积极性高。				
总评						

90 以上为"优秀",80—89 为"良好",60—79 为"合格",60 以下为"不合格"。凡是合格以上等级的课程下学期才允许继续开设,"不合格"的课程需要重新修订。

三、创设"鼎新社团",发展学生兴趣爱好

社团活动是学校课堂教学的延伸性活动,是进一步深化课程改革,发展素质教育的重要体现。社团活动的正常开展,既丰富学生的课余生活,也为学生提供了自主发展的空间。社团课程是学校校园文化建设的重要载体,是学校"第二课堂"的引领者。"鼎新社团"以其思想性、艺术性、知识性、趣味性、多样性的活动吸引学生积极参与。

（一）具有代表性的"鼎新社团"的设立与实施

"鼎新社团"课程是在学校文化大背景下,影响和促进师生活动发展的各种文化因素总和,是一种无形的、巨大的教育力量,也是教育成功的重要基础。学校依据学生综合素养,广泛调查学生兴趣,充分挖掘学生潜能,开设学科拓展类、综合类、科学创新类和文体类社团。社团涉及面广泛,内容丰富多彩,对于启迪学生的智慧、开阔学生的视野、优化个性人格等都具有重大而深远的影响(见表 5-6)。

表 5-6 管城区第三中学"鼎新社团"课程的设立与实施

社团类型	社团名称	实施方式
学科拓展类	文学社	学生根据个人兴趣,提出申请,自主选择社团,社团辅导老师根据综合考查通过申请,组织学生参与社团活动,完成社团课程,记录成长轨迹。
	趣味数屋	
	看鉴社	

（续表）

社团类型	社团名称	实施方式
综合类	心理驿站	
科学创新类	e视界	
	科创社	
文体类	音乐坊	
	足球社	
	爱舞工作室	
	思艺轩	
	新干线	
	兰亭社	

（二）"鼎新社团"课程的评价

"鼎新社团"，立足本校校情，结合学生学情，发挥教师特长引领。保证学生的自主性、提高学生的积极性、鼓励学生的创造性、力求活动的成效性，推进素质教育深入发展，营造优良校风，真正把社团办成学生喜爱的家园、学园和乐园。在此准则的指导下，评价更要起到导向作用。学校从社团筹备、活动过程的监测、活动效果的多元化评估以及特色创新的推广及肯定，全方位、多角度促进社团发展、学生进步，使社团活动的开设与发展成为学校打造品牌的靓丽窗口。（见表5-7）

表5-7 管城区第三中学"鼎新社团"课程实施评价

评价维度	评价内容	评价标准	评价方式
社团筹备	社团主题	主题健康积极，课程资源丰富，准备充分。	1. 阶段性评价与过程性评价相结合。 2. 过程性评价：活动过程记录、活动成果展示。 3. 评价方式多元化：自评、互评、组评、师评、家长评相结合。 4. 社团成果展评，评出优秀社团，参加星级社团评比。
	活动方案		
活动过程	特长发展	积极参与社团活动，发展自我特长。	
	活动过程		
活动效果	社团学习成果	能形成自己的学习成果，积极参与社团成果展示交流。	
特色创新	活动亮点	社团成果展示有特色、有创新、有亮点。	

四、拓展"鼎心节日",实现活动育人

（一）创立"鼎心节日"，浓厚课程实施氛围

校园是学生自由伸展的美好空间,更是"鼎心文化"扎根生长的舞台。学校根据学生的身心成长的阶段性需求,设立艺术节、创客节、体育节等综合性校园节庆活动。通过"鼎心节日"课程,搭建多种形式的学习平台,满足学生成长的需求。"鼎心节日"主题要鲜明,形式要灵活。节庆课程的实施应综合竞赛学习、主题学习、服务学习等多种学习形式,促进学生在参与中获得体验,在活动中提升综合素质,涵养品格。

表 5-8　管城区第三中学"鼎心节日"课程的内容与实施

鼎心节日	课程内容	实施方式
艺术节	合唱比赛,校园歌手大奖赛,汉字书写比赛,美术作品展,软陶作品展	组织班级联赛、主题展览、成果展示
创客节	创客小讲堂,创意小发明,校园拍客评选	综合实践、成果展示
体育节	花式跳绳比赛,足球、篮球班级联赛,全校学生体质健康测试,趣味运动会,健康教育手抄报展示	体育课、大课间、班级联赛运动会
传统节日	清明节文明祭扫网上祭先烈	清明扫墓、主题报告
	端午节	手抄报、黑板报、实践活动
	中秋节	手抄报、黑板报、实践活动
	重阳节	黑板报、实践活动
	元旦——新一年新希望	新年诗会
纪念日	"五四"青年节——放飞青春梦想	主题演讲、黑板报、手抄报
	教师节	黑板报、实践活动、征文
	国庆节——我和祖国共成长	主题朗诵、合唱比赛

表 5-9　管城区第三中学鼎心节日课程评价量表

评价维度	评价内容	评价标准	评价方式
学习态度与习惯	学习的态度	主动积极,专注认真,良好的学习辅助行为(笔记、查阅、回应)。	通过自评、互评、组评、师评的方式,对学
	课堂上的学习习惯		

评价维度	评价内容	评价标准	评价方式
学习方法与过程	师生、生生之间的有效互动	能够在节庆课程学习中做到自主学习,合作探究。	生参与活动的进行评价。通过个人申报项目表、活动记录表、互评打分表、小组报告等形式评价。
	参与节庆课程的次数和参与度		
	课程中解决问题的能力和方法		
习得效果与体验	学生个人特长和综合能力展示	达成课程目标,感受课程传达的精神,培养热爱传统节日,激发创新精神。	
	对传统节日的了解和热爱		
	养成创新意识和合作探索精神		

（二）融入仪式教育，规范仪式课程的实施

仪式教育在鼎心育人中具有不可替代的教育效果。学生学校生活的归属感很大程度上建立在仪式课程实施上,仪式课程让学生的灵魂得以洗礼,精神得以成长。

1. 仪式课程的设立与实施

仪式是一种文化象征,要触及学生灵魂。仪式课程直接目的是通过营造隆重、庄严、神圣的环境氛围,以强烈的感染力来实现教育的目的。学校仪式课程分为常规仪式、成长仪式、节日仪式。仪式课程在特定时间、环境、场景中综合展示;融和知、情、意、行为一体;多角度调动参与者情感与思维,产生共鸣,净化心灵,陶冶情操。在实施上整合多方之力,激励学生参与、互动、展示,将价值理念与情绪感知交织、融和,以期对学生产生综合影响(见表5-10)。

表5-10　管城区第三中学仪式课程设置与实施

仪式类型	课程名称	实施方式
常规仪式	升国旗仪式课程	每周一举行庄严的升旗仪式、国旗下演讲
	入团仪式课程	每学期举行入团仪式
成长仪式	毕业仪式课程	每学年策划毕业季系列活动
	青春仪式课程	分年级进行青春主题活动
节日仪式	感恩仪式课程	每学期举行家校联合感恩主题教育活动
	劳动节仪式课程	每学期举行劳动主题教育活动

2. 仪式课程评价

学校里的各种仪式,是学生们校园生活的重要组成部分。仪式课程,只有引入新的评价模式、评价体系,才能真正有效地促进学生的素养发展。在评价的导向上,我们重视对学生真善美的熏染,重视学生学习习惯、意识、情感等素养的形成。仪式课程的意义绝不仅仅体现在仪式进行的过程之中,而是更鲜明地指向学生的素养发展、精神润泽和生命丰盈,并内化为其人格力量。每一次的仪式课程中,每个生命都在书写中建构起自己的精神王国。(见表5-11)

表5-11 管城区第三中学仪式课程评价要求

评价维度	评价内容	评价标准	评价方式
学习态度	在仪式活动中的参与情况	态度积极,参与认真,仪式感强	自评、互评、组评、师评相结合
学习过程	仪式学习中熟练掌握特定仪式的行为要点	认真学习不同类型的仪式要求,感受仪式带来的成长	
学习效果	在仪式活动中获得的情感体验,领悟仪式课程的精神内涵	在仪式中感受其文化内涵和价值追求,实现心灵的润泽,感受生命的洗礼	

五、创设"鼎行空间",提升创客课程品质

创客教育是培养学生创客精神的重要载体。初级课程面向全体学生进行普惠教育,主要与传统学科相结合,在课堂教学过程中实施,以保证学生人人成为创客。中级课程面向部分学生开展创客拓展教育,主要在拓展课程中实施,培养学生兴趣。高级课程面向有探究意愿的学生开展创客特长教育,主要在"鼎行空间"社团活动中实施。

(一)"鼎行空间"的设计与实施

"鼎行空间"即创客教育,是源于生活、归于生活的教育方式,重视引导学生跳出书本、走近生活、积极创想、反复实践。突出训练"发现问题、分析问题、解决问题"的创客思维模式,组织学生进行头脑风暴、创意碰撞,让学生在观察、研究、协作、分享、优化等过程中形成创客能力。突出"沟通优化、行动生成"的创客实践准则,倡导以交流沟通贯彻始终,遵循新建构主义教育理念,将实践探究与合作学习

结合起来。让学生更深地卷入到发现问题、解决问题的思考中，形成真正有深度的学习。课程实施过程中突出"开源协同、跨界整合"的 STEAM 教育战略，有意识地加强跨学科、跨领域的整合，将科技、艺术、人文、自然、社会和自我等各方面的内容，以及学科知识、学习体验有机地融合起来，逐步开发出更加具有"创客"特点的课程，帮助学生走出课堂、走向社会、全面发展。课程实施主要通过五条途径，具体如下。

（1）创建研修平台，推进创客课程实施。学校成立创客教研组。成员由热爱创客教育的各学科教师组成，以创客课程的开发和实施为工作重点。定期召开教研会议，交流创客教育的经验，分享研究成果，推进创客课程实施。创客教研组要善于利用"创客示范校"的平台，做好"科学实验"和"机器人"重点项目，推动创客教育取得更大发展。

（2）整合课程，课堂教学融合创客教育。在学科教学中融入创客教育理念，在解决问题的情境中发挥学生的想象力和创造力，培养学生的创新精神。部分学科开展创客教育示例（见表 5-12）。

表 5-12　管城区第三中学部分学科开展创客教育示例

学科	内容	效果
化学	心形蓝色硫酸铜晶体	锻炼学生实验能力
物理	侧倾器、带齿抹泥板	能够测量倾斜角、解决铺地板时水泥砂浆不平的问题
生物	细胞模型、叶脉书签、染色体模型	培养学生利用生活中的材料发明制作的思维和能力
地理	学校手绘地图、地球仪	培养学生将知识与生活相结合的能力
美术	科幻画	培养学生的创新思维
信息技术	电子报刊、电脑绘画、网页、DV 作品、flash 动画	提高学生信息素养，参加"青少年科技创新大赛"
综合实践	制作纸桥	鼓励学生大胆尝试，发明创造

（3）课题引领，深化创客课程的研究实施。以课题为抓手，对创客教育校本课

程的开发和实施进行研究。我校苏艺仙老师主持的《农村中学物理创客课程的开发研究》作为中国教育学会"十三五"教育科研规划课题"郑州市道德课堂创新发展研究"2018年子课题立项,创客课程实施要充分发挥课题引领作用,并对课题研究成果进行实践检验。

（4）利用创客空间实施创客课程。创客空间是开展创客教育的重要场所,建设创客空间并合理使用至关重要。结合创客空间建设的必要条件。学校创客空间为创客教育的开展创造了新的环境。基于创客空间实施的课程有:机器人、3D打印、开源硬件等。创客空间除了班级授课、社团活动外,周一至周五课余时间也对学生开放。

（5）分享成果,推进创客课程实施。创客的精神在于分享。创客的共同特质是创新、实践与分享。没有分享,就没有人类社会的整体进步,作为人类社会的一份子,分享和传播知识是每个人应尽的义务,将分享作为乐趣则是一种良好的品格和习惯。创客鼓励创新各种分享模式,分享的方式有多种,比如组内分享、班内分享、校内分享、社区分享等;可以通过微信、QQ等各种社交平台发布创客成果;也可以举办各级各类创客文化节分享展示创客成果。通过分享创客成果,推进创客实施。

（二）"鼎行空间"的评价要求

"鼎行空间"的评价采用多元化评价体系,坚持过程性评价和终结性评价相结合、自我评价与他人评价相结合、注重成果分享展示评价。过程性评价指标应包括学习态度、创新意识、动手能力以及练习情况。终结性评价指标应包括对学生的知识掌握、操作技能、综合能力等。

以"创意编程"课程评价为例,学生"最终评价＝过程性评价×60％＋终结性评价×40％"。过程性评价包括以下几个维度:笔记本是否合格、笔记记录情况、创意表完成情况、发明创造实物情况、课堂上参加创客讲堂情况、上课发言情况、纪律情况、小组合作情况。过程性评价主要由各组长和课代表完成。终结性评价主要取决于学生参加创客大赛的成绩。评价即育人。在创客教育校本课程实施过程中,凭借多元化的评价机制,促进学生核心素养的发展,在奔向未来的道路上,让孩子们全面发展、个性化发展、创新发展。

六、探索"鼎信之旅"，推进研学旅行课程实施

研学课程包罗万象，是综合历史、地理、科技、人文和爱国主义教育等内容的融合课程。学校倡导以社会调查、参观访问、亲身体验、资料搜集、集体活动、同伴互助、成果总结等为一体的社会综合性学习形式，使学生能达到在游中有学，行中有思，探索"鼎信之旅"。

（一）"鼎信之旅"课程的设计与实施

鼎文化研学。郑州有商都之称，而我校所处的管城回族区则是商代早期都城遗址，在遗址中出土大量青铜器，最为著名的商乳丁纹青铜方鼎（又名"杜岭方鼎"，现藏于中国国家博物馆），在目前已发现的商代前期青铜器中体积最大。通过研学，引导学生关注身边的历史，感悟鼎文化的博大精深。

1. 乡土研学

郑州市有丰富的乡情市情研学旅游课程资源，包括古荥汉代冶铁遗迹、历史文化名胜（文庙、城隍庙）、古人类文化研究（大河村遗址）、科技教育（郑州市科技馆）、自然和野外活动体验（北龙湖公园，黄河湿地公园）、参观传统街道（德化商业步行街）、著名大学（郑州大学）、高新企业和现代化工厂（金星啤酒厂）等。

2. 国情研学

我们国家幅员辽阔、山河壮美、历史悠久、文化博大精深，有许多研学的课程资源。如首都北京之旅、抗战遗址考察（山东台儿庄、云南滕冲）、中国古都之旅（西安、南京、杭州）、追寻丝绸之路，体验敦煌文化、孔子的故乡（曲阜）等。

"鼎信之旅"研学课程实施以年级为单位，整合各学科课程资源、课内外资源、教师资源、家长资源，利用校本课程活动时间、节假日开展校内外活动。教师根据学科课程标准、学生实际情况设计研学手册、学习任务单，让学生在实地研学时，完成研学手册、学习任务单，形成研学报告。具体实施如下。

行走前：教师做好研学规划，制定课程纲要，设计活动方案和评价方式，在此基础上编制研学教材，发给学生。学生根据教师提供的研学纲要，查阅相关资料，做好研学功课，分组展示交流。

行走中：根据研学课程，教师做好活动计划，精心组织学生活动，指导学生边走边学。学生在行走中善于观察和思考，勤于记录和整理，积极探索知识与社会、知识与生活的链接，在行走体验中感悟和内化。

行走后:教师指导学生根据研学评价标准,进行成果收集、整理、展示,在此基础上进行自我评价、小组评价、教师评价。教师撰写研学心得,学生撰写研学报告。教师负责集结成册,形成研学课程成果。

(二)"鼎信之旅"研学课程的评价

"鼎信之旅"研学课程的评价重点在于师生参与研学时过程性评价及研学后目标性评价、发展性评价。过程性评价可从研学自我评价(如自我管理、实践活动、协作精神等)、教师活动组织指导评价(如研学方案实施、教师指导研学方式等)、家长参与度等方面评价。目标性评价侧重研学学习达成、研学成果的评价。发展性评价侧重学生研学之后,自我内在素养提升、研学活动认知提升、情感体验提升。

在实施评价中,注意多维度、多形式评价学生。如评价学生知识理解情况,可以采取测验法、调查法等,在形式上可以是抢答、竞赛、反馈等。了解学生的态度、意识,可以采用访谈法、表现性评价等,形式上采取座谈、演讲、作品展示等活动。同时,关注教师和家长在评价中的作用(见表 5-13)。

表 5-13 管城区第三中学"鼎信之旅"研学课程评价要求

评价维度	评价内容	评价标准	评价方式
过程性评价	学生参与研学过程的积极性	积极参与研学活动,认真记录整理研学过程的知识	1. 根据学生在研学中的阶段表现,结合积极性、参与度等,划分等级进行记录。 2. 按照活动小组的分工要求,对照实施标准,对活动组织的各个环节进行检测,根据活动完成情况,对研学的效度进行过程评估。 3. 举办研学成果评比展示,记入学生成长记录袋中,其结果纳入综合素质评价体系。 4. 通过问卷调查和座谈等方式,向参与单位、学生家长、志愿者、服务合作部门等针对研学活动的效果进行评估。
	学生在研学过程资料收集、记录和整理		
目标性评价	活动完成的情况	教师的工作以及学生的活动完成能符合研学活动师生共同制定的目标	
	教师工作的有效性评价		
发展性评价	学生参与研学之后的收获	在研学活动同时提升自我效能感以及成就感,实现研学课程认知的深度体验	
	研学活动认知体验及情感体验		

七、做活"鼎心主题",落实"中原问鼎"课程

"中原问鼎"HAMSTER课程以"PBL(项目式学习)"为学科课程理念,旨在培养会分工、会合作、会表达、会交流的青少年,培养会搜集并处理信息、会从模仿到创新创造的时代青少年,培养学生热爱家乡之情及独特的个人品质,能够多学科融合多学科(数、理、化、历、美、信息等)学习,有鉴赏美、发现美、创造属于自己的美。具体内容主要包括:第一,学生实地考察管城博物馆、郑州博物馆和洛阳市烟云涧青铜器非物质文化遗产研学基地,了解青铜器发展的历史,青铜器制作工艺的发展历史,青铜器的历史地位、文化内涵,青铜器在生活中应用;第二,观摩学习青铜器制作流程。把取土、雕塑模型、石膏做壳、蜡型模具、精修纹饰、硅胶制模、硅胶衬托、刷取蜡件、组装蜡模、石膏包型、取蜡成模,浇铸原料,取件修饰等整个流程,用图片配合实物、视频和技师讲解示范;第三,按照步骤进行尝试制作,在专家指导下,复制出自己的第一个模型,掌握技巧之后,可以加入自己的理解和创新,如工艺创新、材质创新、青铜器上图腾创新,制作体现个人品质的青铜件;第四,整理学习日志和笔记,制作微视频,展示交流表达学习过程和展品。

"中原问鼎"课程目标:了解青铜器的历史发展历程,进而了解商代及管城的发展历史。初步了解青铜器的冶炼、制作、雕刻、作用、合金及配比、改进的历史。会合作会分工;会用各类方式提取有用信息;初步会从模仿到创新。能主动与他人交流讨论,能概括并分享与表达自己的观点,初步形成良好的学习习惯和方法。培养学生的动手操作能力;培养学生的欣赏美创造美的品质。培养学生的个人坚韧的意志品质等。增强对家乡的认同感,树立为祖国为家乡的富兴而努力学习的志向。

为了与课程目标和课程内容一致,评价设定如下:通过了解青铜器和管城的历史,能整理出相关管城历史的内容,以图(画)文(章)形式呈现;通过了解青铜器历史、成分、冶炼、制作等,能通过相关纸笔测试,包含合金冶炼等化学相关内容,青铜器的分类、意义、制作程序等;通过分工、合作、独立完成等形式能完成历史资料的分类整理、制作成自己的"鼎",并相互评价;通过绘画、作品展示等能够整理表达自己设计的意图思路等。通过识鼎、悟鼎、筑鼎过程,领会"鼎心教育"的内涵,铸造自己的生命之鼎,学做"鼎立少年""鼎立老师"。

总之,"鼎心教育"作为学校的教育哲学,体现了国家"立德树人"教育根本任

务,融汇在学校课程建设的各个层面,引领着课程建设,引领着教师发展,引领着学校文化。课程即生命场景,课程即文化相遇,课程即美好情愫,课程即责任担当,课程是学生心灵滋养和智慧启迪的载体,"在这里,与高尚的灵魂对话"是"鼎立树课程"的理念支撑。课程的建构与实施,是对学校"鼎心教育"教育哲学的深刻诠释。我们相信,通过课程,"与高尚的灵魂对话",一定会"让每一个生命昂然挺立"。

（撰稿人:金锋　李振英　王恒彬　孟彦涛　魏建波　侯卫强）

第六章
用美学鉴赏的方法看待生命成长

美学取向的课程评价就是用美学鉴赏的态度和方法看待评价问题，给儿童带来美的享受和愉悦。教师以审美的眼光突破课程的评价边界，以开放的姿态创设多种评价鉴赏环境，以更多的宽容态度去评价儿童，提高儿童鉴赏能力。教师关注儿童、欣赏儿童，精准地记住儿童发展的点滴。在教师关注的目光中，儿童将绽放属于他们的最精彩华章。

最童年课程：
在这里，遇见最童年的自己

悠悠东关，商城之东；扎根管城，潜心治学。

教学相长，切磋琢磨；时光如镜，可鉴沧桑。

郑州市管城回族区东关小学位于商城东路19号，学校创办于1959年，是管城回族区唯一一所艺术小学。六十多年来，东关小学砥砺前行，由昔日的筚路蓝缕、苦心为学，到今日的专心治学、载誉满身。流年，似水匆匆；治学，初心始终。东关小学发展至今，已经成为一所融花园、校园、学园、乐园于一体的现代化小学。

学校校园环境优雅、教学设施先进，拥有多功能报告厅、音乐厅、管乐排练厅、图书馆，以及音乐、美术、管乐等专用功能教室。学校拥有一支高素质的教师队伍。教职工队伍中有高级职称7人，中级职称58人。学校先后有9位教师执教的现场课获得国家级、省级奖项，有23位教师获得省级、市级、区级骨干教师、学术技术带头人、名师等荣誉称号。学校先后获得"全国红旗大队""河南省绿色学校""河南省德育先进校""郑州市美育示范校""郑州市书香校园""郑州市校本教研先进校""郑州市教学创新先进单位"等多项荣誉称号。依据《教育部关于深化课程改革落实立德树人根本任务的意见》等文件精神，根据管城回族区教育局课程品质提升工程的相关要求，在结合学校实际情况研制本校的课程规划的基础上，学校课程团队群策群力，不断推进学校课程落地实施，取得了显著成效。

第一节 播撒幸福花瓣温润儿童快乐成长

一、学校教育哲学

我校的教育哲学是"怡美教育"。

《说文》中记载"怡，和也"。《礼记·内则》中记"怡色——注：悦也。"大家耳熟能详的陶渊明《桃花源记》中的"怡然自乐"，范仲淹《岳阳楼记》中的"心旷神怡"，无不传递着"怡"即"和悦"之意。而且古人理解的"怡"，并不只是单纯的和、悦，还指向一种美的意境。在古人心中，"怡"有三层意思：和，悦，美。由和而产生悦，因悦而发现美或欣赏美，三位一体。

"美"是臻美，欣赏美，创造美，培养艺术的特质，日趋美好，达到更好的境界。蔡元培先生说："美者，循超逸之快感。"怡美教育在培养儿童高尚的道德品质，促进儿童的智力发展，净化儿童的情感和增进身心健康等方面，具有深远而积极的作用。

怡美立校，以美启真；怡美施教，以美润智；怡美育人，以美怡情。这三者紧密联系，而又互相渗透。怡美教育是一个潜移默化的过程，这个过程既是漫长的、精心的，同时又是深邃的、久远的。正所谓"随风潜入夜，润物细无声"。因此，"怡美教育"是发现美、欣赏美、创造美的教育，是落实立德树人、提升教育内涵式发展的重要内容和途径，是学校的教育价值观以及内涵发展的方法论。

在价值观方面，"怡美教育"强调以美怡情，以美育人，陶怡心灵，养怡体魄。斯宾塞主张："教育使人愉快，要让一切教育带有乐趣。"我们要办一所儿童喜欢的、充满乐趣的学校，让每个人成为最好的自己。怡美教育用温情的话语去叩响孩子稚嫩的心灵之门；用最真挚的情感触碰儿童心底最柔软的部分，唤醒孩子内心向善向美；用善于发现美的眼睛，带着赏识与智慧育人。怡美教育是艺术的，是我们追求的最高境界。

在方法论方面，"怡美教育"致力于师生以课程为载体一起播种美、耕耘美，通过建构"怡美德育""怡美课堂""怡美教师""怡美管理""怡美校园",来推动学校的内涵发展,让学校成为纯粹而美好的地方,让每一个天使般的儿童在这里遇见最童年的自己。

基于上述教育哲学,我们将学校的办学理念确定为:怡心怡身,美人美己。由此,我们确立我们的教育信条——

我们坚信,

每一个孩子都是天使;

我们坚信,

学校是纯粹而美好的地方;

我们坚信,

教师是美的播种者和耕耘者;

我们坚信,

遇见最童年的自己是教育最美的图景;

我们坚信,

怡心怡身、美人美己是教育的神圣使命。

二、学校课程理念

在怡美教育中,孩子的个性是独特的;孩子的思想是向上的;孩子的性情是阳光的;教师的工作是充实的,生活是幸福的。在怡美教育中,孩子的天性得到尽情释放,让孩子自然地、不断地生长,才能够绽放属于孩子自己的独特美。我们认为,课程就是倾听来自儿童的声音,让儿童在课程中展现个性的生长、灵性的神韵、缤纷的色彩,通过多样的游戏达到本真的境界。因此,我们将学校的课程理念确定为:在这里,遇到最童年的自己。这意味着:

——课程即生命场景。课程是学校提供给儿童生命成长的教育教学活动的总和,学校建设的场馆、开设的各门功课、营造的育人氛围、举行的各类活动都为儿童的生命提供了课程场景。这些课程场景应在"怡美教育"的理念下,成为镌刻于儿童心灵的成长经历。

——课程即遇见美好。让生命在课程中遇见美好。在课程中寻找美、发现美、成为美。在自然中、在艺术中、在科学中不断地遇见美、享受美。相信总有一天,他们一定能创造美,并与这个世界分享自己的创造。一间教室一个世界,日月星辰、花鸟虫鱼,美好的时光让孩子们的内心充盈而丰富。

——课程即儿童立场。满足儿童生长的需要、尊重儿童生长的特点、善待儿童生长的规律。体现儿童立场的课程,在价值追求上,是理解差异、尊重差异、包容个性、呵护童心、引导发展的。学校课程的研发与实施应该坚守儿童立场。

——课程即个性张扬。每一个生命都是有个性的存在,根据儿童的发展开设儿童需求的、可选择的、个性张扬的课程是对每一个生命的尊重。

综上所述,我们要让每一个孩子浸润在如歌的童年里。走进东关小学,每一个孩子都能拥有一个这样的纯真童年:书海畅游、诗情飞扬、黑白对弈、弦歌不断、管乐铿锵……因此,我们将"怡美教育"下的东关小学课程命名为"最童年课程"。

第二节　点燃个性张扬浸润学生幸福童年

学校课程是为育人目标服务的。因此,确定学校的课程目标,首先必须明晰学校的育人目标。

一、育人目标

东关小学培养"阳光、睿智、健康、文雅"的"怡美少年"。

——阳光:立远志,懂感恩;

——睿智:爱学习,能探索;

——健康:喜运动,健身心;

——文雅:多才艺,乐生活。

二、课程目标

基于上述育人目标,我们形成学校分年级的课程目标。

表6-1　东关小学课程目标表

育人目标 年级	阳光 立远志,懂感恩	睿智 爱学习,能探索	健康 喜运动,健身心	文雅 多才艺,乐生活
一年级	儿童知道中华民族重要传统节日,明白自己是中华民族的一员;培育儿童对中华优秀传统文化的亲切感;孝敬父母、尊敬师长、友爱同学、礼貌待人;喜欢学校,懂礼貌;自己的事情自己做。	儿童喜欢参加学校组织的各学科活动;初步养成良好的课堂学习习惯;乐于参与讨论,遇到问题能大胆主动提问;在棋类学习中发展思维;认识常用汉字,学习独立识字;诵读浅近的古诗。	儿童乐意参与体育活动,感受运动带来的快乐;乐意参加学校组织的研学活动;熟练掌握一至两项运动技能;通过体育课、课间操等形式每天阳光体育一小时。	儿童热爱音乐、美术课,激发艺术兴趣,传授必备的基础知识与技能;乐意参加学校组织的文艺活动。

年级 \ 育人目标	阳光 立远志,懂感恩	睿智 爱学习,能探索	健康 喜运动,健身心	文雅 多才艺,乐生活
二年级	儿童喜欢班集体,愿意为集体服务;愿意积极参加各项活动;了解一些爱国志士的故事;了解家乡的生活习俗,初步了解传统礼仪,学会待人接物的基本礼节。	儿童喜欢阅读绘本、桥梁书,乐意向别人分享阅读体验;继续在棋类学习中发展思维;积极参加学校的各学科活动;养成良好的学习习惯;认识常用汉字,学习独立识字,初步感受汉字的形体美;诵读浅近的古诗,获得初步的情感体验。	儿童熟练掌握跳绳、拍球等体育运动项目;能向他人介绍自己在研学活动中的所见所闻;熟练掌握一至两项运动技能;通过体育课、课间操等形式每天阳光体育一小时。乐意参加学校组织的研学活动。	儿童喜欢艺术活动、感受艺术活动带来的愉悦;台上表现大方自信;激发儿童艺术兴趣,传授必备的基础知识与技能;初步感受经典的民间艺术。
三年级	儿童形成浓厚的学习兴趣,热爱学校;遵守校规校纪和社会公德;养成勤俭节约、吃苦耐劳、言行一致的生活习惯和行为规范;培育热爱家乡、热爱生活、亲近自然的情感。	儿童通过阅读科学、文学、历史类书籍,能就自己读的书谈收获,并积极参加学校组织的阅读类活动;在各学科学习中培养儿童安排学习任务的能力;能发现学习和生活中的问题,并有目的地搜集资料、共同讨论、尝试解决问题;诵读浅近的古诗,获得初步的情感体验,感受语言的优美。	培养儿童积极参与运动的兴趣和爱好,形成健康的生活方式;学习篮球操;通过体育课、课间操等形式每天阳光体育一小时;乐意参加学校组织的研学活动。	儿童在学校音乐、美术走班课程中选择一门课程开始系统学习。发展艺术想象力和创新意识,帮助儿童形成一两项艺术特长和爱好,培养儿童感受美、表现美、鉴赏美、创造美的能力。
四年级	儿童树立环保意识;能和谐融洽与人相处;在与人交往中认真倾听。能就不同意见与人商讨。了解中华民族历代仁人志士为国家富强、民族团结作出的牺牲和贡献;逐步提高辨别是非、善恶、美丑的	儿童能在学校组织的各学科学习活动中能够有自己的见解;能独立针对学习任务制定计划,有步骤完成学习任务;乐意参加学校组织的跨学科研究项目;熟练书写正楷字,诵读古代诗文经典篇目。	儿童继续认真练习篮球操,逐步形成"一校一品";通过体育课、课间操等形式每天阳光体育一小时;积极参加学校组织的研学活动;能用多种方式记录自己的所见所闻所思所感。	音乐、美术走班学习步入正轨,儿童对学习内容产生浓厚的兴趣,培养欣赏美、鉴赏美的能力。感受民族艺术的丰富表现形式和特点,尝试运用喜爱的艺术形式表达情感;发展

育人目标 年级	阳光 立远志,懂感恩	睿智 爱学习,能探索	健康 喜运动,健身心	文雅 多才艺,乐生活
	能力;提高对中华优秀传统文化的感受力。			艺术想象力和创新意识,帮助儿童形成一两项艺术特长和爱好。
五年级	培养儿童良好的意志品格和活泼开朗的性格,形成文明有礼的行为习惯;知道重要传统节日的文化内涵和家乡生活习俗变迁;学会理解他人,懂得感恩;热爱祖国河山、悠久历史和宝贵文化。	培养儿童自主学习的能力;养成阅读的习惯;在学校组织的各类活动中能发表自己的独特见解;能在跨学科项目学习活动中就其中某一方面开展研究性学习;熟练书写正楷字,理解汉字的文化含义;诵读古代诗文经典篇目,理解作品大意。	儿童积极参加体育运动,动作协调,培养灵敏、耐力、力量等身体素质;在体育锻炼中强健体魄、磨炼意志。通过体育课、课间操等形式保证每天阳光体育一小时;熟练掌握篮球操;在研学实践中培养动手操作能力。	儿童熟练掌握一项绘画技能,熟练演奏一门乐器。尝试运用喜爱的艺术形式表达情感;发展艺术想象力和创新意识,帮助儿童形成一两项艺术特长和爱好,培养儿童健康向上的审美趣味、审美格调、审美理想。树立正确的审美观念。
六年级	儿童在与人交往中,勇于发表自己的观点;通过自主探究、讨论分享、搜集资料等方式,运用所学知识,解决学习和生活中的问题;开始树立人生理想和远大志向;热爱祖国河山、悠久历史和宝贵文化。	儿童能进行小组合作、策划一定主题的活动方案,并能在老师的指导下,开展跨学科项目式学习;具备自主学习能力;在六年的学习中,保持浓厚的求知欲,为将来的学习做好铺垫;熟练书写正楷字,理解汉字的文化含义,体会汉字优美的结构艺术;诵读古代诗文经典篇目,理解作品大意,体会其意境和情感。	儿童通过体育课、课间操等形式保证每天阳光体育一小时;养成坚持锻炼的习惯。培养儿童珍视健康、阳光向上、热爱体育的品性;能够为研学活动策划活动方案,并能根据研学活动的内容,撰写调查报告或研究报告。	培养儿童的艺术特质,具备一定的欣赏美、鉴赏美的能力。感受民族艺术的丰富表现形式和特点,尝试运用喜爱的艺术形式表达情感;发展艺术想象力和创新意识,帮助儿童形成一两项艺术特长和爱好,培养儿童健康向上的审美趣味、审美格调、审美理想。树立正确的审美观念。

课程内容是实现课程目标的载体。为了实现上述课程目标的要求,我校建立以"阳光、睿智、健康、文雅"为育人目标的"最童年"课程体系。

一、课程逻辑

基于"怡美教育"哲学以及学校的课程目标,学校建立"最童年"课程体系,包括"尚美课程""阅美课程""慧美课程""艺美课程""力美课程"共五大类课程(见图6-1)。

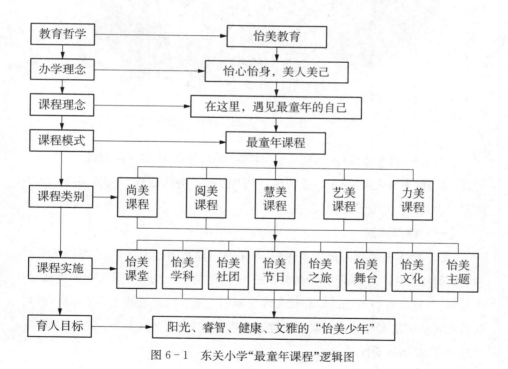

图6-1　东关小学"最童年课程"逻辑图

二、课程结构

管城回族区东关小学"最童年"课程结构如下(见图6-2)。

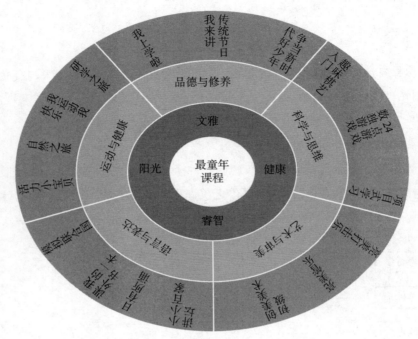

图6-2　东关小学"最童年课程"结构图

东关小学"最童年课程"涵盖品德与修养、语言与表达、科学与思维、艺术与审美、运动与健康五大类,融入学校特色,分别对应为"尚美课程""阅美课程""慧美课程""艺美课程""力美课程"。

（一）尚美课程

"尚美课程"是品德与修养类课程,是重在培养文明行为习惯、良好道德品质和健康的社会性的一类课程。"尚美课程"的目的是把儿童培养成为热爱生活、乐于探究、具有良好的道德品质和社会性发展的儿童。以儿童的生活为基础,密切联系儿童的生活实际和社会实际设置课程内容,倡导儿童的参与、体验、实践,突出综合性,强调活动性。

（二）阅美课程

"阅美课程"是语言与表达类课程,是致力于培养儿童的语言文字运用能力,提升儿童的综合素养,强调语言文字运用的综合性、实践性的一类课程。"阅美课程"通过对语音、词汇、语法和口语习惯的学习,让儿童掌握口语交际的基本能力,学会倾听、表达与交流,初步学会运用口头语言文明地进行人际沟通和社会交往。"阅美课程"通过对字、词的识别、书面文学作品的阅读,形成良好的语感,能具体明确、文从字顺地表达自己的见闻、体验和想法。儿童能根据需要,运用常见的表达方式写作,发展书面语言运用能力。

（三）慧美课程

"慧美课程"是科学与思维类课程,基于事实与数据,强调培养观察、比较、分析能力及严谨和务实的求知态度。"慧美课程"重在引导儿童运用归纳与概括、演绎与推理、模型与建模、批判性思维、创造性思维等方法,探讨、阐释自然与社会现象及规律,运用科学思维方法和思维能力认识事物、解决实际问题。综合与实践、探索与发现是"慧美课程"的显著特点。

（四）艺美课程

"艺美课程"是艺术与审美类课程,综合音乐、美术、器乐、戏剧、舞蹈以及影视、书法、篆刻等艺术形式和表现手段,用丰富的艺术内容和深刻的人文内涵,为儿童提供创造性解决问题、表达自我、发挥想象力的空间,旨在培养儿童的艺术能力、促进人格成长、情感陶冶、创造力及智能发展。"艺美课程"让儿童在潜移默化中慢慢渗透美好的世界观、人生观。

（五）力美课程

"力美课程"是运动与健康类课程,是有效促进儿童身体正常发育、身体和心理健康水平的提高的一类课程。儿童通过本课程学习与实践,体验进步或成功的喜悦,增强自我保健意识,提高抗挫能力和情绪调节能力,增强自尊心、自信心,培养坚强的意志品质,养成良好的行为习惯和生活方式,形成积极向上、乐观开朗的生活态度。

三、课程设置

除了基础课程之外,我校"最童年课程"设置如下所示(见表 6-2)。

表 6-2　东关小学"最童年课程"设置表

年级 / 课程	尚美修身 品德与修养类	阅美语言 语言与表达类	慧美思维 科学与思维类	艺美艺术 艺术与审美类	健美健康 运动与健康类
一年级 上学期	欢乐春节 团圆中秋 我入队啦	诵读天地 阅读书吧 分享乐园	多彩缤纷的"奇异"世界数学游戏 趣味数学趣味实验位置与方向 魔法小游戏	美好的夜 绕绕涂涂 奇妙的撕纸 田野的色彩 我的太阳	寻找秋天 体育课堂常规训练 篮球小宝贝
一年级 下学期	感恩亲人 生态绿色 劳动光荣	诵读天地 阅读书吧 分享乐园	探寻棋类世界数学文化 生活与数学 植物与生活 空气的奥秘 小小科学家	火车游戏 纸拖鞋 由小变大的画 瓜果飘香 蚂蚁搬家	春天在哪 体育课堂常规训练 篮球小宝贝
二年级 上学期	团圆春节 老师我爱您 我爱祖国安全无小事阅读从我做起	诵读天地 阅读书吧 分享乐园	手执棋子 笑一方 数学游戏 趣味数学 小小游乐园 动物小侦探	快乐的舞蹈 影子大王 色彩游戏 泥塑小动物	美丽家乡 体育课堂常规训练 篮球小宝贝
二年级 下学期	不忘传统 劳动创造美 快乐六一珍惜幸福	诵读天地 阅读书吧 分享乐园	玩转棋盘 数学文化 生活与数学 动物与生活 生活中的力量	春天来了 大脚丫 剪刀添画 动物聚会 左邻右舍	走进科学 体育课堂常规训练 篮球小宝贝
三年级 上学期	快乐春节 感恩老师 祖国您好 珍惜现在	诵读天地 阅读书吧 分享乐园 爱上英语	数学游戏 趣味数学 科学自助餐 小制作	亮美管乐 亮美打击乐 玩转超轻粘土 黑白线描画 童心童画蜡笔画 动漫 刮画的秘密 水墨与水墨游戏 黑白装饰画 优美舞姿 唱儿歌 快乐奏儿歌 认识民乐	动物朋友 体育课堂常规训练 篮球小宝贝

课程 年级		尚美修身 品德与修养类	阅美语言 语言与表达类	慧美思维 科学与思维类	艺美艺术 艺术与审美类	健美健康 运动与健康类
四年级	下学期	团圆中秋 新年好 感谢亲人 学会劳动 志愿服务我 先行	诵读天地 阅读书吧 分享乐园 爱上英语	数学文化 生活与数学 游戏小制作	舞动青春 音乐之声 静雅国乐 快乐奏儿歌 童心童画 静物线描写生 快乐刮画 蜡笔画动漫 黑白装饰画 纸艺 水墨游戏	探究地质 体育课堂常规 训练 篮球小宝贝
	上学期	祥和春节 我是红领巾 学会阅读 珍惜光明	诵读天地 阅读书吧 分享乐园 古文世界 爱上英语 社团风采	数学游戏 趣味数学 食物在旅行 与动物交朋友 探索月球	亮美管乐 亮美打击乐 衍纸艺术 多彩世界 我画我秀 彩铅画动漫 小线条去旅行 水墨画色彩运用 彩色装饰画 优美舞姿 嘹亮歌声 流行乐器 奏响民乐	走进河南 体育课堂常规 训练 篮球小宝贝
	下学期	继承传统 感恩亲人 快乐六一 安全记心中 幸福生活	诵读天地 阅读书吧 分享乐园 古文世界 爱上英语 社团风采	数学文化 生活与数学 观察与实践 火的奥秘 科学小侦探	舞动青春 音乐之声 静雅国乐 快乐奏儿歌 我画我秀 彩铅涂色技法 彩铅画动漫 彩色装饰画 多变的线条 陶艺 水墨童趣	文物在身边 体育课堂常规 训练 篮球小宝贝
五年级	上学期	恬美春节 老师妈妈 爱我中华	诵读天地 阅读书吧 分享乐园	数学游戏 趣味数学 宇宙的奥秘	亮美管乐 亮美打击乐 泥塑	阅读少年 体育课堂常规 训练

课程 年级		尚美修身 品德与修养类	阅美语言 语言与表达类	慧美思维 科学与思维类	艺美艺术 艺术与审美类	健美健康 运动与健康类
		我是小小志愿者 环境小卫士	古文世界 爱上英语 社团风采	滑梯里的奥秘	水溶彩铅 画心飞扬 水粉画动景 刮画中的阴刮与阳刮 水墨画笔墨技法实物 装饰画 快乐拉丁 唱响童年 流行器乐 爱上民乐	篮球宝贝
	下学期	回忆端午 我爱妈妈 劳动光荣 保护眼睛	诵读天地 阅读书吧 分享乐园 古文世界 爱上英语 社团风采	数学游戏 趣味数学 玩转电磁铁 变废为宝	舞动青春 音乐之声 静雅国乐 快乐奏儿歌 纸雕 画心飞扬 刮画与色彩 水溶彩铅 水粉画动漫 实物装饰画 水墨童趣	走进民族产业 体育课堂常规训练 篮球宝贝
六年级	上学期	难忘春节 快乐队建 安全记心中	诵读天地 阅读书吧 分享乐园 古文世界 爱上英语 社团风采	数学游戏 趣味数学 小制作 科学自助餐	亮美管乐 亮美打击乐 道具表演制作 我爱画卡通 我跟大师一起画 水彩国画画动景 有趣的刮画 临摹写意山石树 手绘装饰画 柔美伦巴 快乐歌唱 流行器乐 悠扬民乐	传承红色基因 体育课堂常规训练 篮球宝贝

课程 年级	尚美修身 品德与修养类	阅美语言 语言与表达类	慧美思维 科学与思维类	艺美艺术 艺术与审美类	健美健康 运动与健康类
下学期	追忆端午 不忘劳动 出彩少年 珍爱光明	诵读天地 阅读书吧 分享乐园 古文世界 爱上英语 社团风采	数学文化 生活与数学 探索与发现 养好小金鱼	舞动青春 音乐之声 静雅国乐 快乐奏儿歌 我爱纸版画 创意刮画 彩铅卡通绘本 国画画动漫 手绘装饰画 综合材料手工 水墨童趣	骄傲河南人 体育课堂常规 训练 篮球宝贝

第四节　打开智慧之窗创造灿烂生命奇迹

　　课程实施是儿童快乐成长的过程,是教师享受教育幸福的过程,是彰显学校办学特色,实现学校育人目标的过程。东关小学通过"怡美课堂""怡美学科""怡美社团""怡美节日""怡美之旅""怡美舞台""怡美文化""怡美主题"八条途径实施学校课程。

一、建构"怡美课堂",提升课程实施品质

　　"怡美课堂"是和谐的课堂。"怡美课堂"在和谐愉悦的课堂气氛中教与学,形成一个蕴含美感、生动活泼、欢快愉悦的课堂教学氛围,使儿童想学、善学、乐学;使教师在创造这样的课堂的过程中,享受到教育的愉悦和美好,追求一种幸福而完整的教育生活。"怡美课堂"是个性张扬的课堂。教师通过自己独特的,充满创造性的课堂,让儿童的主体性得到充分发挥,个性得到彰显,获得成功的体验,并能得到教师和同伴的肯定、鼓励、欣赏和赞美,从而体现学习的价值和自我发展的价值。

(一)"怡美课堂"的实践操作

　　东关小学"怡美课堂"是怡身怡心的课堂,寓教于乐,快乐学习,师生共同沉浸于课堂的美好之中。

　　"怡美课堂"是超越的课堂、生成的课堂,面向全体儿童,关注每一位儿童;因材施教,注重每一位儿童的成长,发展每一位儿童的个性。

　　"怡美课堂"是饱满、多维、指向提升儿童核心素养的课堂。"怡美课堂"尊重儿童,体现儿童学习主体性地位,让儿童在探索交流中获得真知。

　　"怡美课堂"是丰富的课堂。课堂教学从儿童已有知识和经验出发,确保科学性,具有系统性,具有现实性和趣味性。

　　"怡美课堂"是立体的课堂。儿童在问题情境——合作探究——展示交流——反馈评价的课堂流程中学习。教师在教学中只起到引导点拨、个别指导、

协调学习环节的作用,培育儿童的问题意识、思维能力、终身学习能力。

"怡美课堂"是灵动的课堂,采用启发式教学,充分发挥儿童的潜能。教学中灵活选择不同的教学方式,帮助儿童主动建构知识体系,恰当运用多种教学手段及信息技术辅助教学。

（二）"怡美课堂"的评价标准

依据"怡美课堂"内涵,制定东关小学"怡美课堂"评价标准(见表 6-3)。

表 6-3　东关小学"怡美课堂"教学评价标准

评价项目及权重	评价内容及要点	评价等级				
		A	B	C	D	得分
教学目标（0.1）	"三维目标"的制定符合课程标准要求,符合教材的阶段要求和儿童的实际水平。					
	教学目标制定明确、具体、恰当。					
教学内容（0.1）	教学内容从儿童已有知识和经验出发,确保科学性,具有系统性,具有现实性和趣味性。					
	能够准确把握教学内容的重点、难点。					
	适当补充教学资源以支撑儿童的学习。					
教学过程（0.3）	教学思路清晰,结构合理,设计主题明确,活动结构合理。					
	创设情境合理,体现教学本质,并能激发儿童的学习积极性。					
	组织有效的学习活动,使儿童在活动中获得充分的体验。					
	遵循儿童的认知规律和情感需求特点,关注儿童的学习差异。					
教学方法（0.2）	教学方法具有启发性,充分发挥儿童的潜能。					
	灵活选择不同的教学方式,以利于儿童的主动建构。					
	教学手段运用恰当,注意运用信息技术辅助教学。					
	信息反馈及时、全面、有效。					
教师表现（0.1）	尊重、信任儿童,尊重个性差异,关注全体儿童的发展。注意激发儿童兴趣,引发儿童的好奇心。					

评价项目及权重	评价内容及要点	评价等级				
		A	B	C	D	得分
	教学语言准确简练,板书设计合理、书写工整,演示及示范准确到位。					
	善于设问,善于启发儿童提问,及时捕捉教学信息,灵活应变。					
	评价恰当,具有激励性、过程性、导向性。					
学生表现(0.1)	儿童知识基础扎实,对于所学主题具有积极兴趣,能够参与课堂活动。					
	具有良好的学习习惯。					
	思维敏捷,善于提出问题,解决问题,具有创新意识。					
	学习兴趣浓厚,有积极的情感体验和进一步学习的欲望。有积极的学习成就体验和进一步学习兴趣和自信心。					
教学效果(0.1)	达到预定教学目标。					
	儿童思维活跃,信息交流畅通。通过积极参与互动建构过程,增强了学习兴趣和自信心。					
	教师的教学设计在付诸课堂实践过程中得到引证和充实。					
教学特色(加分)	教学过程中某一环节具有独创性,且效果突出。在整体保障质量的前提下,显现出一定的具有独创性的方法、理念,对于改进教学实践具有资源价值。					
简要评语						

二、建设"怡美学科",丰富学校课程体系

"怡美教育"以"怡美学科"来推进学校学科特色课程的建设和实施。作为学校"最童年课程"的重要实施路径之一,东关小学"怡美学科"应凸显学校办学特点,力争让每一个学科变得更加丰富而有特色。

（一）"怡美学科"的建设路径

"怡美学科"是学校特色课程，是在国家基础课程之外，教师依据校情学情开发的满足儿童个性需求的课程。学校形成的"1＋X"课程群，其中的"1"指的是国家规定的基础课程，"X"指的是教师基于校情学情开发的满足儿童个性需求的课程。创建"怡美学科"，学校从两方面入手：一方面是整合；另一方面是重构。教师以整合和重构为主要方式，依据对学科的独特理解、依托独特资源，开发课程，形成特色课程群。东关小学"怡美学科"包括"醇美语文""立美数学""唯美音乐""灵性美术""健美体育""探美科学""异美英语"等。

1. "醇美语文"课程群

学校"醇美语文"课程群以国家语文课程为核心，通过引入经典诵读，引入整本书阅读，引入小古文课程，引入丰富的活动，构建多层面的课程群。"醇美语文"课程群将儿童引领到美好的语文天地。

"醇美语文"即清醇馥郁、联系生活的课程。语文是形象化的艺术，与生活密不可分。"醇美语文"注重引导儿童关注现实生活，探索语文与生活的联系，从学习文章之美到发现生活之美，拓宽儿童语文学习和运用的领域，提升儿童的语文素养。"醇美语文"即淳朴厚重、关注体验的课程。语文是悟美的课程，是感性化的艺术。"醇美语文"课程通过优秀文化的熏陶感染，促进儿童的和谐发展，提高思想道德修养和审美情趣，同时也珍视儿童独特的感受、体验和理解。培养儿童正确的思想观念、科学的思维方式、高尚的道德情操、健康的审美情趣和积极的人生态度，是与帮助他们掌握学习方法、提高语文能力的过程融为一体的，是"随风潜入夜，润物细无声"的过程。"醇美语文"即纯真自然、追求诗意的课程，注重让儿童在语文学习中受到美的熏陶，获得美的感受，追求纯真自然的境界，把儿童带入五彩斑斓的语文世界。总之，"醇美语文"课程是让孩子在生活中体验和学习的课程，是发现美、感悟美和追寻美的课程，是重视培养儿童创新精神和实践能力的课程，是开放而有活力的课程。

经典诵读的读本使用《小学生古诗词 100 课》和《亲近母语日有所诵》，安排每天早上 25 分钟的时间进行晨诵。小古文课程的教材使用《小学生小古文 100 课》，分为 10 组，按专题的形式开展教学。整本书阅读，每个学期每个年级安排 2 本共读书目，利用每天下午 20 分钟的班级午读时间，每周 1 节到学校图书馆——第二书房相应区域阅读。每学期开展一次全员参与的阅读活动,上学期是"小百家讲坛",下学期是"我的一本课外书"读书英雄会。在国家语文课程之外,经典诵读、小古文课程、整本书阅读、阅读活动四位一体,共同构成了东关小学"醇美语文"课程群。

2."立美数学"课程群

《说文》记载:"立,住也。从大,立一之上。"古人很看重立,意为"树立"。"立"首先要确定对象,立的是什么,然后才是怎么立。通过立,来实现一种规范,或者说是秩序。由此,"立美"数学课程呈现的是一种理性的美。

"立美数学"课程即在教师精心创设的有效的学习情境中,激发儿童的强烈好奇心,引导儿童动手实践、合作交流、自主探究,提升儿童有序的逻辑思维能力和数学思维品质。其基本做法是:立足课堂、校园拓展、放眼社会,引导儿童在生活中寻找数学,认识数学,挖掘生活中、教材中的数学问题进行探究,密切儿童与生活、儿童与社会的联系,提升儿童数学素养。

"立美数学"课程内容的选择自主、灵活、丰富、开放。基于小学数学教材,又对教材内容进行扩展和延伸,甚至不受课内学习内容的限制,选择具有现实性、趣味性和挑战性的素材作为学习、调查研究的内容,不拘泥于课时的限制,注重渗透一些重要的数学思想和方法。"立美数学"既是对课本知识的深化和提高,为学有余力的儿童提供更大的学习和发展的空间,让其他儿童也能在原有基础上得到提高。

"立美数学"课程组织形式灵活,可以选择在课堂内或课堂外进行,也可以在校园内、社区、科技馆、大自然中进行。

"立美数学"课程的呈现方式丰富多彩,如:低年级阶段借助数学小游戏、数学故事会、数学玩具小制作、数学小发明、数学手抄报、简单调查与统计等方式呈现。中、高年级儿童在老师和家长的带领下,参观、走访一些工厂企业,选择感兴趣的主题,收集相关数据,搞调查、研究,提出自己的看法与合理化建议。

实施过程中,儿童亲身实践,动手操作,手脑并用,融知识性和趣味性于一体,始终处于思维活跃状态。学习过程中,儿童没有课堂上的紧张,没有考试的心理压力,呈现的是一个生动活泼的、主动的、富有个性的过程,儿童感到自己是活动的主人,他们乐于探索、愿意合作,充分发挥了儿童的主体作用。

3."唯美音乐"课程群

根据音乐教师自身特长,结合儿童需求,音乐学科开设葫芦丝、尤克里里、竹笛、口风琴、陶笛、汉唐小筝、合唱、流行舞蹈等课程。音乐课实行长课时,两节课连上,三到六年级的孩子从中选择一门课。根据现有教师的专长、儿童的年龄、乐器的价格、是否便携、乐器的学习难度设置科目。课程尊重孩子的兴趣和需求,根据学习难易程度,每学年会有调整和取舍。

每个科目分阶进行教学,三、四年级为初阶,五、六年级为进阶。每个阶段结束后进行测评、展示,给儿童提供表演的平台。学校组织成立音乐小社团,鼓励儿童的自主创造性。

4.“灵性美术”课程群

美术学科通过筛选、改编、补充、拓展,将现行美术教材进行重新整合,分别开设了儿童水粉画、创意手工、国画书法、线描彩铅画、儿童装饰画、趣味刮画、动漫卡通等校本课程。美术教师根据不同课程内容,针对不同年级设定不同的教学主题,并把课程内容和学校相应的活动联系在一起,为儿童搭建丰富的艺术展示平台。

每个年级8—10个班、7—8门课并开并排,两节课连排连上,实行美术长课时。三到六年级儿童从美术校本课程中多选一,自主选择。

5.“健美体育”课程群

“健美体育”课程群以《义务教育体育与健康课程标准(2022年版)》的要求,在体育课程实施过程中坚持健康第一,严格执行儿童体质健康标准,课程以跑、跳、投以及身体协调性练习为主要手段,让每一个儿童都积极地参与到体育活动中来,从一年级开始在课堂上训练儿童的核心力量、腿部力量、身体的协调性,培养儿童的篮球运动兴趣并提升技能。随着年级的增高,训练内容随之改变,要求也逐步提高。整个小学阶段学校传统体育项目——篮球,始终贯穿整个体育课程。“健美体育”课程群,以增进儿童健康为主要目的,突出健康目标。具体实施如下(见表6-4)。

表6-4 东关小学“健美体育”课程群实施方案表

年级	主题	学期	内　　容
一年级	活力小宝贝	上学期	宝贝会站好,宝贝会跳绳,宝贝会拉伸,宝贝会跑跑,篮球我会拍
		下学期	宝贝花式跳,宝贝50米跑,宝贝练体操,篮球拍得好

年级	主题	学期	内　　容
二年级	灵活小宝贝	上学期	宝贝练体操,宝贝速度跳,宝贝拉拉伸,宝贝会运球
		下学期	宝贝花式跳,宝贝50米跑,宝贝练体操,篮球运得好
三年级	我运动我快乐	上学期	身体我柔韧,立定我会跳,跳绳速度快,篮球会行进
		下学期	花式一级跳,50×8米跑,足球会传球,篮球行进好
四年级	我运动我健康	上学期	身体我灵敏,跳绳双飞跳,立定会跳远,50×8米跑,篮球传球好
		下学期	身体我灵敏,跳绳双飞跳,立定会跳远,50×8米跑,篮球上篮好
五年级	阳光美少年	上学期	上肢力量强,沙包会掷远,跳绳双人跳,篮球会比赛
		下学期	上肢力量强,沙包会掷远,跳绳双人跳,篮球比赛好
六年级	健康小达人	上学期	下肢力量强,跳绳三人跳,会掷实心球,400米耐力跑,篮球实战好
		下学期	下肢力量强,跳绳交互8字跳,会掷实心球,400米耐力跑,篮球实战水平高

6. "探美科学"课程群

"探美科学"课程群是让儿童在科学探究的旅程中邂逅美的课程。

"探美科学"是探究学习的课程。科学学习要以探究为核心。探究既是科学学习的目标,又是科学学习的方式。亲身经历以探究为主的学习活动,是儿童学习科学的主要途径。科学课程应向儿童提供充分的科学探究机会,使他们在像科学家那样进行科学探究的过程中,体验科学的乐趣,增长科学探究的能力。

"探美科学"是生活学习的课程。陶行知先生曾提出:"我们的实际生活即是我们全部的课程"。科学学习与日常生活密切相关,让儿童从生活实际中发现和提出简单的科学问题,进而尝试采取科学手段和所学的理论知识予以解决,从实践中进一步加深对世界的认知,提高科学能力和科学素养。所以科学教育也必须回归生活世界,回归儿童的生活要把儿童的个人知识、直接经验、生活世界看成重要的课程资源。

"探美科学"是思维学习的课程。对科学的学习和研究离不开思维,其中不论是提出问题、观察科学现象,还是解决与科学理论相关实际问题,都是依托科学思维进行的。小学阶段正是具体思维向抽象逻辑思维过渡的时期,抽象逻辑思维的逐步建立,可以促进儿童智力和思维能力的质变。科学学习活动和观察活动大多数都需要儿童亲身体验,无论是观测还是动手制作,都能引导儿童细心观察和深入思考,进而培养儿童的科学思维,关注儿童思维的开放、独立、坚持等品质的养成。让儿童在参与互动的过程中,体验大自然的美、宇宙的奇,感悟人与自然和谐共生的关系。

总之,"探美科学"课程根据儿童年龄特点由浅入深培养儿童的探究能力,设置探究活动,以培养儿童的实践能力和创新精神。我们期望,以课程理念为立足点,以儿童的兴趣为出发点,引导儿童去探索身边的科学,理解基本的科学知识,能够发现生活中的科学问题,并有能力用科学的方法去解决,儿童在自身的不断实践中去直观地认识世界,发展必备的科学能力,树立正确的科学态度,学会与同伴交流与合作。

7."异美英语"课程群

"异美英语"课程群是用富有创造力的教育教学方式,唤醒儿童的情感体验,让儿童快乐学习,体验享受真正有所获的课程。"异美英语"课程通过教师在课堂上运用不同形式的方法,采取不同的活动对儿童进行熏陶,从而让儿童感受英语魅力。

"异美英语"即儿童积极参与的课程。儿童是课堂学习的主体。对儿童而言,语言的学习应在轻松愉悦的氛围中进行,这样才能让他们积极参与英语的学习,体验语言学习的美感,进一步体现儿童的主体地位。

"异美英语"即让儿童思维碰撞的课程。兴趣可以使儿童对英语的学习产生良好的情感体验,促进儿童集中精力去获取知识。针对儿童心理特点以及发展需求,我们致力于营造欢快愉悦的课堂氛围,打造和谐有趣的课程。由此激发儿童的积极性,唤醒儿童的自主学习英语的热情。此外,教师通过自己的言行举止以及其教育教学方式来进行美的熏陶,让课堂学习丰富起来,让儿童在多重空间和领域进行思维的碰撞,进而促进儿童语言能力的发展和提高。

"异美英语"即儿童挑战自我的课程。儿童在学习和互动的过程中,不断丰富经验和挑战自我,最终超越自我。

"异美英语"即儿童实践应用的课程。英语学习的过程很重要,但是应用环节更重要。通过语言的学习，我们在教学实践的过程中激发儿童的思维，实现多方文化的理解和沟通，将英语的学习融入我们的日常生活。

综上所述，"异美英语"是融合中西文化，感受英语魅力的课程。学科以"异"和"美"的方式，探索并创造出新的教学方式，达到促进儿童"心""智"发展的目的，从而进一步体现英语学科的人文精神。

（二）"怡美学科"的评价要求

我们根据"怡美学科"的意涵，依据以下评价标准，从以下几个方面对"怡美学科"课程群进行评价。

是否具有独特的学科课程哲学：提炼独特的学科理念，形成具有学校特点的学科特色，这是"怡美学科"的核心所在。

是否有基于学科理念的学科建设方案：撰写基于学科理念的学科建设方案是"怡美学科"建设的路径与保障。

是否有丰富的学科课程体系：丰富的课程内容能够满足儿童的学习兴趣，充实儿童的学习生活，丰富儿童的学习体验，"怡美学科"课程的内容及其框架体系应满足儿童日益发展的学习需求。

是否有多维的学科课程实施路径："怡美学科"依托准确的教学目标，丰富的学科课堂教学活动，扎实开展的学科教学活动提升儿童综合能力。

是否拥有高效的学科教研和学科团队建设：开展常态的教学研究，进行深度的课后反思与学科课程开发实施，是保障课程实施的重要条件。

是否建立科学先进的学科课程管理与保障体系：建立学科课程领导组织，形成课程开发实施的激励机制，才能使"怡美学科"得到良性发展。

三、创设"怡美社团"，发展儿童兴趣爱好

社团是儿童以相同或相近的兴趣、爱好、特长、信念、观点或自身需要为基础，自发形成的一种特殊的儿童志愿型群众团体。结合学校课程特色，确立社团活动目标、开发社团校本教材、加强社团过程管理、构建社团评价体系，创设"怡美社团"。

（一）"怡美社团"的主要类型

1. "世界小公民"模拟联合国社团课程

通过模拟辩论赛增进儿童对当前重大国际热点话题的了解和认识，开拓儿童

的国际视野。活动内容包括模联辩题,撰写提案,展开辩论赛等。每周活动一次。教师自主研发教材,制定社团管理制度,完成社团活动记录及评价。

2."小小音乐家"音乐类社团课程

在音乐社团中选拔优秀人才,进行专项拓展、技能提升训练,为学校培养音乐拔尖人才,为热爱音乐有天赋的儿童提供展示自我的平台。学校开设多类音乐社团课,分别是声乐类(合唱社团)、器乐类(尤克里里社团、竹笛社团、古筝社团、扬琴社团)、舞蹈类(舞蹈社团),每周集训一次。教师自主研发教材,制定社团管理制度,撰写社团活动记录,完成评价。

3."亮美管乐"管乐类社团课程

为提升儿童艺术素养,激发儿童对艺术的热爱之情,更契合学校的艺术特色,学校管乐团和打击乐团历经多次改革,逐步走向成熟。目前,学校乐团开发了多项管乐类课程。

基于《国家中长期教育改革和发展规划纲要》中提出"坚持以人为本、推进素质教育是教育改革发展的战略主题"的要求,管乐社团课程建设旨在提高青少年音乐素养和团队意识。学校从三年级开始选拔组建管乐班,按班级编制,成梯队建设。管乐课进入课表,管乐班在固定的时间、地点,由专业教师授课。三、四、五、六年级各管乐班每周上一次管乐大课,两节课连上。

三、四年级的学习内容主要以基本功练习为主,以练习一些比较短小的曲子为辅。儿童达到熟练吹奏,音准节奏正确,各声部之间衔接自然流畅即可。五、六年级的学习内容主要以组合曲子、行进曲为主,以基本功练习为辅,具体要求要比三、四年级高,演奏曲子要有力度、情绪对比变化,准确表现曲子速度、力度、情感等效果。

管乐团有严格的考核制度。期末由各班正副班主任、管乐老师、家长代表作为评委,对儿童进行考核。考核分为铜管、木管、打击乐三个大声部进行测试,根据专业的管乐老师提供的评分表进行打分,而后根据比例,评出声部最优秀的儿童进行表彰。

4."亮美管乐"打击乐社团课程

学校组建声部健全、配置完整的打击乐团,锻炼队伍,打造精品,提高现有学校打击乐器的使用率,以推进学校的乐团发展。

打击乐社团从三年级开始,以社团的形式选拔打击乐团的团员,优秀的儿童推荐吸收为打击乐团团员。学习内容循序渐进,从基本功到最后的组合曲子,要求注意每首曲子欢快、活泼等情绪的表达。

打击乐团有严格的考核制度。期末由各班正副班主任、管乐老师、家长代表作为评委,对儿童进行考核。根据专业的管乐老师提供的评分表进行打分,而后根据比例,评出声部最优秀的儿童进行表彰。年末,打击乐团要进行汇报演出,届时学校邀请家长代表、上级主管部门领导、儿童代表等参与观看。

5.“艺术小达人”美术类社团课程

在美术社团课程中选拔优秀人才,进行专项拓展、技能提升训练,拓展儿童的艺术活动空间、丰富儿童的艺术活动。学校开设“绘画造型技法”“儿童水粉画”“速写与刮画”“创客”“马克笔儿童画”“国画一班”“国画二班”等美术类社团课。每周集训一次。教师自主研发教材,制定社团管理制度,完成社团活动记录及评价。

6.“体育小健将”健康类社团课程

学校开设了“篮球”“田径”“跳绳”等社团课程,社团活动与各级各类体育竞赛有效结合,每周集训三次。同时每天开展“阳光大课间”“快乐篮球操”等活动,形成“我运动我健康”的课程特色。教师自主研发教材,制定社团管理制度,完成社团活动记录及评价。

（二）“怡美社团”的评价要求

为了促进社团活动规范运行,我们从社团机构与管理、活动实施情况两个方面开展评价。具体评价办法如下(见表6-5)。

表6-5　东关小学“怡美社团”的评价标准

项目	“怡美社团”指标	评分	评价方式
社团机构与管理	社团管理体制完善,机构设置合理,制定符合儿童实际的社团建设实施方案。	10分	实地调查资料核实师生座谈活动展示
	建立、健全并严格执行社团各项规章制度。	10分	
	社团人数适中,规模适度,成员资料档案齐全。	10分	
	指导老师认真负责、重视管理。	10分	

项目	"怡美社团"指标	评分	评价方式
	儿童社团要突出儿童的主体性和创造性,使儿童在社团活动中自治自理、健康发展。	10分	
	社团活动空间固定,环境良好有相应的文化建设。	10分	
活动实施情况	经常和定期开展社团活动,组织有序、记录完整。	10分	
	社团活动内容丰富,形式多样,体现实践性和综合性,有利于培养和锻炼儿童多方面的素质,体现校园文化精神。	10分	
	社团成员或集体活动成果显著。	10分	
	活动取得良好教育效果,在儿童中有一定的影响。	10分	

四、创设"怡美节日",浓郁课程实施氛围

以节日为依托,学校将"怡美节日"课程分为传统节日课程、现代节日课程和校园节日课程三类,激发儿童参与的兴趣,开展适合儿童个性发展的节日主题活动,丰富儿童的经历和情感,使儿童对节日文化有更深层的认识。

（一）"怡美节日"的课程设计

传统节日课程的开展主要以浓郁校园文化为目的,以中队为单位,中队辅导员为课程的主要组织者。传统节日有春节、清明节、端午节、重阳节、中秋节等。设计针对该节日的活动内容,如经典诵读、书法比赛、主题队会、手工制作等活动。

现代节日课程的开展主要以儿童对生活的美好寄托为活动目的,以班级为单位开展活动。现代节日课程主要有妇女节、劳动节、儿童节、教师节、国庆节等,针对该节日的特点设计活动内容,如"妈妈我爱您""劳动最光荣""快乐童年""老师辛苦了""祖国我爱你"等内容,围绕这些内容开展主题班会、歌咏比赛、经典诵读等活动。

校园节日课程则把"努力营建校园文化"定为课程开展的目的,班主任和学科教师为主要组织者,在全校范围内开展。通过校园节日,如读书节、安全节、故事节等校园节日,来增强儿童的仪式感,让儿童在精神上寻根,使儿童把人文与科学

的内涵逐渐内化为精神财富。

（二）"怡美节日"的课程评价

节日赋予生活更丰富的色彩，做好节日课程的有效评价，一定要树立正确的教育观、课程观和发展观，丰富形式，注重实效。学校"怡美节日"课程从主题、内容、目标、实施、方式五方面分别进行评价。具体实施如下（见表6-6）。

表6-6　东关小学"怡美节日"课程评价表

评价指标	评　价　内　容	评价分值
主题	1. 主题具有时代性、针对性、实效性、教育性、科学性。 2. 主题鲜明、立意新颖、寓意深刻。 3. 主题要以发展儿童核心素养为根本依据来确定。	15分
内容	1. 目标明确，有明确的导向和时代性。 2. 活动要达到儿童情感态度价值观的转变。 3. 儿童有认识，有感悟，自我教育能力得到增强，能促进儿童身心健康，真正使儿童成为真善美的追求者。	15分
目标	1. 突出课程的开放性、趣味性、灵活性原则。 2. 贴近社会现实、贴近儿童实际生活、贴近儿童身心发展规律。 3. 难易适中，分出层次，突出重点。	15分
实施	1. 设置拓展性、开放性、发散性的，能给儿童思考空间的问题，引导儿童体验和感悟。 2. 依据所确定、分解、细化的具体内容选择活动。 3. 因材施教，面向全体，关注儿童的个性差异，注重培养儿童的实践能力。	40分
方式	1. 新颖、独特、多样，让儿童充分展示自我，注重儿童感悟体验。 2. 重视活动的群体性，要引导儿童合作学习，互帮互助。 3. 创设生动、活泼、有效的课堂氛围，师生互动，生生互动。	15分

五、推行"怡美之旅"，落实研学旅行课程

"怡美之旅"研学旅行课程，旨在帮助儿童了解国情、热爱祖国、开阔眼界、增长知识，着力提高他们的社会责任感、创新精神和实践能力。

（一）"怡美之旅"的课程设计

"怡美之旅"研学课程从每个年级的儿童特点入手，提前对各年级的特点进行

调研,制定适合各年级研学的课程内容,而后制定详细的研学方案,并注意研学过程的每个细节。

一、二年级儿童因为年龄小,知识水平有限,所以设计简单的研学课程,如接触大自然、了解家乡、热爱读书等方面,具体内容是在绿博园"寻找秋天的足迹",在植物园"发现家乡的美丽",在商城遗址看见"城墙上的家乡",在市图书馆"走进绘本世界"等。

三、四年级儿童有了一定的认知水平,在研学所用到的知识上、研学的范围广度上可以稍微增加难度。如走进文庙、了解动物、探究地质等方面,具体内容是走进文庙"走进身边的文物"、动物主题"走进动物的世界"、省博物馆"了解家乡历史"等。

五、六年的儿童有了一定的学习能力,研学内容可以有些难度,甚至可以增加调查报告和调查表格的数据分析。如了解国防、传承红色基因、了解民族产业等方面。具体内容是"国防知识我了解"、新时代好少年"参观二七纪念馆"、大国重器"参观宇通集团"等。

(二)"怡美之旅"的课程评价

根据《关于推进中小儿童研学旅行的意见》文件要求,"怡美之旅"要落实教育性、实践性、安全性、公益性原则,同时达到让儿童学会动手动脑,学会生存生活,学会做人做事,成为德智体美劳全面发展的社会主义建设者和接班人的教育目标。

研学课程主题简洁凝练、表述具体、特色鲜明,有针对性和目的性,能呈现研学资源主要特点,突出体现中小学研学实践活动课程的核心价值,学用相长,知行合一。

研学课程目标准确,切合实际,列出研学实践和课程实施所要达到的育人效果,明确四个核心目标:知识目标,能力目标,情感态度价值观目标,核心素养目标。

研学课程的内容是研学活动的核心与关键,应围绕主题和目标,结合自身资源特点,设计出育人价值明确、内容丰富、清晰充实的课程。

研学课程设计循序渐进,巩固研学成效,实现较好效果。坚持时效性、科学性原则,合理设置研学课程时间。

课程评价是研学课程的重要组成部分,要有科学、简便、可操作的评价标准。

评价结果可以在适当范围内出现,并要合理科学地运用。

六、建设"怡美舞台",丰富艺术教育课程

学校根据"课程展示提素养,辰星闪闪耀舞台"的理念,建设"怡美舞台"课程,丰富艺术教育,培养儿童自信勇敢的品质,全面提升儿童的艺术素养。

(一)"怡美舞台"的课程设计

"怡美舞台"开展"小舞台,大梦想"系列活动,如"快乐六一""诗词大会""百家讲坛""我的一本课外书读书英雄会""悦动活力篮球操展示""新春音乐会"等,为儿童展示自我、秀出活力和风采提供平台,使儿童享受校本课程带来的快乐童年,促进每个儿童全面健康发展。

"快乐六一"活动在每年六一前夕进行。学校搭建六一舞台,分为低段、高段两场进行,时间一般在六一节前,各班推荐优秀节目,节目主要分为文艺类、戏曲类和语言类。届时会邀请家长代表参与观看。

"诗词大会"活动在每年四、五月份进行,以各年级为单位,语文教研组长负责协调组织开展各年级的活动。每个年级要求不一样,难度呈梯度上升,形式大致可分为:必答题、选答题、听意说诗、飞花令等。

"百家讲坛"活动在每年十一月份进行,以各年级为单位,先在各班海选,然后各班推选出三到五名儿童,参加年级决赛。活动由各年级语文教研组长负责。活动中儿童讲述的内容可以是历史故事、人文科学、地理常识、科技知识等。

"我的一本课外书读书英雄会"活动在每年六月份进行,以各年级为单位,先在各班海选,然后各班推选出三到五名儿童,参加年级决赛。活动由各年级语文教研组长负责,要求儿童推荐的课外书要符合儿童认知,贴近儿童心灵。

"悦动活力篮球操展示"活动在每年五一左右进行。这项活动要求全员参与,分为低中高三个学段进行比赛,评委由体育老师、家长代表、科任老师担任。

"新春音乐会"活动在每年春季开学时进行。四个管乐班参与演出,曲目由管乐老师筛选决定,演出地点在东区艺术中心、青少年宫等地方,由当年学校民主商议决定。

(二)"怡美舞台"的课程评价

为使"怡美舞台"更好地彰显儿童的个性,突出学校办学特点,让"怡美舞台"

课程良性发展,制定课程评价实施办法如下(见表6-7)。

表6-7 东关小学"怡美舞台"课程评价表

评价对象	评价维度	评价内容	评价结果
课程内容	不同课程采用不同形式的内容展示参与评价。	1. 影像资料 2. 调查报告 3. 家校讨论会 4. 手抄报评比	
儿童	以交流、激励为目的采用个性化评价形式。通过展示尽可能充实儿童体验,展示时充分发挥儿童的长处。	1. 口语表达 2. 社交沟通 3. 研究思考 4. 自我表现	
展示材料	引导儿童采用最优化的展示形式,分为静态展示和动态展示。	1. 一幅绘画作品 2. 一场辩论会 3. 一次口头汇报 4. 一次交流会、宣传会	
教师指导	教师积极参与指导,有全面的课程意识。	1. 成果呈现形式 2. 展示方法 3. 时间安排	

七、聚焦"怡美文化",做实校园隐性课程

校园文化建设的核心是精神文化,最终目的是通过润物细无声式的教育,建设和谐校园。校园环境是无形的教育、无字的教科书,是学校校园内的隐性课程,是学校内看得见的文化形态,对校园内每一个成员都起着潜移默化的熏陶和启迪作用。我们充分挖掘校园环境中的"怡美文化",开发落实校园隐性课程。

(一)"怡美文化"的课程设计

我们从提升儿童的心灵品质出发,挖掘校园围墙、廊道、班级等处的资源,开发建设校园隐性课程,让"怡美文化"融入校园的每个角落,让每一寸空间都发挥教育价值。具体内容如下(见表6-8)。

表6-8　东关小学"怡美文化"校园隐性课程设计表

类别	课程目标	课程资源	活动设计
围墙	利用校园围墙展示的怡美文化,结合活动开展,让孩子们进一步感受"怡美文化"校园。	1. 悦、乐景观 2. 学校"三风" 3. 校园活动展示栏	认识我们美丽的校园
廊道	将主题与图画结合布置廊道,结合开展相应的活动,让儿童把先贤思想嵌入自己的人生轨迹,树立远大志向,不断激励自己在求学路上奋力前行。	学思长廊——墙柱上以图文并茂的形式展现《论语》,横梁上吊牌展示古今中外名人名言 二楼廊道——行为习惯 三楼廊道——经典诵读 四楼廊道——名人名句 五楼廊道——乐理知识	1. 经典诵读会 2. 读书英雄会 3. 我的一本课外书
班级	创设各具特色的班级氛围,开展合适的班级活动,陶冶儿童情操,增强班级凝聚力。	1. 特色班徽 2. 儿童各类作品秀 3. 板报宣传 4. 好人榜 5. 图书柜	1. 班级大合影 2. 教室环境布置 3. 设计班级口号 4. 评选展示儿童各类作品

（二）"怡美文化"的课程评价

我们根据"怡美文化"校园环境课程的意涵,结合"最美班级"的评比活动,设计以下课程评价表。具体内容如下(见表6-9)。

表6-9　东关小学"怡美文化"校园隐性课程评价表

评价内容	评 价 标 准	权重分	得分
环境布置	1. 主题鲜明,突出学校文化内涵,陶冶师生情操。	15	
	2. 各栏目(版块)内容更新及时,内容丰富,有时代感。	15	
	3. 墙面(地面)干净整洁,无卫生死角。	10	
	4. 文字内容无错别字。	10	
活动开展	1. 活动主题突出,活动形式新颖,活动效果好。	15	
	2. 教师组织有序,儿童积极性高。	15	
	3. 与学科教学、班队会活动有机整合,每月至少开展一次主题活动。	10	

评价内容	评 价 标 准	权重分	得分
	4. 每学期的展示时，儿童解说流利，体现廊道（围墙、班级）特色。	10	
	合计得分	100	

八、确立"怡美主题"，实现跨学科项目式学习

我校进行"怡美主题"跨学科项目学习课程建设的基本理念是在培养儿童基础知识和基本技能的过程中，强化儿童关键能力，落实儿童核心素养的发展。从课堂到生活，从学科本质角度，培养儿童的实践能力和创新精神，学以致用；从学校到社会，从育人角度出发，基于人的成长需要，重在培养孩子的生活能力和社会适应能力，回归真实的生活。

（一）"怡美主题"的项目式学习

"怡美主题"项目式学习以建构主义理论为指导，以任务为驱动，教师提供学习资源和学习工具，通过创设真实的问题情境——项目，引导儿童开展合作学习，在探究中完成学习任务。创设的真实的问题情境——项目，按学习的需求选题，选题不论大小，儿童面对的都是真实而具体并且需要探究的问题，且兼具实用性与合作性。儿童可以充分利用多媒体和网络等信息技术资源，通过实践体验、自主发现、协商合作、创造想象等多种途径来完成，有利于培养儿童的自主性和协作性，提高儿童的自主学习、分析和解决问题以及批判性思维的能力。

每学期学校利用暑假组织教师展开理论学习和案例学习。学期中定期召开教学研讨活动，加强交流和学习。不同项目以问卷调查和专题调研的形式鼓励家长、儿童参与项目的选择、论证与确定。三至六年级每个年级要形成一个活动设计（或案例），引导儿童展开实施。学校为项目化学习的实施搭建平台，进行阶段性研讨和展示，形成若干精品项目案例。

（二）"怡美主题"项目式学习评价

项目式学习评价整合学习的过程与结果，使儿童理解知识的同时获得能力，有助于儿童个人成长与团队协作能力的发展，提升儿童的表现，展现思维的意义

与价值。在评价过程中要求多主体参加、自评与他评相结合、多内容考察、知识与能力并重、实现全过程评价。具体内容如下(见表6-10)。

表6-10　东关小学"怡美主题"项目式学习评价表

评价指标	评 价 内 容	评价分值
主题的选定	以课程标准为核心,选定复杂的、真实的问题探究。	20分
目标的设定	培养儿童的学科知识能力(听、说、读、写能力)和综合能力(学习与创新能力、沟通能力、批判性思维和作品评价能力)为中心,训练协调合作、信息化技能等,使儿童在项目中学会解决问题。	20分
方案的设计	依据项目主题与目标,确定、分解、细化具体内容,设计可行性方案。	20分
过程的参与	组建团队确定成员角色、分工,严守标准并积极参与。关注项目进展并及时解决过程中的问题。	20分
成果的展示	采取多种形式呈现各阶段成果。	20分

　　我们的"最童年课程"全面贯彻"怡美教育"的教育哲学,立志实现让每一个孩子在这里遇见最童年的自己,并将这一课程理念融入我校课程建设的方方面面。

　　我们秉承"怡美教育"的教育哲学,全面贯彻党的教育方针,坚持以儿童的发展为本,深入实施素质教育,充分利用学校和社会的课程资源,优化课程结构,全面体现办学理念的特色教育体系。

　　"怡美教育"的大幕已拉开,"最童年课程"的蓝图已经描绘,我们坚信,学校是纯粹、美好而又富有挑战的地方;我们坚信,怡心怡身,美人美己是教育的神圣使命;我们坚信,在怡美教育的理念下,一批批阳光、睿智、健康、文雅的"怡美少年"正在茁壮成长!

(撰稿者:陈丽红　赵玲玲　张斐斐　卢春莉)

第七章
激活学校课程深度变革的整体系统

　　课程从理想与计划到实施，从课程的决策、编制到教师与儿童的体验，经历了好几个层次的转换，如何促进教师更有效地感知与领会理想的课程，如何更好地使儿童体验课程，就成为课程管理的使命所在。因此，课程管理必须激活包括教师和儿童在内的课程实践过程，回归课程的实践旨趣，激活学校课程深度变革的整体系统，使得学校课程变革扎根过程，真正触及每一个儿童真实的自我，帮助他们获得独特个体的成长经历与体验。

4E 课程:
让每一个孩子找到自己的卓越发展领域

　　郑州市管城回族区外国语学校是一所 12 轨 36 班的公办初级中学,是郑州外国语学校集团校之一,建筑面积约 4.2 万平方米,紧邻郑州地铁 2 号线和 5 号线,交通便利。我校自 2016 年建校以来,始终以厚德敏行、追求卓越、和谐发展的教育理念为指导,从学校的实际状况和学生的实际需要出发,积极开发实施特色课程,突出学校办学特色,打造个性化学校形象,发展学生特长,促进学生全面发展;躬耕实践,努力优化完善各项办学指标,把学校办成一个"管理科学、队伍优化、特色鲜明"的社会认可、家长满意、学生喜爱的郑州市一流学校。我们依据《教育部关于深化课程改革落实立德树人根本任务的意见》《中共中央国务院关于深化教育教学改革全面提高义务教育质量的意见》等文件精神,根据管城回族区教育体育局课程品质提升工程的相关要求,推进学校卓越课程建设,取得了显著成就。

第一节　探寻实现自我的卓越领域

　　自 2016 年建校以来,我校秉承郑外"三全管理""四干精神""五字作风",在"卓越教育"的道路上不断探索。

一、学校教育哲学

　　学校结合郑州外国语学校多年的办学经验与传承,提出了"厚德敏行、追求卓越、和谐发展"的育人要求和"向着卓越发展"的办学理念。为实现学校的办学宗旨和追求,我们提出了"卓越教育"的哲学理念。

　　在我们看来,卓越即卓著、超越。引导学生认识自己、树立远大志向、确立生涯规划、寻找人生价值,诱发种子的力量,解决人之发展的动机、动力与方向感问题,不断追求卓著;尊重生命特性、培养健全人格、提升综合素养、发展天赋特长,激发环境的影响,解决生命成长的营养、环境与交互性问题,不断追求超越。

　　当前,我们正处于实现"两个一百年"奋斗目标的关键时期,这是一个充满机遇与挑战的新时代。卓越教育要加强新时代人才培养,把教育摆在更加重要位置,培养有理想、有道德、有文化、有纪律的一代新人。因此我们认为:"卓越教育"即卓然而立。卓然而立是一种价值取向,即志向不狭窄、人格不依附、思维不趋同、言行不浮夸。没有毅力和进去动力的人无法达到卓越的境界。竞争意识和发愤图强的精神,是卓越的内涵。"卓越教育"即越而胜己。越而胜己是一种个性追求,即自我日清晰、反思成习惯、人生会选择、发展能自觉。世上最难超越的,就是自己。清醒地认识自我,不守旧,不迷失,是超越自我的基础。"卓越教育"即自我成就。自我成就是一种人生成全,即对自己喜欢并擅长的事情,通过各种途径学习,不跟风不动摇,把简单的事情做到极致,帮助别人成就自己。只有不断超越自己,永远不言满足,才能做到卓越。

　　学校在"卓越文化"引领下走卓越发展之路,卓越课程体系日臻完善。学校坚持实施国家课程校本化、地方课程综合化、校本课程特色化,以育人为本,尊重个性,坚持一个原则(国家、地方、学校三级课程相互包容、相互促进、互为拓展、互为孕育)、两个理念("三化":国家课程校本化、地方课程综合化、校本课程特色化;"六个特色":课程的丰富性、自主性、选择性、时代性、综合性、创新性),构建了适合每一个学生卓越发展的全面育人课程体系,为培养学生核心素养满足学生个性发展需求提供了更多可能[①]。

办学近五年来,管外精细化、规范化管理,积极培育学生学科核心素养,数学、英语学科实施差异化小班分层教学,圆满完成了"三年见成效,五年成名校"的阶段性目标,成为管城百姓首选的优质初中,让管城人民共享到高质量发展的美好教育。

我们希望通过三年的中学生活,学生实现德、智、体、美、劳的全面发展和卓越发展。基于上述教育哲学,确立我们的教育信条——

我们坚信,

卓越是一种态度;

我们坚信,

教育是卓越的对话;

我们坚信,

教师是卓越的引领者;

我们坚信,

学校是走向卓越的地方;

我们坚信,

每一个孩子都向往卓越、追求卓越;

我们坚信,

让每一个孩子眺望世界是教育的最美姿态;

我们坚信,

让每一个孩子找到自己的卓越发展领域是教育的神圣使命。

---

① 王晓丽.大连经济技术开发区第七中学卓越文化引领下的生态课程体系[J]中学课程资源.2018(6):67—68.

二、学校课程理念

我们认为,教育就是追求卓越的过程,学校通过设置孩子们乐于接受的课程,使他们乐享学习,最终实现生命的成长。因此,学校的课程理念确定为"让每一个孩子找到自己的卓越发展领域"。其具体内涵如下:

——课程即潜能挖掘。教师不仅要让学生充分地展示自己,更重要的是要善于发现学生的潜能。在班级里,不仅有表现比较突出的优秀学生,同时还有表现比较一般的普通学生。不论对待什么样的学生,教师都应该给予同等的爱,用职业的眼去善于发现学生身上值得肯定的地方,并不断挖掘其潜能,鼓励其取得进步,使集体中的每一位学生都得到积极的评价,使每一位学生都变得自信,这也是他们成功的内在动力。

——课程即卓越追求。卓越与幸福是人类的终极价值追求,也是我们的教育价值取向,是我们的教育使命。我们强调为学生终身卓越发展与幸福人生奠基,我们并不排斥升学率,只是抓升学率的方法、措施要与我们的育人的价值导向一致。卓越教育的本质是实施素质教育,是让不同的学生都能接受平等的教育并在教育中实现自己最大限度的发展。卓越教育的核心是培养学生的人文情怀和科学精神的和谐统一,培养学生的创新精神和实践能力,实现学生的可持续发展[1]。

——课程即文化浸润。课程既是文化的重要载体,又是文化的重要组成部分。学校文化是在长期的办学实践中创造、积淀、发展而成的,体现在学校的环境、制度以及师生的价值观念和行为方式中。课程作为学校育人的载体,应当与学校文化相呼应,充分体现学校的文化内涵,在学校文化中汲取营养。同时以学生发展为本,推进社会主义核心价值观、民族优秀传统文化、现代社会公民意识融为一体的人文主义教育,厚实学生道德基础,形成学校师生高品位的人格魅力、道德风尚和精神追求[2]。

——课程即生命成长。人的生命是教育的基石,生命是教育学思考的原点。课程开发是影响教育成果的关键环节要素,在教育注重学生生命成长时,课程开发自然就成为了教育浸润生命的主要实施路径,追求学生的生命成长也成为了课

---

① 邵东生. 卓越教育:人本、求是与发展. [J]. 福建基础教育研究,2016(4):19—21.
② 严必友. 校本课程建设的文化追求[EB/OL]. 2020 - 04 - 09.

程开发的基本目标和内涵。每个人都有自我实现的需要,自我实现需要是生命主体靠自己在现实活动中的体验来获得的内在价值,激励个性发展、培养健全人格是学习课程的重要目标。

综上所述,我们将"卓越教育"理念下的管外课程模式命名为"4E"课程模式。"4E"即 Exploration 探索研究、Explanation 阐述解释、Extend 拓展延伸、Excellent 卓著超越。这意味着我们将有意识地通过课程设计满足学生的不同发展需求,让学生学会学习、探索和发现。在课程中引导学生探索研究,启发学生自主对各种现象进行阐述解释,同时经过拓展和延伸,激发学生的创新潜力,启迪学生智慧。

第二节 诱发卓然而立的种子力量

学校课程是为育人目标服务的。因此,确立学校的课程目标,必须首先明晰学校的育人目标。

一、育人目标

我校培养德智体美劳全面发展的"卓越少年"。具体内涵阐述为:

——有梦想,敢拼搏:能针对自身情况,树立长期远大目标和近期阶段性目标,有敢于拼搏向上的精神。

——有情趣,会生活:积极乐观,自信坚强,能迅速、灵活、正确地理解和处理事物。

——有灵性,善学习:引导学生学会独立学习,爱思考,爱想象,爱阅读,多阅读,形成终身学习的能力。

——有特长,健身心:有自己的兴趣爱好和特长,培养良好的身体素质和心理素质。

二、课程目标

为了实现育人目标,我们根据各年级学生的年龄和身心特点,将育人目标进行细化,形成了7—9年级的分年级课程目标(见表7-1)。

表7-1 外国语学校课程目标表

	有梦想, 敢拼搏	有情趣, 会生活	有灵性, 善学习	有特长, 健身心
七年级	初步确立自己的三年阶段性目标和理想高中。能体会十部英文原版经典电影中主人翁身上体	树立积极乐观的人生观、价值观和世界观,确立远大的志向,并通过自己的努力去实现梦想。	认识学习的重要意义,形成浓厚的学习兴趣,养成良好的学习习惯,与学习方法,能注重联	开拓眼界,增强创新精神和实践能力,积极参与各类综合实践活动。理解体育锻炼对身体形态和机能的

	有梦想， 敢拼搏	有情趣， 会生活	有灵性， 善学习	有特长， 健身心
	现出来的精神品质，养成观看新闻联播、关注时事新闻的习惯。		系实际，初步学会将所学习的知识与技能运用于生活。	影响，通过运动建立自信，识别体育中的道德行为。
八 年 级	能根据相关材料，对国际时事进行简单的分析和推理。	在群体及社会交往的过程中，欣赏他人、与人为善、平等尊重他人。在助人的过程中获得尊重感、成就感，交友需求满足的"互助"情感体验。	树立积极乐观的人生观、价值观和世界观，确立远大的志向并通过自己的努力去实现梦想。	拥有强烈的社会责任感并积极参加各类校外研学旅行等社会实践活动。有高昂的生命意识，能合理安排锻炼时间，获得野外生存基本技能，养成终身锻炼的意识。
九 年 级	能对国内外重大时政新闻进行评价和分析，站在全球视野看待问题。	集体荣誉感和责任感的养成、社会适应性的历练，以及活动能力的提升等方面的"进步"。	在课程学习中能够有充分自主性；敢于探究，拥有一定的思辨能力，能坚持自己的见解；乐于与人分享自己的观点。	能简单评价媒体的体育与健康信息，理解不同运动角色的任务，践行体育中的道德行为。

第三节　厚实高才卓识的发展基础

　　为了实现上述育人目标和课程目标,我校着力构建"卓越课程"体系,让每个孩子都能从这里眺望世界,找到自己的卓越发展领域,成为卓越的追求者。

一、学校课程逻辑

　　我们学校基于"卓越教育"之哲学和"向着卓越发展"的办学理念,确立"让每一个孩子找到自己的卓越发展领域"的课程理念,建构"卓越课程"体系,包括"卓雅、卓思、卓品、卓创、卓美、卓立"六大类课程,并通过"卓越课堂、卓越学科、卓越社团、卓越节日、卓越之旅、卓越仪式、卓越空间、卓越校园"八种实施途径,着力培养"有梦想,敢拼搏;有情趣,会生活;有灵性,善学习;有特长,健身心"的卓越少年(见图7-1)。

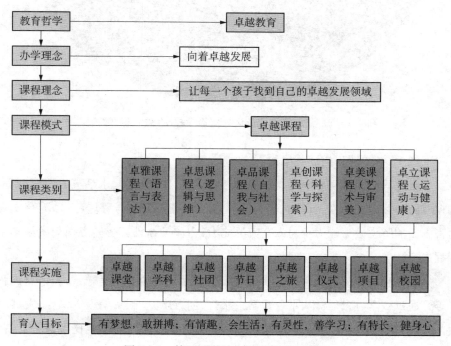

图 7-1　外国语学校"卓越课程"逻辑图

二、学校课程结构

根据学校教育哲学及多元智能理论,我们将学校课程分成"卓雅、卓思、卓品、卓创、卓美、卓立"六大类(见图7-2)。

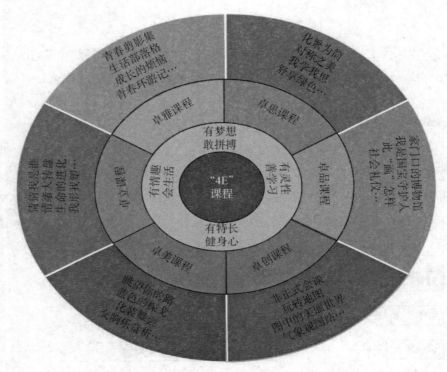

图7-2 郑州市管城回族区外国语学校"卓越课程"结构图

上图中,各类课程内涵具体如下。

卓雅课程。即语言与表达类课程,包括博雅语文课程群、乐享英语课程群等,如:小朗读者、国学课堂、音律之声、英语趣配音、英语口语秀等课程,培养孩子在语言方面的听说读写能力及与人交流的能力,为孩子在语言智能方面的发展提供课程支持。

卓思课程。即逻辑与思维类课程,主要包括智美数学课程群、卓彩信息课程群等。通过数学、信息技术、带着数学去旅行、创意魔方、创意编程等课程,发展学生的逻辑思维能力,为学生在运用数字和推理的智能方面的发展提供课程支持。

通过科学、3D打印、机器人、绿色能源电动车等发展学生的科学素养及创造思维。

卓品课程。即自我与社会类课程，主要包括明礼晓法课程群、毓秀历史课程群、卓越仪式课程群、卓越之旅课程群等。通过梦想体验家、时政播报、时政论坛、我是创业家、梦想体验家等一系列课程使中学生在日常的学习和生活中养成一系列做人、做事和学习方面的良好行为习惯，培养其健康人格，并体验各种职业分工，为中、高考志愿的填报打下基础。

卓创课程。即科学与探索类课程，主要包括格思物理课程群、多彩化学课程群、盛享生物课程群、大美地理课程群等。通过人地相宜、头脑风暴、寰宇天地、野外实践等活动引导学生关注自然、发现自然的奥秘。通过家门口的博物馆、老牌企业的前世今生、国宝文创鉴赏等课程将课本知识和生活实践紧密结合，拓宽学生的视野和情怀。

卓美课程。即艺术与审美类课程，主要包括聚艺美术课程群、菁菁音乐课程群等。通过音乐、美术及相关拓展课程发展学生的艺术素养，提高学生的审美能力。

卓立课程。即运动与健康类课程，主要包括多维体育课程群、阳光心理课程群等。通过体育、心理及相关拓展课程发展学生的体育素养，意志品质，培养学生健康的生活习惯和良好的生活态度。

三、学校课程设置

根据"4E课程"逻辑结构图，结合学校课程资源现状，对课程的内容体系进行系统构建，除基础课程之外，我校课程设置如下（见表7-2）。

表7-2　外国语学校课程设置表

	卓雅课程（语言与表达类）	卓思课程（逻辑与思维类）	卓品课程（自我与社会类）	卓创课程（科学与探索类）	卓美课程（艺术与审美类）	卓立课程（运动与健康类）
七年级 上学期	音律之声 青春剪影集 生活部落湾 心灵港湾 走进名家名作	数学发展史 化繁为简 图形比拼 创想魔方 奇思妙史 我思我思 享你所想·行你所能 舒享绿色	个人礼仪（一） 法律常识（一） 时政播报（一） 梦想体验家（一） 中国古代史（上） 家门口的博物馆 我是国宝守护人 国宝陶泥再现 最美"国文创" 鉴赏	非正式会谈 玩转地图 图中的美丽世界 气象观测站	多彩的校园生活 传递我们的心声 美丽的校园 实用又美观的日用产品 蓝色的探戈:分辨不同探戈节奏 听音打节拍 化装舞会	猜猜我是谁 情绪大转盘 滚雪球 生命的进化 我形我塑 出口成"章" 健康卫士
七年级 下学期	缤纷生活 生活小贴士 求学路漫漫 饮食趣俗 诵出我的热情	数学故事会 探索规律 对称之美 七巧板 奇思妙史 我思我思 享你所想·行你所能 珍爱生命	个人礼仪（二） 法律常识（二） 时政播报（二） 梦想体验家（二） 中国古代史（下） 艺术馆中的古画展 此"画"怎讲 古画水彩再现 最美"古画新创" 画展	我是环保宣传员 世界少年说 99天环游地球 艺术馆中的古画展	春天的畅想 校园艺术节 源于生活，高于生活 营造艺术的情趣和意境 眺望你的路 法语歌唱 自学法语学唱 放牛班的春天	优点大爆炸 情绪蛋糕 我诉我心 心心点灯 悦动青春 指挥家在管外 体育安全员 追风少年
八年级 上学期	走进中国 成长的烦恼	数学与生活 数的由来	学校礼仪 今日说法（一）	治理黄河成果汇报 美在我身边	造型的表现力 读书,爱书的情节	画出我自己情绪 模仿秀

年级	学期	卓雅课程（语言与表达类）	卓思课程（逻辑与思维类）	卓品课程（自我与社会类）	卓创课程（科学与探索类）	卓美课程（艺术与审美类）	卓立课程（运动与健康类）
	下学期	青春环游记 环球视野 感受经典	几何画板 玩转魔方 创新知史 我思我学 燃你所思，动出精彩 醉享美味	时政论坛（一） 非你莫属 B站 毓秀年代尺 视频系列		笔墨丹青 自己办展览 英语歌唱 音乐形式剧表演 音乐剧《猫》	你会"说话"吗 不破茧不成蝶 身体的魅力之旅（一） 我是小助手（一） 智勇双全 神采飞扬（一）
九年级	下学期	世界之最 解优杂货铺 经典永流传 跳蚤市场 与圣贤为友，创作 新天地	数学与文学 数字最牛 "最值"问题 谁是卧底 创新知史 我思我学 燃你所思，动出精彩 乐享健康	家庭礼仪 今日说法（二） 时政论坛（二） 非你莫属（二） 中国近代史 溯源中国百强老牌企业 老牌企业的前世今生 撰写老牌企业演变历程	国家地理摄影大赛 区域辩论赛 多彩化学：我眼中的北方 探寻空气追根溯源 万能的空气 取之有道，用之有度	纹样与生活 为生活增添情趣 艺术作品的深层意蕴 美好宜人的居住环境 我们是冠军 打致并击冠号 奥林匹克角号 奥林匹克兑颂	爱上不完美的自己 古鼓传花 赞美T台秀 正念品生活 勇往直前 我是小助手（二） 风雨同舟 神采飞扬（二）
	上学期	文明礼仪 闪光的记忆 多彩节假日 穿越古今 文明小卫士	数学文化节 数你最牛 黄金分割 最强大脑 "最值"问题	社会礼仪（一） 民法典护成长（一） "两会"小记者 我是创业家 世界古代史	探秘水世界 一滴水的旅程 黄河的"渴"望 见微知著——奇妙 的微观世界	卡门序曲 用美声学唱 不同乐器品类 交响乐赏析	烦恼说出来 管好你的愤怒怪 红黄绿灯化 冲动 梦工厂

	卓雅课程（语言与表达类）	卓思课程（逻辑与思维类）	卓品课程（自我与社会类）	卓创课程（科学与探索类）	卓美课程（艺术与审美类）	卓立课程（运动与健康类）
	探究精神内涵 在改中新	谁是卧底	阅读全球通史世界史部分 我的读书心得 编写简版漫画世界史 编写简版漫画世界史 漫画世界史书展			营外"冬训营" 运动处方，我来做主 生命的绽放 追梦逐月（一）
下学期	善听之耳 下笔如有神 文体大作战 文化碰撞 多彩节假日 穿越古今 与思想碰撞 百家争鸣展风采	数学文化节 数你最牛 黄金分割 最强大脑	社会礼仪（二） 民法典护成长（二） 我为"两会"提议案 我是创业家 世界近现代史 阅读全球通史世界史部分 历史人物故事 编写历史故事剧本 历史争鸣台剧展示	邂逅省博，"像"见 金属 文明进步的阶梯——金属 金属狂潮 废弃物的第二次生命	土与火的艺术 多色版画 保卫黄河 依据不同情景编创节奏 用不同的速度记号 轮唱 过雪山草地	逆反不划算 角色扮演 扬帆起航 流浪地球岛 我是"运动员" 我是小助手（三） 大"心"脏 追梦逐月（二）

第四节　拓宽成就卓越的课程渠道

　　课程实施与评价体现了对课程理念的贯彻与执行，学校通过"卓越课堂、卓越学科、卓越社团、卓越节日、卓越之旅、卓越仪式、卓越校园"等七大途径来实施课程，并制定了相应的评价标准来诊断课程实施效果、课程目标的达成程度，进一步优化课程结构。

一、建构"卓越课堂"，提升课程实施能级

　　"卓越课堂"是要建立一个理念：课堂教学是为了"让一个人摆脱对另一个人的依附"，教师在课堂教学中所做的一切都是为了让学生尽快"独立"[①]，从而达到"教是为了不教"的目的。其中以倡导"以思论教"，实现"突思促悟"。

（一）"卓越课堂"的实施路径

　　"卓越课堂"分为"思悟课堂""自主课堂""智慧课堂"等范式。我校重点打造的是"思悟课堂"，即让学生学会思考，提高思维能力，改善思维品质，达到自解自悟，实现"独立"。基于以上分析，我们确立"思悟课堂"的基本范式如下（见表7-3）。

表7-3　外国语学校"思悟课堂"基本范式

环节	教师	学生
新课导入	1. 联系旧知、已知创设新内容的氛围，激发学生兴趣； 2. 恰当地介绍本节学习任务，任务必须有可操作、可检测的目标。	1. 积极调动已有知识储备； 2. 弄清学习任务。
阅读文本	1. 指导学生自主阅读； 2. 巡视发现汇总以下问题： ① 学生自主阅读产生的问题，找出共性问题； ② 学生忽略的重难点； ③ 学生产生疑难的原因。	1. 通览文本； 2. 整理重点； 3. 标出疑难，并思考疑难产生的原因。

[①] 慎梦颖. 基于"思悟课堂"理念的初中历史教学研究——以郑州外国语学校为例[D]. 武汉：华中师范大学，2018.

环节	教师	学生
引导与讲解	根据学生自主阅读中的情况，重点讲解。讲解时需做到： ① 学生已会的不讲； ② 学生的疑难一般不要直接讲解，创设情境，逐步引导，让学生自主解决疑难。	1. 积极思考，注意教师的提示和问题； 2. 标出自学中未曾注意的地方； 3. 记下仍然没有理解的问题及内容。
课堂训练	1. 训练题目要有典型性； 2. 训练题目要有针对性； 3. 训练题目要有层次性； 4. 通过演板和巡视及时了解学生的掌握应用情况； 5. 对学生掌握应用的薄弱环节强化分析。	1. 认真独立完成练习； 2. 对于未能掌握的练习做出标记，并认真听讲，弄清失误的症结。
总结与悟解	1. 总结可以做出分类的提示，让学生自己总结； 2. 重点、难点要强调。	1. 主动回顾、总结； 2. 总结时要分类； 3. 总结可以在课堂笔记本上作简要书写； 4. 注意总结思路。
布置作业	1. 作业要目的明确； 2. 作业可分为巩固性、理解性、延伸性、拓展性； 3. 作业要有层次； 4. 作业要有质量。	

（二）"卓越课堂"的评价标准

我们以"思悟课堂"为例，依据"思悟课堂"基本范式，制定管城区外国语学校"思悟课堂"教学评价标准如下（见表 7-4）。

表 7-4　外国语学校"思悟课堂"评价量表

项序	评价项目及权重	评价要点	分值
一	引思自悟（突出自学、自思、自解、自悟）（20分）	1. 教学目标明确，学习任务具体，可操作、可检测。	5
		2. 学生有完成文本阅读并自思自悟任务的时间保证。	5
		3. 学生在此环节中专注地自学、自思、自解、自悟。	5
		4. 学生能够在独立思考的基础上积极参与合作交流。	5

项序	评价项目及权重	评价要点	分值
二	展思纠悟（突出信息反馈、学生展思、教师指导、学生纠悟）（25分）	5. 教师能够快、准、全获取自学反馈信息及学习效果。	5
		6. 教师能够及时捕捉到利于解决疑难问题的典型个案。	5
		7. 教师善于运用典型个案引导学生展示其思维的过程。	10
		8. 大多数学生能够积极参与对关键问题的思考与讨论。	5
三	促思助悟（突出问题，机会、时间、过程）（30分）	9. 问题的设置能够突出重点、有思维量、有层次性。	5
		10. 围绕重点内容突出主干问题的深化、拓展与延伸。	10
		11. 学生对问题有足够的思考时间并能表达自己的见解。	5
		12. 教师适时、适势帮助、扶助学生思考并解决问题。	5
		13. 跟进训练内容围绕重点，有典型性、针对性、层次性。	5
四	反思明悟（突出学生认真反思归纳）（25分）	14. 训练内容能起到巩固、引发、促进学生进一步思考。	5
		15. 学生能够根据教师提示进行分类反思归纳。	5
		16. 学生能体会到本节重难点、掌握知识规律。	5
		17. 学生课堂有充足的时间进行分类反思归纳。	5
		18. 教师抽检学生的思悟总结进行展示并评价。	5
合计			100

二、建设"卓越学科"，丰富学校课程内涵

学校以国家课程为原点，根据学科特点、学生需求，深入探索学科拓展课程，通过"卓越学科"来丰富学科课程体系，形成了"1＋X"的课程群，这里的"1"指一门国家课程，"X"指围绕该学科设计出的多门拓展课程。

（一）"卓越学科"的建设维度

为了更好落实基础学科课程要求，学校在各个基础学科上构建特色课程群。

1. "博雅语文"特色课程群

博雅，谓学识渊博，品行端正也。基于发展学生核心素养，结合语文国家课程资源，学校开发出"博雅语文"特色课程群，让语文课堂由重讲授、重做题、重结果

向重活动、重生活、重能力改变。我们的具体做法如下。

研发校本教材,拓宽学生视野。学习语文首先是教科书学习,但教科书受篇幅的限制,所选文章数量不可能太多,难以满足大量阅读的需要。据此情况,教师研发编写校本教材,立足于课内,在每课或者每单元结束后选取或体裁相同,或题材相近,或是同一作家的不同作品,力求与教科书形成呼应,沟通课内外学习,使二者相得益彰。让学生把课堂上获得的知识和能力,举一反三,用到课外阅读之中,便于同学们接触人类智慧的结晶,培养文化尊严感,提高阅读品味和审美能力。

搜集、整理、完善语文特色课程参考资料。首先,经过本校各年级语文教师的多次探究式教学实践,学校语文组按照分散与集中相结合的原则展开"群文阅读"的阅读课教学。所谓分散,是指根据学生的心理发展特点,将各个主题分散到相应的年级教学任务中,更加科学地培养学生的综合能力。所谓集中,则是将主题相同的课文按照一定的侧重点进行整合,并将语文诵读、欣赏、探究等实践活动和语文课文教学、单元训练相联系,使学生的学习目标更加突出。通过这种教学形式,将研究和实际教学有机结合,通过整合课内阅读、联系课内外阅读、拓展课外群文阅读的方式开展教学教研活动,推进我校语文教学结构改革的进程。

注重潜移默化,引领价值观导向。语文课堂涉及到了人文性及知识性,让学生树立起良好的道德情操,最终形成积极正确的人生态度及价值观,这是语文课堂至关重要的内容。"博雅课堂"根据语文学科的特点,注重熏陶感染,潜移默化,把与课堂相关的道德内容渗透于日常的教学过程之中,并与现实相结合,让学生在学习语言知识及提高语文能力的同时受到不断的感染,培养正确的价值观。

2. "智美数学"特色课程群

"智美数学"课程是根据学生的学习现实、个性心理和数学知识特点,采取灵活多样的教学形式,在数学课程基础上对数学视野的开阔、数学知识的拓展和延伸,学生学习积极性的提高。通过此课程的开展,师生共同在活动中体验,在体验中探究,在探究中发现,提升学生数学核心素养。

学生分层,重在进步。要对学生进行分层教学,首先必须确定对学生分层的标准。我们的教育对象是人,而不是像工厂中的产品制造一样千篇一律,因此,学生分层施教不能简单地依据班级学生的成绩,而要综合考量学生的自主学习能力、智力情况等因素,再对学生进行分层。如 A 班(跃进层):基础扎实,接受能力强,学习方法正确,成绩优秀;B班(发展层):基础一般,接受能力尚可,学习比较自觉,有一定的上进心,成绩中等左右;C班(提高层):基础薄弱,接受能力不强,学习积极性不高,学习态度和学习习惯存在问题,在学习上有困难。

备课分层,重在全体。分层备课是搞好分层教学的前提和关键环节。在备课时,要求教师在透彻理解掌课程标准和教学内容的基础上,突出备课的层次性,注重因材施教,给不同层次的学生提供不同的学习条件,设计好分层教学的全过程。备课设计要根据情况设置"全体""提优""补差"三条线索。针对学生接受能力不同,在课堂容量上有不同的要求;针对学生智能的差异,在课堂提问、例题讲解、巩固练习上有区别,所要求的思维程度不同,强调针对性,既保证"面向全体",又兼顾"提优""补差"。当然,这种备课显然要比传统的一刀切式的备课付出更多的精力,也更加体现出教师的教育智慧。

授课分层,重在转化。分层上课是分层教学中最难操作的部分,也是最能体现教师智慧和创造性的部分。我们既要面向全体学生,又要关注个性差异,其关键就是通过多媒体或导学案,对不同层次的学生提出不同的问题,真正体现出上课的层次性。课堂上,要特别关注学困生的转化工作。所谓"学困生",通常表面上看是一些学习成绩差,纪律又不好的学生,但这只是表象;这些学生,其实他们的自尊心很强,但由于很少得到别人的尊重,往往表现出懒惰、胆怯和自卑;虽然他们外表装作对什么都无所谓,有时还自视孤傲,但内心常常很自卑,缺乏自信,始终笼罩在失败的阴影里。

作业分层,重在有效。为了在教学里做到"上不封顶,下要保底",学生作业在设计、布置、批改等方面均要做到分层。作业的数量和难度设置应该考虑学生的心理承受能力和知识实际水平。"科学的作业量=承受力×(1+10%)",在学生对知识学习缺乏兴趣的情况下,最大的作业量不应该超出学生承受力的10%,难度应该设定在学生不抄袭就能够回答的前提下,这样才有可能培养继续学习的兴趣和信心。

辅导分层,重在提高。俗话说:再好的草原,也会有几匹"瘦马"。因此,教学之后的个别化辅导是课堂教学的延伸和补充,我们加强个别化辅导就是为了普遍提高后进生的全面素质,就是为了减轻教师和学生的学习负担。教师要抓好"培优"和"补弱"这一课外辅导环节。B层学生是课外辅导的重点对象,可以进行3至

5人的群体性辅导；对于A层学生，注重个别点拨，对课堂内容加以拓宽，培养探索、创新、综合运用的能力。

评价分层，重在激励。对学生的评价分为：严格性评价、激励性评价和赏识性评价。比如，对于C层学生，我们要用赏识评价法，教师要经常跟家长沟通，学生一有进步就要共同对他们的进步加以肯定与鼓励；对于B层学生则是要求激励评价，可以加些评语，如"要是再努力些一定会更棒！""你觉得这次背诵怎样？进步了吧？"等；对于A层学生，我们不但要激励，而且更要严格要求，使之在优秀之中更优秀。

3. "乐享英语"特色课程群

"乐享英语"，即快乐学习，乐于分享。遵从中学生认知发展规律和年龄特点，结合国家英语课程资源和我校特色校本课程，倡导英语教学面向全体学生，突出学生个性的发展，关注体验与参与的教学模式。重视培养学生的语言基础知识和基本技能的同时，给学生创造多元化的上课模式，让学生在快乐学习中发展个性、乐于分享、培养情怀，同时发散思维，开拓视野。

创办"新目标""剑桥"双课堂，提升学生英语学科课程品质。高效整合课本资源，首先把"新目标"教材作为常规英语教学的重中之重，做到对课本的最高效利用，让学生快速掌握课本知识内容。根据我校学生现有的英语学习水平，"新目标"教材难以满足现阶段学生英语阅读能力的发展需求。据此情况，我校同时使用"剑桥"教材。剑桥《English in Mind》是一套国际原版教材，以青少年为目标读者，帮助他们提高英语的综合运用技能。《English in Mind》不仅包含大量英文原版文章，还包含"Everyday English"等趣味性较强的交际用语和听力素材，是一套综合性、系统性、国际性英语语言学习教材，使学生在学习语言的同时，更多地了解中西方的文化差异，提高青少年的个人修养。

结合课程话题，整合课程资源。首先，根据两本教材不同的话题功能，收集整理相关背景资料并进行分类。将话题材料按照不同的形式分为"视听资源""文化背景资源""口语交际资源"，为授课做好充分的知识铺垫。其次，结合我校"差异化小班教学"模式，有选择性地开发使用资料。"差异化小班教学"模式即将学生按照数学和英语的学习能力和水平分为A层和B层。对A层学生以"放"为主，"放"中有"扶"，重在指导其自主学习；对B层学生以"扶"为主，"扶"中有"放"，重在带领其学习。最后,结合学生课堂学习成果和课后作业反馈,完善校本话题资料库。

开展英语特色活动,引思促悟,创新实践。开展"戏剧社"和"模拟联合国社团"培养学生的学习兴趣。戏剧表演融音乐、视觉艺术、口头表达为一体,是文化的直接表现。让学生自主选材,采取任务驱动方式,充分发挥学生的自主和实践能力。首先,阅读原著,然后通过戏剧作品的欣赏,让学生学习模仿。接着,学生自主选角,小组分工合作。之后,经过教师指导,加以提升。最终,在学校进行展演。"模拟联合国社团"旨在提高学生英语表达能力的同时,培养其组织合作、领导能力、国际视野。在社团老师的组织和引导下,让学生认识和了解模联会议的意义和形式。教会学生收集信息、分析议题、整理资料。指导学生完成立场文件写作。通过反复信息整理和操练,形成完整的辩论模式,最终参加河南省青少年模拟联合国比赛。通过开展此类丰富有趣的社团活动,提升学生英语学习兴趣。让学生在教师的引导下,形成跨文化交际的意识和能力,形成健全的情感、态度和价值观,为未来发展和终身学习奠定良好的基础。

4. "明礼晓法"特色课程群

明礼,即讲文明,懂礼仪。知书然后达礼,讲文明、懂礼仪是对学生行为规范的最基本要求。"外塑形象,内修品行,传承美德,培养合格公民"是学校开展文明礼仪教育课程的核心理念。没有规矩,不成方圆。晓法,即学生学会尊法守法学法用法,具备基本的法律常识,是中学生核心素养发展的需要。结合道德与法治国家课程资源,学校开发出"明礼晓法"特色课程群。让课堂落实立德树人的根本任务,我们的具体做法如下。

研发校本教材,学习礼仪知识。通过系列课程的学习、以文明礼仪教育、时间管理、生命教育等内容为主,让每个学生在熏陶与体验中,具备优美形体,更具备亲和的待人态度、流畅的表达和良好的人际沟通能力、健康的身心素质。提升学生的素质和内涵,进而成为优雅大方、豁达乐观、明礼诚信的合格公民。

搜集、整理时政新闻,学习法律知识。基于初中学生的身心发展特点,多采用本土化典型人物和故事,更多引入社会热点时政的典型案例,使思政工作和素质教育课程更多汲取中华文化、时代精神、职业特色和红色传承的养分,促进学生社会主义核心价值观的树立和文化的积淀。同时把思政工作和素质教育实践教学与学生社会调查、志愿服务、公益活动、职业理想锤炼等结合起来,引导学生走出校园,深入社会、服务社会、完善学生知识结构和提高应用能力、创新能力、实现理论学习和实践相结合,从而不仅教会学生知识和技能,还促进学生德智体美劳全面发展。

5. "毓秀历史"特色课程群

结合我校历史学科课程发展历程、学校文化和历史学科自身独有的人文内涵,依据各年级学生学情,课程由易到难、由浅入深,由单一到综合、循序渐进,历史学习内容更贴近时代,贴近社会,贴近生活,有利于学生积极主动地学习。

课外阅读,注重积累。为学生提供相应的课本史料,重在加强学生史料阅读量的积累,阅读活动的开展,内容由浅入深,根据不同历史时段选取不同的历史资料,为学生的全面发展注入源源不断的动力。

走进历史,提升兴趣。通过"家门口的博物馆""艺术馆中的古画展""找寻纪录片中屈辱与探索片段""溯源中国百强老牌企业"等活动,让学生喜欢学习历史,通过视觉和听觉发现身边的历史,对学习历史有浓厚的兴趣,养成主动学习历史的习惯,有较强的历史解释能力。

搭建舞台,展现自我。通过"我是国宝守护人""此'画'怎讲"等活动,提升学生的口语交际能力和培育家国情怀,不仅关注每个孩子个体的言语表达能力,更结合生活实际,将倾听、思考、表达联合起来,营造开放、活力的氛围,形成形式多样的表达。通过"国宝陶泥再现""古画水彩再现"等活动,培养学生综合运用历史知识的能力和唯物史观,使书本知识和生活实践紧密的结合起来,切实提升学生的综合实践能力,拓宽其视野和胸怀。每个年级经过一学年的积淀,积累了一定的成果,在每学年抽出 2 个课时,举行年级或者校级的作品成果展示。作品成果展示以主题活动的方式呈现,充分发掘学生参与的热情、培养和提升学生在情景中综合运用历史知识的能力,培养历史学科核心素养。

6. "大美地理"特色课程群

"天地有大美而不言",从某种意义上说,地理就是替天地"说话"的一门学科。"爱美之心,人皆有之。"中学生处于身心成长的特殊时期,对美有着强烈的心理需求。引导学生发现美,对学生进行审美教育,是中学地理教学中的重要内容。地理学科课程设置应与时代发展相呼应,追求"大美"的地理课堂,即追求地理学科之美,追求师生关系之美,追求教育科研之美。

将美育融入地理教学中，能带领学生走进美妙的学科世界，培养学生具有美的理想、美的情操、美的品格和美的素养，有效提升学生的地理思维能力和学习能力。在课程设置中我们遵循适度渗透、循序渐进、方式多样等原则，以"美"为导向树立"大美育"观念，以"美"为主线构建丰富的地理美育课程，以"美"为要素开展多样的地理美育教学活动，发挥地理学科的育人价值，实现以美育人的目标，落实"立德树人"根本任务。

7. "格思物理"特色课程群

格思，格物致知，思其本源。发展学生核心素养，依据学生学习现状，物理学习的特点，重视学生从生活走向物理，从物理走向生活。

理论联系实际，培养学生能力。初中阶段的物理知识多数来源于生活，与实际的生活联系较为紧密。在实际的初中物理教学过程中，教师应根据物理课程内容，注重对学生实际生活中的生活场景和生活素材进行深入挖掘分析，并对相应的课堂教学进行优化设计，更好地激发出学生热爱科学和热爱生活的良好意识和情感，引导学生应用学到的理论知识来对生活中的现象进行解释，去解决实际生活中出现的问题。加深学生对物理知识的理解，有效提高学生的科学素养。

引进科学前沿知识，培养学生的创新能力。当今社会知识和科技飞速发展，不仅对学生知识的占有程度有更高的要求，而且对学生的能力和非智力因素提出了更高的标准，特别是社会发展对创新人才的需要。因此，在中学物理教学中，除了讲授原有教材基本内容外，还应充分运用一切有益素材，适时地渗透现代物理知识教育，以拓宽学生的视野，激发学生的求知欲和创新欲，培养学生的创新思维和不断探求真理的习惯和能力。教"磁场"时可以介绍磁与生物，讲"声音的利用"时介绍 B 超，通过这种方式能够增强学生对物理知识的思考，提升学生的自主学习能力、创新能力，培养学生的探究精神，以此来培养学生的物理核心素养。

注重开展物理实验，强化学生的知识理解能力。物理是以实验为基础的学科，也就是物理的定义、定理、规律都建立在大量的实验和实践活动中，所以实验也就不应仅仅局限于课本上的演示实验、探究实验及"想想做做"小实验，而是将实验探究贯穿于物理学习的全过程。我们的实验教学可以在课上，也可以在课后；可以使用实验室所配备的器材，也可以自备自制教具，甚至可以使用我们日常生活中的现有物品,经常用学生身边的物品做实验。如用铅笔和小刀做压强实验,用可乐瓶做液体压强与深度关系的实验,用汽水瓶做大气压实验,用乒乓球做物体的浮沉实验,用水和玻璃做光的色散实验等。这些器材学生更熟悉,更有利于使学生明白物理就在身边,物理与生活联系非常紧密。而且通过这些课本上没有出现的器材启发学生的创新能力:大家一起来想一想,还可以用什么来说明我们要知道的物理知识。或者,这种类似的方法我们可以用来解决其他什么问题,等等。学生在实验探究活动中,通过经历与科学工作者进行科学探究时的相似过程,学习物理知识与技能,体验科学探究的乐趣,学习科学家的科学探究方法,领悟科学的思想和精神。

8. "多彩化学"特色课程群

"多彩化学"课程设计通过基础课程校本化来发展学生必备的化学基础知识和技能,通过拓展课程多样化来满足学生个性发展,通过实验探究活动让学生体验科学探究过程,促进学习方式的转变。

构建"多彩化学",彰显课堂精彩。"多彩化学"课程为学生设计发展的台阶,让学生在特定的任务或真实而有意义的情境中,通过实验设计、实验论证等科学探究过程,进入学习现场,提升学习的主动性、有效的互动性、过程的实践性、知识的理解性和良好的组织性。同时构建学习共同体,发展学生的思维,让学生学习有情景、有逻辑、有思维的化学。

建设兴趣小组,加强团队合作。我们根据兴趣小组的研究内容和学生兴趣细分为化学寻访小组、化学思维小组、化学创客小组、化学史研究小组等。兴趣小组实行多元评价方式,着重关注学生自主、合作、探究的意识,学生学会倾听、协作、分享,能体验活动过程的愉悦,能提出有意义的问题或能发表个人见解。

创立学科节日,搭建活动平台。创设"化学学科节",让学生能在活动中展现自己的小发明、小制作或者创新实验。

发挥优势资源,重在亲身体验。用好自然资源、文化资源、科技资源和事业单位资源的育人功能,充分开发人的资源、物的资源和时空资源。我们将"多彩化学"课堂延伸到社会领域,例如走进自来水厂,认识自来水的净化过程;走进省博物院,了解化学与历史发展的关联等。加强知识的实用性、应用性研究,开发社会化资源,构建学习共同体。

9.“盛享生物”特色课程群

“盛享生物”课程旨在全方位激发活力、全过程优化教学、全面提高课堂教学效益,最大程度实现师生共同价值取向,让课生学堂“活”起来,让学生“动”起来;立足点在于有效结合课堂教学,将生物学知识运用到生活中,是重思考、重能力的高效率课堂,是有预设、重学生生成的建构型课堂,也是勤动手常实践的实践型课堂。

“盛享生物”课程充分考虑学生的年龄特点、知识特点、能力特点以及学生的个体差异和兴趣爱好的区别,能够适应学生个性发展,激发学生的智力和非智力因素。同时,课程从郑州的地理环境、师资条件、实验条件及设备、场地设施、经费来源、时间安排等方面的实际情况出发,突出重点,内容丰富,可操作性强,发挥优势,办出特色。

在课堂上教师根据教学内容创设情境、调动学生学习兴趣;学生带着兴趣、根据资料发现并解决问题,实施探究实验;全班分享交流,在教师引导下归纳总结、巩固提升,掌握科学思维与方法;学生利用本节所学知识解决生活中的问题,享受生活之美。

(二)“卓越学科”的评价标准

学校课程评价中心通过对学科理念是否独特、目标定位是否准确、方案设计是否具有可操作性、内容实施是否具体生动、方法选择是否合理多样、时间安排是否恰当、教学效果是否令人满意等方面进行评价,来考核“1＋X”课程群中相关课程(见表7-5)。

表7-5 外国语学校“卓越学科”评价量表

评价项目	评 价 标 准	权重分	得分
学科理念	基于时代需求、社会需求、学生需求,指向学科核心素养,突出学科特点,更加多彩,更加融合生活。	15 分	
学科建设方案	基于学科特色;具有时代性、科学性、针对性;撰写方案有自己的学科哲学,逻辑性强,详实可操作性强。	20 分	
学科课程内容	围绕学科核心素养进行准确定位,突出重点,内容丰富。能满足学生多元发展需求,充实学生的学习生活,丰富学生的学习体验,能实现“每一个梦都精彩”“让梦想成真 让创意落地”的可能性。	20 分	

评价项目	评 价 标 准	权重分	得分
学科课堂教学	正确的教学目标；丰富的课堂教学活动；提高学生的综合能力。有意识地进行学科学习及学法指导。重点放在学生良好的学习习惯上。注意课内课外结合。	20分	
学科教研	建立有一个团结务实的学科团队，建立常态有效的教学研究制度，进行深度的课后反思与学科课程开发实施评价。	25分	
合计得分		100分	

三、创设"卓越社团"，发展学生兴趣爱好

为丰富校园文化，发展学生的兴趣与特长，给学生提供更多的选择，以促进学生全面、和谐和有个性的发展，学校建设"卓越社团"，让学生在有趣的氛围内学到知识，寓教于乐，为学生开辟了"第二学习基地"。

（一）"卓越社团"的实施路径

我校卓越社团活动以"参加一个社团，培养一种兴趣；学会一门知识，练就一项技能；体会一个成功，享受一份快乐"为主要目标，不仅为教师的专业化发展指明方向，也培养了学生的求知、合作、实践、创新、竞争以及适应环境的能力，使学生在活动中增长知识、开拓视野、陶冶情操、锻炼能力、提高素质。目前开设的主要社团有以下五个类别。

语言类：语文寸心社，发挥有文学特长的学生的能力，活跃文学创作，以拓展学生的第二课堂，丰富学生的课外生活，配合建设学校的校园文化氛围。

艺术类：1. 聚艺坊之绘画、聚艺坊之陶艺，本着陶冶情操，启迪智慧，培养艺术修养，促进学生全面发展的原则，开展了书法、绘画、陶艺、手工等丰富多样的美术活动。2. 音乐之声合唱团，主要带领学生学习视唱练耳、乐理、等音乐基础知识，欣赏和演唱不同风格的合唱歌曲形式（无伴奏合唱、阿卡贝拉、混声合唱等），旨在提高学生音乐鉴赏力、审美力，拓展不同形式的音乐的多元化。3. 舞动青春社团，以"健康、活力、快乐、美丽、自信"为目标，以基本步伐、手型和操化动作为主要内容，注重学生良好身体姿态培养和审美能力的提高。

科学类：Hamster商城遗址修复，以商朝货币经济为主题，带领学生动手创造

有关商朝货币或经济的物品,学生学习3D打印机相关的知识,了解和认识更多的前沿科技,激发学生对各种科技成果的探索精神。

运动类:(1)篮球社,通过多种形式学习提高学生的篮球技能,培养学生的组织管理能力,同时提高学生的交往能力、合作能力。改善心理状态,提高抗挫折的能力,养成乐观积极的生活态度,在运动中感受乐趣,体验成功的喜悦。(2)田径社,本着"丰富校园运动生活,弘扬田径运动文化"的宗旨为热爱田径运动的学生提供平台,让学生充分展示才华、互相探讨、解决常见问题,提高学生的体育意识和运动能力,增强团队意识。

社会类:(1)模拟联合国社团,了解联合国会议流程,明确国际规则,掌握国际动态。培养学生的领导力,增强学生的个人素养和团队合作。(2)向日葵阳光心理社:以关注中学生心理健康,探讨常见心理问题,提高学生心理健康水平为主要宗旨,通过参与、体验、分享心理活动,探究探讨中学生常见心理问题,提升同学们的心理关注度与参与度,增强同学们的心理互助、自助能力,培养良好心理品质。

(二)"卓越社团"的评价标准

我们根据"卓越社团"的意涵,以评选"最受欢迎的'卓越社团'"为契机设计了以下评价量表(见表7-6)。

表7-6　外国语学校"卓越社团"评价量表

评价项目	评价内容	评价分值	得分
活动方案	1. 能开发挖掘有意义的课程内容,满足学生兴趣发展的需求,促进学生互助共进交往,内容有可学性、迁移性等,并能及时修整; 2. 立足校情,能开发出适合学生特点和利于学生发展的校本课程,重视培养学生的实践能力和创造能力,受到学生喜爱; 3. 能制定详细的课程纲要,并根据课程纲要制定一份课程实施计划。	(10分)	
学生参与	1. 每一个学生能认真参加活动,并从中学有所获,学有所得,能在活动提出自己的想法,完成自己承担的任务,培养中学生发展核心素养; 2. 学会关注身边的人和物,学会与人交往的技巧和沟通方式。	(25分)	

评价项目	评 价 内 容	评价分值	得分
活动实施	1. 内容安排合理,能充分发挥多媒体教学手段,紧扣主题,准确定位,为学生任务型学习,合作型学习,自主学习提供了空间和机会; 2. 通过灵活多样、学生喜闻乐见的教学活动和组织形式让学生积极参与活动,提高活动的趣味性、主动性。	(25分)	
学生表现	1. 孩子们能积极参加活动,综合素质得到了锻炼和提高,培养了表达能力和组织能力; 2. 培养了学生的求知、合作、实践、创新、竞争以及适应环境的能力。	(20分)	
效果评价	1. 学生加入社团,培养一种兴趣;学会一门知识,练就一项技能;体会一次成功,享受一份快乐。 2. 宣传:才有汇报演出、总结、展览等形式进行汇报总结。	(20分)	
合计得分		100分	

四、设计"卓越节日",浓郁学校课程氛围

学校立足于培养完整而幸福的人,研发"卓越节日"课程,力求从课程的角度丰富传统节日文化,开发"校园节日",优化课程资源,进行课程创新设计,开展课程教育活动,组织个性化课程评价。根据学校的办学理念和育人目标,通过特色项目创建,让节日文化走进校园,走进课堂,充分发挥节日的教育功能,引导学生在活动中传承传统文化,接受中华民族传统文化的熏陶,感受祖国文化的博大精深,增强爱国情感,让宝贵的传统文化和民族精神代代相传,培养德智体美劳全面发展的社会主义建设者和接班人。

(一)"卓越节日"的实施路径

1. 中华民族传统节日

中国传统美德是中国文化的精髓,是道德建设的不竭源泉。学校利用春节、清明、端午、中秋、重阳等重要传统节日,开展经典诵读、绘制海报、民俗体验等丰富多彩、积极健康、富有价值内涵的民俗文化活动,开展各具特色的庆祝活动,引导学生感悟中华文化、注重人格修养教育,增强家国情怀,加深对祖国悠久历史、

深厚文化的理解和接受,提升文化自信,增强中华民族的归属感、认同感、尊严感、荣誉感。以活动倡议的方式给予学生更多自主选择与拓展的空间,引导学生结合自我实际,走进独具特色的传统节日,扎实开展各项节日活动,感受中华文化的魅力。具体课程内容如下(见表7-7)。

表7-7 外国语学校传统节日课程设置表

年级	传统节日	课程目标	主题活动
七年级	春节	1. 对传统节日有初步的认识和感知,了解节日的由来。 2. 懂得节日的风俗和节日背后的故事。	了解春节的时间及四个传统民俗活动内容。 晒一晒我的全家福。
	清明		了解节日的由来。 挖掘清明节的内涵。
	端午		了解节日时间、传统民俗活动内容。 了解屈原的故事,理解其中的爱国情。
	中秋		了解节日的时间及传统民俗活动内容。 诵读有关中秋的诗歌。
	重阳		了解节日的由来及传统民俗。 开展"尊老爱老"为主题的班会。
八年级	春节	1. 了解传统节日的特殊性。 2. 激发学生对传统节日的喜爱之情。	学做一样节日小吃。 写一副迎春对联。
	清明		祭扫烈士陵园,传承红色基因。
	端午		开展包粽子、做香囊等端午的民俗体验活动。
	中秋		绘制黑板报比赛。 举行国旗下演讲。
	重阳		"话重阳"讲故事大会开展"写心里话,表真情"活动。
九年级	春节	培养孩子的动手实践能力。	探究历代春节习俗的变化,制作电子小报。
	清明		诵读有关清明的诗歌,增强实现中华民族伟大复兴的历史使命感。
	端午		召开"爱国情 强国志 报国行"主题班会。
	中秋		制作家谱,传承家风家训。
	重阳		"尽孝心"实践活动。

2. 校园文化节

校园节日活动是开阔学生视野、培养学生兴趣、展示学生特长的重要载体。学校根据办学理念和育人目标,遵循人的成长规律,尊重生命,彰显个性,让每一个生命都有出彩的机会。在学校文化顶层设计时,统整思维、远大格局,重构学校的节日课程,力求能"节"有所获,节节生长,让每一个孩子找到自己的卓越发展领域。具体课程内容如下(见表7-8)。

表7-8 外国语学校校园节日课程设置表

年级	节日名称	课程目标	活动时间	活动内容
七年级	上学期 "迎国庆,唱红歌"红色文化节	为学生搭建展示自我的平台,培养学生自信心,发展个性特长,提高审美情趣,激发爱国情感。	十月份	1. 合唱汇报演出; 2. 情景剧比赛; 3. 优秀红色影视赏评。
	下学期 三八感恩母亲节	利用"三八"国际妇女节的节日契机,实施感恩教育。学会感恩,在接受爱的同时,学会关爱,学会付出,学会给予,懂得孝顺,懂得体谅长辈的良苦用心,懂得珍惜无价的真情。	三月份	1. 开展真情回馈、温情行动; 2. DIY礼物; 3. 角色互换,家务体验。
八年级	上学期 青春礼暨14岁集体生日	青春礼是"告别童年,走向成人"为14岁青少年举行的仪式,是青少年开始承担责任的开端。学会对自己负责,提高责任担当。	十二月份	1. 诵读有关责任的诗歌; 2. 举行14岁集体生日派对; 3. 签订青春协议书; 4. 举行离队入团仪式; 5. 家长为学生赠送青春礼物。
	下学期 纪念五四主题活动	了解"五四运动"产生的背景,学习及五四精神的内容,传承红色基因。以关键时间节点为载体培育和践行社会主义核心价值观,增进爱国、爱党、爱社会主义的情感。	五月份	1. 了解五四运动背景及意义; 2. 以班级为单位进行主题纪念活动; 3. 通过唱歌、舞蹈、话剧、情景剧等形式,学习、展示、传承红色基因。

年级		节日名称	课程目标	活动时间	活动内容
九年级	上学期	体育节	通过体育节活动,激发师生、家长运动热情,增强学生体质,增强班级凝聚力,增强学生集体荣誉感和规则意识。	九月份	1. 入场式大比拼; 2. 竞技项目比赛; 3. 团体操比赛; 4. 趣味运动赛。
	下学期	12.9 主题团课节	通过系列主题团课活动,激发学生的民族使命感,培养爱国情感。	十二月份	1. 主题团课; 2. 征文比赛; 3. 主题班会活动课; 4. 赏析专题影片。

（二）"卓越节日"的评价标准

我们根据"卓越节日"的意涵,以评选"最受欢迎的'卓越节日'"为契机,设计了以下评价量表(见表 7-9)。

表 7-9　外国语学校"卓越节日"课程评价量表

评价项目	评价内容	评价分值	得分
活动方案	1. 主题鲜明、立意新颖、寓意深刻。具有时代性、科学性、针对性、实效性、教育性。 2. 根据学生身心发展和成长中遇到的共性问题确定主题。 3. 活动设计有特色有创意,体现课程的实践性、自主性、综合性、创造性和趣味性。	20分	
活动实施	1. 贴近社会现实、贴近学生实际生活、贴近学生身心发展规律。 2. 紧扣主题,准确定位。 3. 分出层次,突出重点。	20分	
学生表现	1. 在活动中,学生充分发挥自己的主观能动性。 2. 能根据活动的要求,在获得知识的同时,也得到情感上的丰富和共鸣。 3. 学生有认识,有感悟,自我教育能力增强。	20分	
人文情怀	1. 新颖、独特、多样,让学生充分展示自我,注重学生的感悟和体验。 2. 重视活动的群体性,要引导学生合作学习,能创设生动、活泼、有效的课堂氛围。	20分	

评价项目	评价内容	评价分值	得分
活动效果	1. 情境设计合理，操作性强，体现综合运用知识的能力。依据所确定、分解、细化的具体内容选择活动。 2. 整个活动过程开展流畅，各个环节衔接紧密。	20分	
合计得分		100分	

五、推行"卓越之旅"，落实研学旅行课程

"卓越之旅"研学旅行课程是以研学旅行活动为载体，在自然和社会生活中亲自体验与感悟，从而获得最佳的学习效果的体验式课程。研学旅行是落实核心素养培养的重要形式，研学旅行活动多在户外进行，在"没有墙的教室"中进行教学，获得有积极意义的价值体验。

（一）"卓越之旅"课程实施

自 2019 年暑假起，我校与中科院研学教育联盟单位共同承办了"走进中科院，走近科学家"的研学之旅。此次研学的课程目标是：科学精神、学会学习、实践创新、人文底蕴、责任担当、健康生活。课程设置情况如下（见表 7-10）。

表 7-10　外国语学校"卓越之旅"课程设置表

时间		2019 年	2022 年	2023 年	2024 年	2025 年
七年级八年级	下学期	中科研学（北京）	中科研学（南京）	中科研学（武汉）	中科研学（西安）	中科研学（合肥）

围绕课程设置，将课程目标梳理如下（见表 7-11）。

表 7-11　外国语学校"卓越之旅"课程目标表

学期	课程名称	课程目标
七、八年级下学期	中科研学（北京）	1. 科学精神：与顶尖科研院所科学家面对面交流，学习和了解我国最前沿的科研技术和力量，培养科学思维和科学素养。 2. 学会学习：参与研学活动，学生能够了心理学、植物学、动物学、天文学领域的相关知识，掌握相关实验的基本操作。

学期	课程名称	课程目标
		3. 实践创新：体验植物学、昆虫学实验课程，提高动手实验能力、学会合作、激发想象力和学习兴趣。 4. 人文底蕴：近距离感知北京悠久历史，更好地感受北京传统文化的独特魅力，增强文化的认同感和文化自信。 5. 责任担当：自尊自律，文明礼貌，培养团队意识和互助精神。 6. 健康生活：理解生命意义和人生价值，具有安全意识与自我保护能力，在研学过程中进行自我管理。
	中科研学（南京）	1. 科学精神：与顶尖科研院所科学家面对面交流，学习和了解我国最前沿的科研技术和力量，培养科学思维和科学素养。 2. 学会学习：参与项目式探究学习，学生能够掌握天文、土壤、植物领域的相关课题知识，体验课题探究的全过程。 3. 实践创新：进行动手活动，提高动手实验能力、学会合作、激发想象力和学习兴趣。 4. 人文底蕴：近距离地触碰南京灿烂传统文化，更好地感受当地文化的独特魅力，增强文化的认同感和文化自信。 5. 责任担当：自尊自律，文明礼貌，培养团队意识和互助精神。 6. 健康生活：理解生命意义和人生价值，具有安全意识与自我保护能力，在研学过程中进行自我管理。
	中科研学（武汉）	1. 科学精神：由来自武汉地区顶尖科研院所的科学家们担任导师，带领同学们探索植物与水生生物的奇妙世界，通过系统学习与动手实践，培养学术思维，提高科学素养。 2. 学会学习：徜徉在中国科学院武汉植物园中，边观赏边识记亚热带植物的形态特征；走进中国科学院水生物研究所，学习淡水资源种类、分布知识，揭开藻类生物技术与生物能源的神秘面纱。 3. 实践创新：体验植物学实验课程，提高动手实验能力、学会合作、激发想象力和学习兴趣。 4. 人文底蕴：畅游江城，领略当地风土人情，在楚文化发祥地用双脚丈量武汉城市发展变迁，感受凝聚于时代的中华文明智慧之光，在参观学习中了解科技如何让古老的城市焕发生机。 5. 成长教育：离开父母的怀抱，在集体生活中学会自律，增强团队意识、互助精神，提升安全意识与自我保护能力。
	中科研学（西安）	1. 科学精神：与顶尖科研院所科学家面对面交流，学习和了解我国最前沿的科研技术和力量，培养科学思维和科学素养。 2. 学会学习：参与研学活动，学生能够了解植物学、基础光学、我国标准时间的产生等领域的相关知识，掌握相关实验等基本操作。 3. 实践创新：体验植物草木染制，提高动手实验能力、学会合作、激发想象力和学习兴趣。 4. 人文底蕴：近距离的触碰中国灿烂传统文化与现代高科技，更好地感

学期	课程名称	课 程 目 标
		受中国传统文化的独特魅力,增强文化的认同感和文化自信。 5. 责任担当:自尊自律,文明礼貌,培养团队意识和互助精神。 6. 健康生活:理解生命意义和人生价值,具有安全意识与自我保护能力,在研学过程中进行自我管理。
	中科研学(合肥)	1. 科学精神:近距离接触现代科技,走近大科学装置"人造太阳",把握科技脉络,培养科学思维和科学素养,增强创新精神和实践能力。 2. 实践学习:参与项目式探究学习,掌握地质、电磁、核能等领域的相关课题知识,体验课题探究的全过程。提高动手实验能力、学会合作、激发想象力和学习兴趣。 3. 人文底蕴:近距离的触碰安徽文化,更好地感受当地文化的独特魅力,增强文化的认同感和文化自信。 4. 责任担当:自尊自律,文明礼貌,培养团队意识和互助精神。 5. 健康生活:理解生命意义和人生价值,具有安全意识与自我保护能力,在研学过程中进行自我管理。

（二）"卓越之旅"的课程评价标准

研学旅行的评价机制以中学生的核心素养为导向。在活动中关注学生核心素养的培养和提升,挖掘学生的综合能力,让学生主动参与过程,重视学生的感受,在研学旅行中不断内化,形成正确的三观。具体评价内容如下(见表7-12)。

表7-12 外国语学校"卓越之旅"课程评价量表

评价项目	评 价 标 准	评价分值	得分
活动主题	1. 研学主题简洁凝练、表述具体、特色鲜明,具有针对性和目的性,能呈现研学资料主要特点。 2. 突出体现研学实践活动课程的核心价值,学用相长,知行合一。	25分	
活动过程	1. 课程目标应契合主题,具体明确,切合实际,列出通过研学实践和课程实施所要达到的育人效果。 2. 明确四个核心目标:知识目标,能力目标,情感态度价值观目标,核心素养目标。四个目标分别要有详细的文字说明。	25分	
活动效果	1. 围绕课程主题和课程目标,结合自身资源特点,设计出育人价值明确,内容丰富,清晰充实的课程。 2. 可用流程图或思维导图呈现。 3. 明确课程组织实施的路径、方法。	25分	

评价项目	评 价 标 准	评价分值	得分
特色创新	1. 根据研学目标,合理安排路线和流程,主次分明,过程紧凑,采取多种形式呈现,研学前、研学中、研学后,各节点组织有序得当,能有效保证研学内容的落实。 2. 活动设计有特色有创意,体现课程的实践性、自主性、综合性、创造性和趣味性。	25分	
合计:			

我校的"卓越之旅"课程要做到"学"之扎实,"研"之尽兴,旅之有获,行之成长。对学生的具体评价内容如下(见表7-13)。

表7-13　外国语学校"卓越之旅"学生评价量表

评价项目（100分）		评价标准	分值	评分结果		
				学生自评	教师评价	评委会评价
时间观念（10分）	守时	能否按照领队老师指定的时间集合、参观、乘车,时间观念强,不影响集体的活动流程。	5			
	出勤	是否正常出勤,积极参与每一个研学考察课程和活动环节。	5			
纪律意识（10分）	服从管理	在研学中能否服从领队老师管理,能否听从老师指挥,不擅自行动。	5			
	规范参观	能否按照安排有序参观,在公众场合、科研院所内不大声喧哗或追跑打闹,不干扰其他人的正常参观。	5			
文明礼仪（10分）	乘车	是否文明乘车,保持车内干净整洁,系好安全带,不乱扔垃圾。	2			
	文明礼仪	在公众场合使用文明用语,维护公共秩序,不破坏古迹,注重环境保护。	4			
	交往	是否和他人文明交往,在研学活动中互帮互助,协同参与。	4			

评价项目 （100分）		评价标准	分值	评分结果		
				学生 自评	教师 评价	评委会 评价
团队 意识 （10分）	组织	团队能否组织有效的活动，听从本小组组长的指令和安排。	2			
	交流	小组内是否进行有效的交流，做到探究活动的正常学习交流和沟通。	2			
	协作	团队内是否进行有效的协作，合理分工，共同完成论文、展示成果等功课。	3			
	和谐	能否营造和谐的团队氛围，在团队出现矛盾和分歧时做到及时并有效的沟通和缓解。	3			
专注 学习 （30分）	学习 态度	学习态度是否端正，认真听取授课老师的讲解，积极进行课堂互动、提问和思考。	5			
	学习 准备	学习准备是否有充足的预习过程和课程知识铺垫，是否有小组提前预习和研讨。	5			
	学习 过程	能否及时记录，利用文字、图片、录音等手段进行学习信息储存。	5			
	合作 学习	能否积极与组内成员合作学习，分工明确，利用多种手段记录研学过程、拍摄照片、进行人文采访等进行汇报文档整理。	5			
	小组 交流	能否与他人交流分享，将所学的课程转化成易懂的知识点分享给同组的同学，共同学习，共同成长。	5			
	学习 收获	学习成果呈现是否准确，通过与专家的交流和同组同学的合作，是否得到知识的积累。	5			
探究 能力 （30分）	课题 设计	主动参与研学课程，依据所预习的基础知识与同组同学一起探讨汇报课题名称、汇报设计方案。	5			
	课题 研究	在课题研究的过程中主动参与探究，不断发现新信息，逐渐拓宽研学领域，本着严谨的探索进行课题研究。	5			
	课题 报告	以课题研究为驱动力，运用大量文献资料得以支撑，得出课题结论，形成研学课题报告。	10			

评价项目 （100分）		评价标准	分值	评分结果		
				学生 自评	教师 评价	评委会 评价
	课题 汇报	积极参与课题汇报环节,汇报时严格把控时间,汇报声音洪亮不怯场、脱稿汇报,团队配合熟练,汇报内容积极向上,强调研学收获和心得,汇报结束后致谢老师。	10			
课程评分总结果						

六、激活"卓越仪式",提升学生生活仪式感

仪式作为一种特定的文化现象,不仅反映了一定的社会关系与价值秩序,也影响着人的价值判断与行为选择。学校"卓越仪式"课程的目的在于通过仪式活动传递学校教育价值理念,构建特色学校文化,促进师生的身份认同,形塑师生的行为规范。升旗仪式是学校开展德育教育的途径之一,是学生思想教育的有效手段,为此,我校充分利用校内教育资源和当地社会教育资源,开发、建设与实施了双语升旗仪式课程,即围绕一个主题,通过中英文主持、演讲、有效组织整个升旗流程。旨在通过激活双语升旗仪式课程建设,探索德育有效途径,深入推进素质教育,不断提升育人水平,推进学校教育品质化、特色化发展,促使学生的快乐全面成长。

（一）"卓越仪式"的课程设计

本着独特性、先进性、科学性、系统性的原则,我校根据学生身心发展特点规律,结合重大事件时间节点和德育内容,实施双语升旗仪式课程,旨在通过特定的仪式以强化学生的行为习惯,传承传统文化,把社会主义核心价值观落实、落细、落小。

为展现班级风采,让更多的学生直接参与,零距离走近国旗,为每个孩子的特长展示提供平台,让每一个孩子找到自己的卓越发展领域,我校实施班级组织双语升旗仪式课程。具体安排如下。

主持班级:升旗仪式由团委总负责,各班级负责具体实施,由各班级轮流主

持。主持班级或组建升旗班、选定培训主持、负责国旗下讲话。

旗手:升旗手和护旗手承担升国旗任务,是升旗仪式的主角,因此旗手必须是品学兼优、有责任心的同学,同时,也可以是为学校争得荣誉的同学。

主持:升旗仪式的主持由升旗班级负责推荐、培训,主持应熟悉升旗过程。要求普通话标准,声音洪亮,有气质,主持没有差错。

国旗下演讲:由升旗班级承担。负责本周升旗仪式的班级要利用国旗下讲话的这一环节,根据时间节点、学校安排、日历节气进行针对性演讲。

升旗地点:晴天在操场,恶劣天气暂停。

升旗时间:每周星期一大课间。

总之,我校将双语升旗仪式课程作为学校文化的重要载体,善于从一些普通的事件中挖掘出仪式的价值,借助美的形式,使内隐的教育要求外显化,并产生持久的影响力。从而,让师生在普通的教育生活经历中产生不普通的情感体验,激发师生对学校文化价值观的认同,使学校成为师生共同的精神家园。

(二)"卓越仪式"的课程评价

我们根据学生的实际需要和发展需要,设定适应学生发展的评价标准和评价方式,制定了仪式课程的评价量表(见表7-14)。

表7-14　外国语学校"卓越仪式"课程评价量表

评价项目	评 价 内 容	评价分值	得分
活动准备	1. 班级提前选出升旗手、护旗手并进行培训,升旗程序清晰,动作规范。 2. 执行升旗任务的班级准时接受严格、标准的训练。执勤升旗任务在升旗前一周的周四和周五的下午课外活动时间的到操场进行训练。 3. 提前组建升旗班、选定、培训主持(中英文)、负责国旗下讲话(中英文)。	25分	
活动内容	1. 主持人、演讲人普通话及英文发音标准,声音洪亮,有气质,主持环节没有差错。 2. 班级介绍环节,内容要简明、富有创新,充分展示班级特色。 3. 国旗下演讲内容贴近社会现实、贴近学生实际生活、贴近学生身心发展规律。	25分	

评价项目	评价内容	评价分值	得分
活动过程	1. 参加升旗的全体师生着装整齐,学生统一穿校服。步调整齐,口号响亮,动作规范、标准。 2. 升旗手入场队列整齐、口令清楚、步调一致;升旗手升旗速度与国歌节奏一致,护旗手甩旗动作标准规范,动作简洁迅速。 3. 讲稿紧扣主题,准确定位,分出层次,突出重点。 4. 突出社会主义核心价值观的内容,并结合学校实际情况。重大节日、德育主题、历史上的今天、重要事件等,对全体师生进行思想、学习、生活、工作等方面的教育。	30分	
活动效果	1. 新颖、独特、多样,让学生充分展示自我。 2. 面向全体学生,关注学生的个性和差异,注重培养学生的实践能力。 3. 整个活动注重学生的感悟和体验,能创设生动、活泼、有效的氛围。 4. 教育作用明显,仪式体现具有时代性、科学性、针对性、实效性、教育性。	20分	
总分		100	

七、打造"卓越项目",开展项目式研究学习

"卓越项目"基于我校"三年见成效,五年成名校"阶段性目标提出,是以"培养学生具有永不满足、追求卓越的态度,培养学生发现问题、提出问题、从而解决问题的能力"为基本目标,以学生为中心,设计执行项目的教与学的方式。要求学生基于现实世界的探究活动,通过自主学习、合作探究、制作完成系列作品等,建构完整的知识体系,以培养学生综合实践创新能力为最终目标。

（一）"卓越项目"的实施路径

我校语文学科率先以多文本阅读的角度展开项目化学习,在此以语文学科为例,展示语文项目化教学的六个步骤。

1. 情境导入,明确任务

对学生而言,激发学生的学习动机与兴趣,提高学生的学习积极性是至关重要的,这就要求教师结合学科性质、特点,采取灵活的导课方式,为学生创设学习情景。一堂好课需要教师用教学艺术把学生引入自然美妙的学习环境之中。导

入新课之后,要确立一堂课的学习任务。教师在帮助学生确立学习任务时,注重的不仅是最终的结果,而且包括完成项目任务的全过程,让学生的能力在过程中得到锻炼和提高。

2. 收集资料,制定方案

教师在上节课结束时,布置预习任务,要求学生收集与本节课学习和操作相关的必要资料。让学生利用课前时间,自己解决能够独立完成的学习任务,圈点不懂的地方,记录存在的疑问。可采用学生分组的形式组织学习活动。学习小组的构成要遵循"组内异质,组间同质"的原则,这样既便于组内帮扶,又适用于组间竞争。围绕学习任务,制定学习方案,方案中要明确小组成员的分工、协作的学习内容和操作任务。

3. 自主协作,具体实施

这是一节课最为重要的环节,要具体实施设计方案,完成学习任务。一般分为两个步骤:一是自主学习,每一个学生要独立完成自学的任务。教师在导学案上应明确自学的内容、方法、时间、需要解答的问题、自学结果的测验,学生要独立完成任务,达到检测要求。二是协作探究。学生经过组内帮扶解决个别问题,把个人单独难以完成的或综合性的问题在组内进行交流互动,通过协作完成任务,利用团队的智慧集体攻克学习堡垒。

4. 点拨引导,过程检查

在"自主协作,具体实施"过程中,要进行"点拨引导,过程检查"。教师的作用是巡查学生自主协作的参与情况,督促小组长组织完成本组自主协作学习任务,寻找学生合作探究难以克服的难点,学生难以达到操作规范时,教师要进行动作示范,并适时点拨引导,纠偏纠错,防止学生掉队,帮助学生完成学习任务。通过过程检查,督促学生完成个人及小组任务,并注意利用小组作用增强学生自我监督、自我激励意识。

5. 展示成果,修正完善

为学生搭建一个展示成果的平台,展示学生的思想感受、独特设计、知识理解、任务成果、口语表达、个性与特长等。这是最为精彩的环节,学生心智的灵光闪现,思想火花的碰撞,精美作品的呈现,不时爆发出热烈的掌声,引学生深思和欢笑,让学生刮目相看,使教师喜出望外的精彩片段层出不穷,展现出新课堂的生命力所在。

6. 评估检测,拓展升华

在一堂课的最后,要设置检测环节进行效果评估。教师收集检测结果,进行统计分析,对本节课的学习进行全面的总结和评价,并根据具体情况布置预习任务,特别是对检测不达标的同学要进行专门的辅导,使之课后完成学习任务。拓展升华是一堂课的点睛之笔,教师要拓展学生的思维,把一节课的内容与学科的知识体系联系起来,把学生的所学知识及技能与学生的职业生涯联系起来,把一节课的学习与终生学习联系起来,激发学生更加强烈的学习愿望,激励学生去预习新的学习任务。

（二）"卓越项目"的评价标准

我们根据学生的实际需要和发展需要,设定适应学生发展的评价标准和评价方式,制定了"卓越项目"课程的评价量表(表7-15)。

表7-15　外国语学校"卓越项目"课程评价量表

评价项目	评 价 内 容	评价分值	得分
真实性	是否参与的项目会对校外世界产生影响,或者建立连接,并且与学生的个人兴趣和关注点相关。 是否在项目中使用了在校外真实世界里会用到的工具、技术或数字化技术。 是否可以决定项目的主题、活动内容和产品。	20分	
挑战性	是否能持续一段时间探究调查一个有挑战性的问题或事件。 是否能聚焦于学习核心概念和知识,并提升关键技能。	20分	
合作性	是否融入团队并共同完成复杂任务 是否在学习如何成为高效的团队成员或带领者。 是否在学习如何与导师、专家、社区人员、企业或其他组织进行合作。	20分	
成果性	是否在项目过程中与同学、老师或其他人分享项目进展并获得反馈。 是否向教室外的同学和其他人展示他们的项目成果,并描述他们的学习经历。 是否获得展示观众的反馈并与他们直接对话。	20分	

评价项目	评 价 内 容	评价分值	得分
反思性	是否在学习如何评估自己及他人的项目成果,并提出改进建议。 是否会反思,记录和讨论正在学习的知识内容、概念和成功技能。 是否通过反思在不断提升个人表现。	20分	
	总分	100	

八、设计"卓越校园",打造环境文化课程

　　校园环境是无形的教育、无字的教科书,是校园内看得见的文化形态,对校园内的每一个成员都起着潜移默化的熏陶和启迪作用。我们根据"让每个孩子找到自己的卓越发展领域"的办学理念,充分挖掘校园环境中的"卓越元素",开发落实校园环境课程。

（一）"卓越校园"的课程实施路径

　　我们从提升学生的心灵品质出发,挖掘校园围墙、操场、廊道、楼梯间、班级等处的资源,开发建设"卓越校园"课程,让卓越元素融入校园各个角落,让每一寸空间都发挥它的教育价值。同时,用活课程资源,开展丰富多彩的活动(见表7-16)。

表7-16　外国语学校"卓越校园"课程设计表

地点	课程目标	课程资源	活动设计
卓越校园主题墙	利用报告厅西侧墙体展示卓越校园主题文化,结合活动开展,让孩子们感受卓越文化的魅力,增强文化自信心。	1. 卓越校园的内涵设计 2. 卓越课程理念内涵 ……	通过主题文化墙的展示,体现"让每个孩子找到自己的卓越发展领域"的理念。

地点	课程目标	课程资源	活动设计
卓越舞台	利用"卓越舞台"，为学生创设一个表达自己梦想，展示自己梦想的平台，不断增强学生的为梦想而不懈努力的意志。	"卓越舞台"	利用周五下午午读时间，分年级分班级鼓励学生登上卓越舞台，可以演说，可以才艺表演，可个人，可团体。
卓越文化廊道	将主题与学生作品结合布置廊道，结合开展相应的活动，让学生把卓越文化种植心间。	每一层廊道上结合楼层年级分别从"卓越课堂""卓越学科""卓越社团""卓越校园""卓越之旅""卓越节日""卓越探究"等方面展示学生学习成果。	1. 经典诵读会 2. 读书分享会 3. 各种社团展示 ……
卓越文化楼梯	用创客作品点燃学生梦想。		学生创客作品展示
卓越班级	以卓越文化创设各具特色的班级氛围，开展合适的班级活动，陶冶学生情操，增强班级凝聚力。	1. 特色班牌 2. 学生各类作品秀 3. 黑板报 4. 好人榜 5. 活动角 ……	1. 教室环境布置 2. 设计班级口号 3. 好人故事会 4. 评选展示学生各类作品 ……

学校的每一个角落，都是成长与文化的对话。校园文化是一种大美无言的环境教育力量，高品质的校园文化是学生成长的精神家园。我校"卓越校园"建设主要体现在以下几个方面：一是突出价值引领，打造"追求卓越、崇尚质量"的精神文化；二是突出人文关怀，建设"和谐温馨、陶冶情操"的环境文化；三是突出自主自律，建设"优质高效、尊重差异"的学习文化；四是突出"规范＋选择"，建设"发展为本、健康进取"的制度文化[①]。

（二）"卓越校园"的课程评价

我们根据"卓越文化"校园环境课程的意涵，结合"最美廊道"和"最美班级"的评比活动，设计以下课程评价表（见表7-17）。

---

① 高翔. 建设高品质校园文化引领学子卓越发展[J].陕西教育(综合),2019,(3):49.

表 7-17　外国语学校"卓越校园"课程评价量表

评价内容	评　价　标　准	权重分	得分
环境布置	1. 主题鲜明,突出学校卓越文化内涵,陶冶师生情操。	15	
	2. 各栏目(版块)内容更新及时,内容丰富,有时代感。	15	
	3. 墙面(地面)干净整洁,无卫生死角。	10	
	4. 文字内容无错别字。	10	
活动开展	1. 活动主题突出,活动形式新颖,活动效果好。	15	
	2. 教师组织有序,学生积极性高。	15	
	3. 与学科教学、班队会活动有机整合,每月至少开展一次主题活动。	10	
	4. 每学期展示时,学生解说流利,体现廊道(围墙、班级)特色。	10	
合计得分		100	

　　建设高品质的校园文化,引领学子卓越发展,从而让教育磨砺生活与生命的品质,让心灵感悟文化与生命的延展,让学生感受校园文化的馨香,描绘青春无悔的画卷!

第五节　激活实践场域的管理元素

一、价值引领

卓越——卓然独立,越而胜己。卓越教育是为实现每个学生拥有幸福和有意义的人生而进行的教育。它包含了要有"敢为天下先""敢于突破自己,直面自己的问题,能够创造性的解决问题"这一精神内涵。

我校传承郑外先进的办学理念和管理模式,弘扬"四干精神"和"五字作风",规范化、精细化管理。践行"知行合一,止于至善"的校训,坚持"厚德敏行、追求卓越、和谐发展"的办学理念,以培育"中西文化融合、智慧人格并重,本土情怀与国际视野兼备的高素质预备人才"为培养目标,以"外语突出,数学、英语差异化小班分层教学"为办学特色。基于"思悟课堂"教学模式,践行"321"制度,扎实推进"青蓝工程"。学校的核心任务是育人,自建校以来,学校始终秉承"厚德敏行、追求卓越、和谐发展"的教育理念,将育人作为学校教育工作的出发点和归宿点,真正使管城区老百姓享受到了家门口的"美好教育"。

二、组织建设

围绕学校课程建设的方向及目标,成立学校课程建设领导小组,加强对课程建设规划统筹的力度。

学校成立了课程管理、研发、审核、评价四大中心,制定了相应的课程制度和激励措施,规范课程发展。

(一)成立课程管理中心(负责课程的整体规划、宏观调控及全面的研究及实施)

组　　长:司德平

副组长:石会娟、庞俊娜

组　　员:崔源、张莉、沙娟

（二）成立课程研发中心（每学期做好课程开发的前期调研，结合学校实际，开发适合学校的课程）

组　长：庞俊娜

组　员：崔源、张莉、教研组长及相关课程教师

（三）成立课程审核中心（负责审核课程开发的合理性和规划的科学性，对课程内容、目标、实施、评价等方面进行审议）

组　长：石会娟

组　员：崔源、张莉、沙娟

（四）成立课程评价中心（评价课程的实施情况，对课程、教师、学生进行评价和鉴定）

三、制度建构

（一）教研制度

教务处落实一周一次的教研组活动和备课组活动，定时、定点、定人、定主题，确保成员互动和教研实效性。

（二）培训制度

每学期教导处结合师训要求，制定教师校本培训计划，将课程理论学习、师德与育德培训、教改实践、信息技术运用作为教师专业发展必修项目，做到有培训、有反思、有评价。

（三）质量监控制度

建立质量监控管理体系，树立全员质量监控意识，根据教学流程管理要求对课程实施随机和定期检查，发挥师生在监控过程中的主观能动作用。

（四）建立教师考评制度

融态度、能力、合作、创新、成效为一体的评价依据，以团队捆绑评价和教师个体评价相结合，实行物质奖励和精神奖励的考评制度。

（五）建立课程研究制度

学校科研处关注教师课程的执行力，提高课程的研究力，开展学科学术研讨、课程评议研讨。发挥家长委员会和家长义工资源，参与校本课程开发与实施，给予家长代表对学校课程实施的知晓权、参与权和评价权。

四、评价导航

为了更好地实施课程，我们对其进行效能评价。效能评价是学校课程良性、健康发展所必需的，它对课程的开发和实施起到监督和促进作用。一是要建立有效评价机制，采取多层次人员参与前期申报课程的原形评价，指标明晰纲要科学，同时立足学生生存发展等办法不断促进课程完善；二是要树立常态评价意识，利用问卷调查、细化量表、个案分析、评价驱动课堂效果等办法保证课程的实施质量，不断促进教师发展；三是要有多样评价方法，采取展演、活动、成长记录袋，义卖等方式促进学生成长；四是要有多元评价主体，采取自评、互评、他评等保证评价客观和真实性，提高课程的内涵和品质，从而促进学校不断发展。

（一）基础性课程的评价

1. 上级相关部门的检查监测评估。

2. 学校课程管理核心部门教务处进行周期性评价。

3. 教师自查诊断，及时性评价。

4. 进一步完善学校对基础课程的评价制度，关注对学生的多元评价。

（二）拓展性课程的评价

1. 课程目标及内容评价以"科学性、趣味性、启发性、实践性、完整性"为依据。考核形式以作品、作业、学习体会（收获）、展览、表演等形式呈现。

2. 考核形式由学生欢迎和受益程度问卷、授课教师自评和校本课程管理领导小组综合评价为主；考核采用阶段评价与结果评价相结合的方法；拓展课程实施及评价由领导小组进行课堂调研，所有授课资料都是考核内容。分析其设计是否精心，教法是否得当，评价是否合理。

3. 规范学生成长记录册的使用，将拓展课程的成果充实到成长册中，并不断完善。

（三）综合实践性活动课程的评价

1. 注重对学生的表现和素质发展进行整体评价，注重评价方式的多样化，评价内容上关注过程，兼顾结果。

2. 采取自我评价和他人评价、个别评价与集体评价、形成性评价与总结性评价等多种形式。

3. 建立学生综合实践活动的过程档案，记录学生个人成长、发展的足迹。

4. 学生评价的主要途径有成果展示、研讨答辩、访谈观察、成长记录等。

5. 注意激励性原则、差异性原则、全面性原则、过程性原则、多元化原则。

五、资源挖掘

"郑州之根"在管城。作为郑州市中心城区和老城区,管城回族区积淀着丰厚的历史文化底蕴,辖区文物资源 200 余处,4 处被列入全国重点文物保护单位,历史文化资源非常丰富,集中体现了中原文化特色和郑州地方特色。

商城遗址。郑州商城遗址是商王汤建立的亳都,距今已有 3 600 年的历史。是目前世界范围内现存同时期规模最大的都城遗址,为郑州成为国家历史文化名城、入列中国"八大古都"提供了重要佐证,也为郑州建设华夏历史文明传承创新示范区和国家中心城市奠定重要的文化载体支撑。

北大清真寺。郑州北大清真寺是伊斯兰教在郑州建造最早、规模最大的清真寺。始于元末明初,为郑州伊斯兰教传播发源地。寺内存有明宣德年间两个紫铜香炉,上有铭文印文章;清代大小碑刻 16 通,有数百年树龄的古槐两株。

明代城隍庙。是目前河南保存最完整、规模最大的古建筑群。该庙始建于明代初年,数百年来,虽屡遭兵燹、火灾及人为破坏,后经多次营建修葺,基本上保留了历史原貌,因此弥足珍贵。供奉的是汉刘邦麾下大将纪信,成语"羽烧杀信"源于此地。

书院街。郑州最早的书院、中原地区的第一座高等学府——中天书院诞生于此,郑州现代中学教育的脉络也由此发端。曾经的中华民国大总统徐世昌,年轻时也曾在中天书院求学。

夕阳楼。"花明柳暗绕天愁,上尽重城更上楼。欲问孤鸿向何处,不知身世自悠悠。"唐代著名诗人李商隐这首脍炙人口的诗在郑州已传诵了一千多年,诗中歌咏的是郑州的历史名胜夕阳楼。夕阳楼之于郑州,就如黄鹤楼之于武汉、岳阳楼之于岳阳、鹳雀楼之于永济一样重要,它是老郑州的标志,也是老郑州人的骄傲。

六、课程研修

学校需要一个善于研究和创新的教师群体,来保持学校蓬勃向上的活力。教师主动、坚持的研究精神是职业生存与进步生根立魂之本,是教育能力不可或缺的文化滋养和战略资源,既育人又"育已"。所以针对学校"卓越课程",从学习学校教育哲学、确定要开发的课程内容、课程专题研讨、教育教学实践反思、课例研修多元对话等五步来进行课程研修。

七、主体参与

学生参与。让学生作为主体参与校本课程建设校本课程开发与实施,应该充分把学生的主动学习和主动发展置于课程建构的中心地位,尊重和发挥学生的主观能动性,多层面地为学生提供独立思考与自主探索的主动权,让他们作为主体参与校本课程建设。

家长参与。家长参与课程构建包含三个方面:首先,让家长理解课程理念,会从中学生的兴趣和需要出发考虑课程内容;其次,家长能发挥自身资源优势参与实施课程,同时通过与教师、学生的互动,拓宽课程实施渠道,使课程内容更加丰富;最后,家长能正确地评价课程,推动课程的完善,促进学生的发展和教师的专业化成长,同时也提高了自身素质,发展了家庭的教育能力。

社会参与。主要是利用社会资源,如志愿者服务类——利用地铁站开展交通秩序指挥志愿者活动、利用养老院开展服务老人志愿者活动,利用医院开展临终关怀志愿者活动;参观拓展类——如利用各级各类博物馆的参观活动进行知识的拓展、利用特殊场馆如体育中心等进行知识的延伸和发散。

八、课题聚焦

为激发教师的课题意识,解决存在的问题,积累研究经验,促进教科研水平的提升,鼓励教师以"卓越课程"为载体,开展课题研究。聚焦于研究目标,扎根于过程是管城区外国语学校开展课题研究宗旨。在课程开发使用时,教师心里或多或少都会存在一些困惑或问题。教师要对存在的突出问题进行梳理,提出初步的解决方案,发挥集体的力量,共同进行探讨,共同设计解决问题的方案,寻找解决问题的方法和策略。

九、经费保障

学校加大对教学仪器设备、图书资料等硬件建设的资金投入,强化在日常管理中的使用率,提高使用效益,满足课程的需要。

开辟课程实施专项经费。对校本教材的编制,社团活动的竞赛,专家指导引领,课程特色项目的评比,课程改革创新实践教学展示,家长、社区资源的利用等,都提供经费,确保学校课程建设持续发展。

建立课程改革专项基金,配置课程所需要的设施设备经费,提供教师培训所需的经费。建立课程开发实施的奖励基金以及建立课题专项基金等。

建立资源保障部,及时提供课程改革所需要的相关资料,完善教学资源库,建立网络资源库。

形成课程开发激励机制,对课程开发做出贡献的教师给予适当的精神或物质奖励,并作为评优、评先、晋升的依据。

风正劲足自当扬帆破浪,任重道远更需快马加鞭,我们将脚踏实地、锐意进取,进一步推进"卓越课程"建设,巩固卓越育人成效,以高站位、新面貌,谋发展、聚英才,提升革新引领力,夯实师资支撑力,切实办好人民满意的优质、美好教育!

(撰稿人:司德平　石会娟　庞俊娜　张莉　崔源)

后记

积土为山，积水为海。在管城教育人孜孜不倦的努力探索和实践下，《美学取向的课程探究》一书终于和大家见面了，它的出版，是对曾经为之努力和付出艰辛劳动的课程团队最好的鼓励和答礼。

在上海市教育科学研究院杨四耕教授的悉心指导下，基于美学取向课程理论，我们逐步构建了具有美学取向的学校课程，总结提炼出美学取向课程的七个特性。在本书中，围绕课程哲学的灵魂性、理念的人文性、目标的多维性、内容的集成性、实施的创生性、评价的鉴赏性、管理的扎根性这七个特性，编制成七个章节，选取了区域内七所学校的课程规划进行具体的举例阐述，表达我们对美学取向课程的理解和实践。

美，人人向往之。我们希望通过美学取向课程的实施，在孩子们的五彩童年中根植下美的种子，他们能在课程中获得美的体验，激发想象力和持续的学习动力，拥有自主探索的权利和充分的交流对话，期待他们臻美年华的绚丽绽放。我们还希望教师在课程中成为播撒美的使者，用生命关怀实现课程守望和精神呼唤，顺应儿童的生长节律，丰盈儿童的生命意义。总之，我们期望课程成为师生共同发现、感受和创造美的体验过程，让学习真正成为富有教育意义的美的体验。

回首过往，既有汗水的浇灌又有收获的喜悦；展望未来，我们将继续耕耘在学校课程改革这条康庄大道上，带着对教育的美好初心，"吾将上下而求索"，为课程建设注入更多新的活力。

感谢管城回族区教育局为学校搭建的学习平台，感谢杨四耕教授的悉心指导与引领，感谢各位教育同仁的辛苦付出与努力！

（撰稿人：魏芳）

"品质课程" 阅读书目

学校整体课程规划
学校整体课程规划的七个关键
教学诠释学

特色学校聚焦丛书

让个性自然发荣滋长:"引发教育"的理论寻源与实践探索
面向每一个生命的教育
让每一个生命澄澈明亮:"小水滴"课程的旨趣与创意
新劳动教育:时代意蕴与实践创新
自信教育与个性生长

跨学科课程丛书

像博士一样探究:PHD 课程的创意与探索

核心素养导向的课堂教学丛书

深度教学的内在维度:数学反思性学习的六个策略
具身学习的 18 种实践范式
课堂是照亮彼此的地方
以学习为中心的课堂范型
简练语文:教学主张与实践智慧
课堂核心素养

特色课程建设丛书

幼儿园特色课程的框架与实施
课程是鲜活的:"大视野课程"的旨趣与活性
指向核心素养培育的学校课程图谱
让儿童生活在美的世界里:幼儿园全景美育的课程探索
核心素养与学习需求:学校课程建设导引

📖 课堂教学新样态丛书

课堂，与美最近的距离：基于学科核心素养的课堂教学变革

协同教学：意蕴与智慧

决胜课堂 28 招

一百个孩子，一百个世界：基于差异的教学变革

课堂如诗："雅美课堂"的姿态

在教室里眺望世界：基于 BYOD 的教学方式变革

课堂教学的资源设计与方式变革

境脉教学的实践范式与创意设计

📖 学校课程变革新取向丛书

平衡性变革：学校课程建设新取向

解构性变革：学校课程发展的突破口

赋权性变革：提升学科领导力

整合性变革：特色学科的内在生长

内生性变革：学科课程的生成机理

审美性变革：学校课程的诗意境界

📖 课程育人新坐标丛书

学校课程的统整之道

教室里的课程

儿童立场的课程探索

童味园课程：这里有最难忘的童年

具身课程：语文学科课程新样态

让每一个孩子体验创新的激情："智慧树课程"的探索与实践

美学取向的课程探究

📖 学校整体课程探索丛书

学校整体课程的文化逻辑

学校整体课程的深度实施

📖 课程治理新范式丛书

以学生为中心的教育治理